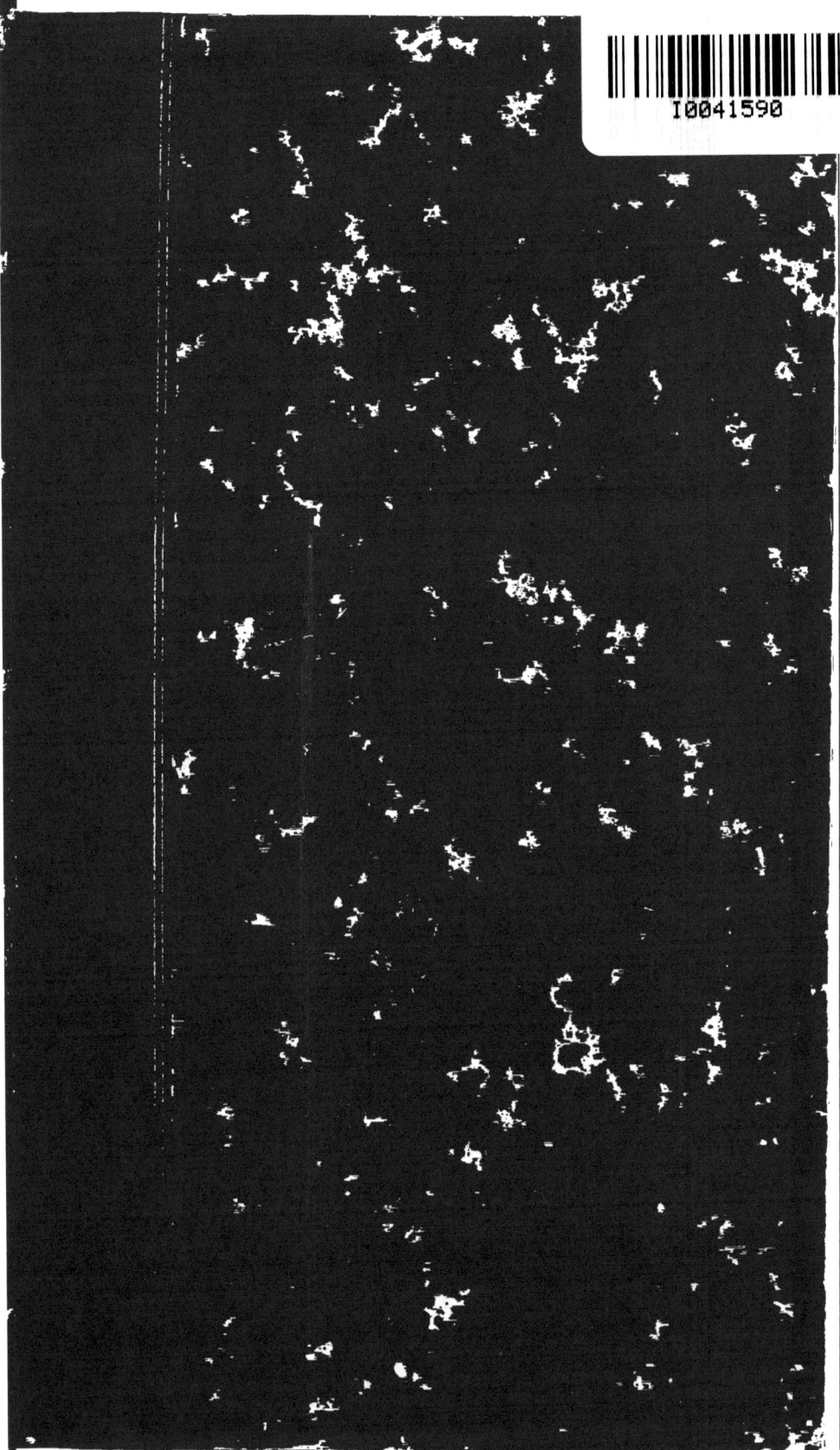

TRAITÉ

THÉORIQUE ET PRATIQUE

DES

CASIERS JUDICIAIRES

EN FRANCE ET A L'ÉTRANGER

C.

Paris — Imprimérie de Cosse et J. Dumaine, rue Christine, 2.

TRAITÉ

THÉORIQUE ET PRATIQUE

DES

CASIERS JUDICIAIRES

EN FRANCE ET A L'ÉTRANGER

SUIVI

Du texte des Circulaires ministérielles de la Chancellerie,
de l'Autorité militaire, maritime, de l'Administration de l'Enregistrement et de tous les Documents français et étrangers
ayant paru jusqu'en 1870 sur l'Institution ;

PAR

O. DESPATYS

SUBSTITUT DU PROCUREUR IMPÉRIAL PRÈS LE TRIBUNAL DE REIMS

Malitiâ crescente, augeri debet
pœna.
L. *Si diuturno et ibi,*
(Gloss., ff. *De pœnis.*)

PARIS

IMPRIMERIE ET LIBRAIRIE GÉNÉRALE DE JURISPRUDENCE
COSSE, MARCHAL & Cie, IMPRIMEURS-ÉDITEURS
LIBRAIRES DE LA COUR DE CASSATION
Place Dauphine, 27

1870

INTRODUCTION

L'institution des casiers judiciaires fonctionne depuis
19 ans. Son utilité est désormais hors de doute et son
succès assuré, car les services qu'elle rend chaque jour
non-seulement à la magistrature, mais encore à toutes
les classes de notre organisation sociale, sont immenses.

Tracer un exposé complet des éléments et des règles
au moyen desquels elle fonctionne, examiner les perfectionnements dont elle a été l'objet jusqu'à ce jour, ceux
dont elle est encore susceptible, indiquer l'influence
exercée par cette institution sur la marche et les décisions de la justice, la rechercher et la suivre dans les
autres législations européennes, telle est la tâche que
nous nous sommes proposée et à laquelle nous ont pré-
paré plusieurs années passées en qualité d'attaché au
parquet du procureur général près la Cour impériale de
Paris. Nous nous sommes attentivement préoccupé, pen-

dant ce temps, de l'étude de l'organisation des casiers judiciaires et de leur marche progressive.

Malgré la pratique journalière qu'en fait la magistrature française, cette institution est généralement peu connue. On est à peine au courant de son mécanisme. Quant à sa portée et à son but on s'en préoccupe peu. Coupable ignorance qui contribue à se laisser perpétuer les trop graves imperfections dont elle est encore atteinte et à atténuer par cela même l'efficacité de ses résultats! Il faut attribuer cette indifférence générale du monde judiciaire compétent à deux causes principales : en premier lieu, l'institution du casier n'a pas encore la place qu'elle devrait occuper parmi les dispositions relatives à la récidive légale de notre Code pénal, cependant un chapitre spécial aurait dû déjà lui être consacré depuis longtemps, soit dans ce Code, soit dans celui de notre instruction criminelle ; en second lieu, depuis le jour où M. Bonneville de Marsangy, conseiller à la Cour de Paris, l'honorable auteur du système des casiers judiciaires, a mis en évidence cette utile et si féconde institution, dans son *Amélioration de la loi pénale*, en 1855 et 1864, aucun magistrat n'est venu apporter sur une question aussi intéressante à tous les points de vue l'ensemble de ses réflexions. C'est à peine si, dans un seul traité judiciaire, ouvrage sérieux, approfondi et estimé d'un savant conseiller à la Cour de Paris, l'on trouve quelques notions élémentaires sur les casiers (1).

(1) V. Berriat-Saint-Prix, *Tribunaux correctionnels*, t. 2, p. 290.

Ne méritaient-ils pas une attention et des études plus répandues?

Des appréciations de nombreux détails réglementaires, des difficultés imprévues d'exécution, des questions neuves, relatives surtout à l'identité des inculpés et non encore résolues à l'heure qu'il est, sont chaque jour soulevées par la pratique de l'institution, nous espérons donc que la seconde partie de ce traité, qui est un véritable code raisonné des circulaires de la chancellerie et du parquet de la Cour de Paris, ainsi que la troisième partie où sont proposées les améliorations à introduire dans le système actuel des casiers judiciaires, seront d'un usage fréquent pour les magistrats du parquet.

Quant à la quatrième partie, elle se recommande d'elle-même à l'intérêt des criminalistes qui se préoccupent de la marche générale et comparée des législations pénales étrangères. Au moment où l'horizon s'élargit sous ce rapport d'une façon inespérée, où le champ des questions internationales devient plus étendu et en même temps plus facile à cultiver, il nous était impossible de ne pas exposer dans un traité de cette nature l'état actuel de chaque législation européenne sur la recherche des antécédents des inculpés et de ne pas envisager quel est son avenir.

Nous devons nos remercîments à MM. Brière-Valigny, président de chambre à la Cour impériale de Paris, ancien avocat général près la même Cour, chargé du service intérieur du parquet, et Yvernès, chef de bureau

de la statistique criminelle à la chancellerie , pour
l'empressement avec lequel ils ont bien voulu nous
prêter leur concours et nous aider de leurs lumières.
Nous tenons tous les renseignements relatifs à l'existence de l'institution des casiers judiciaires dans les
pays étrangers de la complaisance de MM. les chan-
celiers de nos ambassades et consulats. Qu'ils reçoivent
ici l'expression de notre gratitude !

Presque toutes les idées émises par M. Bonneville de
Marsangy, sur les casiers judiciaires et maintenant
adoptées, se trouvent consignées dans le corps de cet
ouvrage. Nous n'avons pas eu la prétention de lutter avec
l'œuvre éminent de ce magistrat. Le casier judiciaire est
sa création et son domaine. Mais un exposé complet des
principes, règles et documents sur la matière, présenté
sous une forme concise, simple et pratique, était à notre
avis indispensable. Nous avons dû, de plus, en signalant
les imperfections actuelles du système des casiers judiciaires, indiquer les améliorations qui, d'après les in-
ductions de notre expérience judiciaire, nous paraissent
devoir corriger ce qu'il a de vicieux, compléter ce qu'il
a d'utile, fortifier les bons résultats qu'il a déjà produits. Nos vœux seraient exaucés si nous n'avions pas
accompli une œuvre stérile !

CHAPITRE Ier.

RENSEIGNEMENTS PRÉLIMINAIRES.

« Le discernement des moralités a toujours été l'objet
« de la plus vive sollicitude du législateur. Les dispo-
« sitions contenues dans les articles 56, 57, 58, 463 de
« notre Code pénal viennent confirmer cette vérité. Il
« ne suffit pas, en effet, de frapper le coupable, il faut
« encore que la châtiment soit proportionné à la faute.
« C'est là une condition indispensable à toute bonne
« justice, qui intéresse l'ordre public et rassure la con-
« science du juge, en lui faisant éviter à la fois deux
« écueils dangereux : d'une part une sévérité excessive,
« de l'autre une trop grande indulgence. Le magistrat
« appelé à se prononcer sur les crimes, les délits, sur
« toute infraction à la loi pénale, a donc toujours un
« double devoir à remplir : peser le fait en lui-même,
« examiner ensuite la moralité et les antécédents de son
« auteur, et ce n'est qu'après s'être livré à cette double
« appréciation qu'il peut parcourir avec sagesse l'échelle
« des peines et s'arrêter à une répression salutaire. »

En livrant ces réflexions à la publicité, dans un dis-
cours prononcé le 5 novembre 1848 à l'audience de
rentrée du Tribunal civil de Versailles, M. Bonneville,
alors procureur de la République près ce siége, proposait en même temps un moyen infaillible d'éclairer

1

les magistrats sur les antécédents des inculpés : c'était
la localisation au greffe de l'arrondissement natal de
toutes les décisions judiciaires concernant chaque condamné. Grâce à ce moyen, toutes les fois qu'un individu
comparaissait devant les tribunaux, rien ne devenait
plus facile, en connaissant le lieu de sa naissance, que
de se procurer les renseignements les plus complets sur
sa moralité et ses antécédents.

Telle fut la première idée des casiers judiciaires, idée
simple mais lumineuse, qui donnait l'espoir, avec les
perfectionnements que font toujours acquérir le temps et
l'expérience, de voir enfin les magistrats éclairés sur le
compte de ceux qu'ils avaient à juger. Jusqu'en 1850,
ce problème n'avait jamais été résolu d'une manière
complète, ou bien, malgré leurs soins et leurs recherches, les officiers de police judiciaire et le ministère
public étaient dans l'impossibilité de fournir des indications suffisantes aux tribunaux sur l'individualité des
coupables ; ou la concentration aux ministères de l'intérieur et de la justice de toutes les condamnations
prononcées en France, conformément aux prescriptions des articles 600, 601 et 602 de notre Code d'instruction criminelle, demeurait sans effet, par suite des
graves difficultés qu'entraînait la moindre recherche
dans les archives du gouvernement. Les sommiers créés
à la Préfecture de police en 1833 vinrent améliorer cet
état de choses, mais leur organisation, ne pouvant guère
s'appliquer qu'au service judiciaire du département de
la Seine et des départements voisins, était impuissante
à pourvoir aux exigences journalières du service des
tribunaux étrangers au ressort de Paris : « Toutefois, »

disait M. Bonneville, convaincu de la nécessité de ré-
pandre sur toute l'étendue du territoire français des
foyers de renseignements auxquels on pût s'éclairer avec
promptitude, « toutefois, telle parfaite qu'on puisse
« rendre à l'avenir l'organisation du dépôt général des
« notices établi à Paris, il est évident que le travail de
« recherche et d'envoi des renseignements demandés
« sera toujours moins facile et moins rapide, concentré
« en un seul point, que si on parvenait à le diviser, en
« organisant en même temps autant de dépôts partiels
« que nous avons d'arrondissements administratifs et
« judiciaires. »

Les idées exprimées d'une manière si précise et si
nette dans un nouveau mémoire rédigé par cet honorable magistrat le 24 novembre 1849, frappèrent
M. Rouher, alors garde des sceaux. Le ministre pensa
que l'administration de la justice ne pouvait que gagner
à leur réalisation, et, le 6 novembre 1850, une première
circulaire émanée de la Chancellerie et contenant les
principes du système des casiers judiciaires, en pres-
crivait presque immédiatement l'application (1).

Objet des casiers judiciaires. — L'objet principal des
casiers est d'éclairer la justice sur les antécédents des
individus traduits devant elle, mais ce n'est pas leur
seule utilité : constater la situation morale et judiciaire
de chaque citoyen appelé à remplir les fonctions de juré
ou à exercer ses droits d'électeur, permettre de vérifier
si les hommes qui se présentent comme remplaçants

---

(1) Les casiers judiciaires commencèrent à fonctionner le 1ᵉʳ janvier 1851.

dans l'armée ne sont frappés d'aucune incapacité légale, instruire qui de droit sur la moralité des individus qui sollicitent un emploi dans l'État, garantir les familles de regrets amers en déroulant à leurs yeux le passé de l'inconnu qui brigue leur alliance, prémunir les simples particuliers contre la mauvaise foi de ceux avec qui ils traitent une affaire, rassurer enfin les négociants, les compagnies, les sociétés industrielles sur la probité de leurs commis et de leurs employés, tels sont encore les services que rendent chaque jour les casiers judiciaires. Non-seulement, ils sont pour la justice une source de précieux renseignements, mais encore tous les membres d'une même nation trouvent dans leur établissement une sorte de sécurité morale : « L'on doit
« comprendre, sans peine, disait M. le garde des
« sceaux Rouher, dans sa circulaire du 6 novembre
« 1850, § II, les avantages qui, au point de vue judi-
« ciaire, au point de vue politique, au point de vue
« même des simples relations des citoyens entre eux,
« résulteront de cette espèce de compte moral ouvert
« au nom de chaque individu et qui, tenu sans cesse au
« courant, réfléchira avec une rigoureuse exactitude le
« passé de chaque citoyen ; digne et noble encourage-
« ment pour les hommes de bien ; salutaire avertisse-
« ment pour ceux que leur conscience seule ne retien-
« drait pas suffisamment dans la voie du devoir ;
« terrible châtiment pour le coupable, qui cherchera
« vainement à échapper par le vagabondage à la répro-
« bation qui doit le frapper. »

Il est à remarquer que le système des casiers judiciaires, dont la mise en pratique ne remonte pas à plus

de dix-huit ans, n'a été établi ni par une loi, ni par un décret, mais seulement par des instructions ministérielles, émanant pour la plupart du département de la justice. Les règles qui régissent cette institution sont du reste peu compliquées, mais comme elles se trouvent dispersées dans près de 85 circulaires remontant à une quintuple origine, *Chancellerie, Parquets des cours, Ministère de la guerre, Ministère de la marine, Administration de l'enregistrement*, il serait impossible de s'en faire une juste idée, et par cela même d'en embrasser l'ensemble, sans introduire dans leur exposition un ordre clair et facile à saisir. Nous diviserons l'exposé du système des casiers judiciaires en deux parties :

1. Éléments dont se composent les casiers judiciaires.

2. Règles en vertu desquelles ils fonctionnent.

CHAPITRE II.

EXPOSITION DU SYSTÈME DES CASIERS JUDICIAIRES.

Ire Section. — Éléments dont se composent les casiers judiciaires.

IIe Section. — Règles en vertu desquelles fonctionnent les casiers judiciaires.

IIIe Section. — Des sommiers judiciaires.

SECTION Ire.

ÉLÉMENTS DONT SE COMPOSENT LES CASIERS JUDICIAIRES.

Ces éléments sont au nombre de quatre :

1° Du lieu où sont établis les casiers judiciaires ;

2° Des casiers ;

3° Des bulletins ;

4° Des agents préposés à l'administration, à l'aménagement et à la surveillance des casiers judiciaires.

§ 1er.

Du lieu où sont établis les casiers judiciaires.

La première question à résoudre dans l'organisation du système des casiers judiciaires, c'était le choix d'un lieu où l'on réunirait les renseignements qui peuvent

concerner chaque individu. Il s'en présentait deux tout
d'abord ; le lieu du domicile et celui de la naissance.
L'un et l'autre furent longuement discutés, mais l'avantage resta au lieu de la naissance, comme ne variant jamais (1). Le lieu de la naissance de chaque citoyen a donc
été choisi comme le centre destiné à recevoir la mention
de toutes les décisions judiciaires dont il peut avoir été
l'objet (Circ. chanc. 6 novembre 1850, § ii). Ce choix
accompli, on était amené à classer tous les renseignements recueillis aux greffes des tribunaux de première
instance, où sont déposés les actes de naissance de tous
les individus nés dans chaque arrondissement. C'est
l'idée exprimée par M. le garde des sceaux Rouher,
dans la circulaire ministérielle du 6 novembre 1850,
idée qui a été du reste mise en pratique : « Le lieu de
« naissance, dit Son Excellence, étant admis comme
« celui où l'on devait réunir les renseignements judi-
« ciaires relatifs à chaque individu, on arrivait tout
« naturellement à concentrer ces nouveaux renseigne-
« ments au greffe du tribunal civil de chaque arrondis-
« sement. C'est là, en effet, que se trouve déposé l'acte
« de naissance de toutes les personnes nées dans cette
« circonscription. Il était donc logique de faire con-
« server à ce même dépôt tous les actes modificatifs de
« l'existence de ces mêmes individus, de façon que toute
« personne intéressée à connaître leurs antécédents pût
« les suivre dans leur carrière, en remontant jusqu'à
« leur naissance. »

Voici donc un premier point parfaitement déterminé.

(1) Voir chapitre 3, section 1re, paragraphe 2.

C'est au greffe du tribunal de première instance de l'arrondissement où est né chaque individu que viennent se concentrer tous les renseignements judiciaires qui le concernent. Voyons maintenant les mesures d'organisation qui ont été prescrites et adoptées dans chaque greffe.

§ 2.

Des casiers.

Un casier, dans le sens propre du mot, est un ensemble de petites cases ou compartiments réguliers de forme, et présentant les mêmes dimensions en hauteur, en largeur et en profondeur.

Une armoire en forme de casier est établie au greffe de chaque tribunal de première instance, dans l'endroit le moins accessible au public, et autant que possible dans celui où sont déposés les actes de l'état civil (Circ. chanc. 6 nov. 1850, § iii, nᵒˢ 1, 2). Dans chacun des compartiments de cette armoire, répondant à chacune des lettres de l'alphabet, sont reçus et classés par ordre alphabétique les bulletins constatant des condamnations prononcées contre tout individu né dans l'arrondissement (Circ. chanc. 6 novembre 1850, § iii, nᵒ 3 ; — Chanc. 1ᵉʳ juillet 1856, E., § xx). Il importe d'ajouter que, dans le but de faciliter les recherches, tous les bulletins relatifs à une même personne sont placés ensemble et réunis dans une même chemise portant comme suscription le nom du condamné. De plus, l'ordre de date des condamnations doit être toujours observé dans ce classement partiel, afin que les extraits destinés à faire connaître les renseignements fournis par ces casiers puissent bien présenter le relevé des condamnations antérieures dans l'ordre chronologique (Circ. chanc. 30 décembre 1850, § VII; — Chanc. 1er juillet 1856, E., § XX).

Les frais de création de ces casiers, fort simples, du reste, quant à leur forme et quant à leur aménagement, ont été supportés par l'autorité administrative comme dépense départementale (Circ. chanc. 6 novembre 1850, § III, n° 1)(1).

§ 3.

Du bulletin en général. — Des bulletins n° 1 et 2.

Du Bulletin en général. — Le bulletin est l'élément principal des casiers judiciaires.

On distingue deux sortes de bulletins.

Le bulletin n° 1 et le bulletin n° 2.

Le premier de ces bulletins n'est destiné qu'à constater une condamnation ou une décision judiciaire

(1) Les casiers furent exécutés avec promptitude dans toute l'étendue du territoire de la France, mais leur établissement dans quelques greffes, souleva de nombreuses difficultés et notamment au tribunal de la Seine où le local trop exigu et le manque d'employés avaient mis M. le greffier en chef de ce siége dans la presque impossibilité matérielle de se conformer aux prescriptions de la circulaire ministérielle du 6 novembre 1850. (Lettre ministérielle au procureur général à Paris, du 18 décembre 1850.) Ces obstacles ont peu à peu disparu, grâce aux efforts réunis de certains magistrats, de plusieurs employés, et le greffe de la Seine est maintenant en possession d'un casier dont les proportions sont encore insuffisantes, mais qui, cependant, satisfait aux premières nécessités du service.

prise à l'égard d'une personne (Circ. 6 novembre 1850, § iii, n° 3). Il reste toujours invariablement classé au casier du lieu de naissance du condamné.

Le bulletin n° 2, désigné aussi sous le nom d'extrait du casier judiciaire, consiste dans le relevé des condamnations antérieures constatées par tous les bulletins n° 1 concernant un même individu. La circulaire de M. le garde des sceaux, en date 23 mai 1853, § ii, complète cette définition, en expliquant que, par le bulletin n° 2, il faut entendre non-seulement le relevé des condamnations antérieures constatées au casier par des bulletins n° 1, mais encore les certificats négatifs attestant qu'il n'existe pas au casier d'origine de bulletins n° 1 applicables à l'individu dont on veut connaître les antécédents. Ces bulletins n° 2 sont délivrés par les greffiers des tribunaux de première instance, soit au ministère public, soit aux administrations publiques, soit aux particuliers sur leur demande (1). Ils doivent être joints à toute procédure criminelle ou correctionnelle sans exception, sauf en matière forestière, tant dans les affaires soumises à l'instruction qu'en ce qui concerne les affaires de citation directe, et afin de mieux éclairer non-seulement les magistrats de l'audience, mais encore les magistrats instructeurs. Les bulletins n° 2, ainsi que tous les renseignements relatifs aux antécédents des inculpés, doivent être demandés au début de la poursuite (Circ. chanc. 23 mai 1853, § v ; — Parquet de la Cour de Paris, 17 juin 1851, § 3 ; — Chanc. 1ᵉʳ juillet 1856, A, § ii, v ; — *Id.* 10 dé-

(1) Voir même chapitre, § 8.

cembre 1859, § ix ; — *Id.* 8 décembre 1868, § xviii).

Ces extraits du casier judiciaire remplacent encore utilement les actes de naissance qui devaient être annexés aux procédures concernant les jeunes délinquants, car ils constatent l'âge comme le faisaient ces extraits (Circ. chanc. 1er juillet 1856, A, § vi). Les bulletins nos 1 et 2 sont de la même dimension. Le format prescrit est celui d'une feuille de papier timbré à 0,35 c., 0,50 c. maintenant. Le papier employé à leur rédaction doit être de bonne qualité et présenter une certaine consistance. Ces conditions matérielles sont encore plus rigoureusement exigées pour les bulletins n° 1. En effet, étant destinés à être répandus dans tout le territoire, et à venir souvent à des distances fort éloignées se classer dans les casiers des différents greffes, il était d'une nécessité absolue que ces documents fussent rédigés dans tout l'Empire d'après un modèle uniforme. Tout bulletin dont la forme et la dimension ne sont pas exactement conformes à ces prescriptions n'est pas visé au parquet des Cours. Il doit en être dressé un autre (Circ. chanc. 6 novembre 1850, § iii, n° 4; — Parquet de la Cour de Paris, 10 juin 1853, § 2; — Chanc. 30 août 1855, page 2, n° 1;—Chanc. 20 mai 1862; — Chanc. 8 décembre 1868, § xix).

Du Bulletin n° 1. — Voici maintenant, dans leur ordre de rédaction, les différentes énonciations que doit contenir tout bulletin n° 1.

1° Avant toute autre indication et en gros caractères, *le nom de famille du condamné* (Circ. chanc. 6 novembre 1850, § iii, n° 5). Quand la personne condamnée est une femme, si elle est fille, son nom de famille est seul mentionné; si elle est mariée, il convient d'ajouter celui du mari.

2° *Les prénoms du condamné, ses surnoms, s'il en a.*

3° *Sa filiation* (noms et prénoms du père et de la mère); (Circ. chanc. 30 août 1855, page 3, n° 3 ;—Parquet de la Cour de Paris, 5 septembre 1855, § 4).

4° *Son âge, la date, le lieu de sa naissance et celui de son domicile,* sa *profession* (Circ. chanc. 8 décembre 1868, § xx ;—Parquet de la Cour de Paris, 12 février 1851, §4).

5ᵈ *Son état civil et de famille* (s'il est célibataire, marié ou veuf). (Circ. Parquet de la Cour de Paris, 12 février 1851, § 4; — 26 avril 1851). En cas de mariage, l'indication du nom de la femme, du lieu et de la date de la célébration n'est jamais inutile.

6° *Les signes particuliers auxquels l'examen de son corps et de sa personne peut donner lieu* (Circ. Parquet de la Cour de Paris, 25 mai 1853, § 6. — *Id.* 21 juillet 1856, § 1-3).

7° *La désignation de la juridiction qui prononce, la date de la condamnation, la nature et la durée de la peine prononcée, le crime ou le délit qui la motive,* en ayant soin d'en opérer l'énoncé, d'après le style du Code pénal ; *les articles de ce Code, ainsi que les lois visées par le jugement ou l'arrêt.*

Ces dernières mentions peuvent, en général, se formuler en une seule, dont voici la teneur : *Condamné par jugement définitif du Tribunal de — ou par arrêt de la Cour de — en date du — à la peine de — par application des articles — pour crime ou délit de —* (Circ. chanc. 6 novembre 1850, § iii, n° 5). Les bulletins n° 1 constatant des condamnations prononcées par les chambres des appels de police correctionnelle, doivent indiquer le nom du tribunal qui a statué en premier ressort et la date du jugement (Circ. chanc. 8 décembre 1868, § xiv).

S'agit-il d'une réhabilitation criminelle ou correctionnelle, ou bien d'une décision disciplinaire, il y a lieu d'employer les formules suivantes : *Réhabilité en raison de la condamnation prononcée contre lui le — par le Tribunal ou la Cour de — pour crime ou délit de — par décision de — Condamné à la peine de — (peine disciplinaire) — par décision définitive de — en date du — pour — par application de l'article —* (Circ. chanc. 6 novembre 1850, § iii, n° 5). — Il est également indispensable de mentionner sur les bulletins n° 1 si la condamnation a été prononcée par contumace ou par défaut, et, dans ce dernier cas, d'ajouter la date de la signification à domicile ou au parquet (Circ. chanc. 10 décembre 1859, § xi). L'omission de cette énonciation avait plusieurs inconvénients. Par exemple le parquet, qui exerçait les nouvelles poursuites, n'était pas mis en demeure, si l'indication manquait, de prendre les mesures nécessaires pour faire purger la contumace ou faire subir la peine inexécutée. Cet inconvénient a maintenant complétement disparu, car une circulaire du parquet de la Cour impériale de Paris, du 4 juin 1864, ordonne de mentionner sur les bulletins n° 1, en cas de condamnation par défaut comportant la peine de l'emprisonnement, si cette peine a été subie ou non. Cette mention doit être reproduite dans la colonne d'observations des bulletins n° 2. De cette manière, le procureur impérial, exerçant des poursuites à raison d'un nouveau délit, voit immédiatement que telle peine prononcée par défaut contre l'inculpé n'a pas été subie, et il lui est dès lors facile d'assurer l'exécution de jugements par défaut, qui demeureraient trop souvent sans effet.

8° Tout bulletin n° 1 doit encore porter *la date de sa délivrance* (Circ. chanc. 30 août 1855, page 3, n° 2 ;— *Id.*, 1ᵉʳ juillet 1856, C., § xiv).

Cette prescription a pour but de s'assurer s'il a bien été dressé par le greffier, dans les délais et au moment où cet officier ministériel est tenu de le faire.

9° Le bulletin n° 1 est de plus revêtu *du timbre de la juridiction qui a prononcé, de la signature du greffier, de celle du ministère public près le tribunal ou la Cour d'assises d'où émane la condamnation* (Circ. parquet, 10 juin 1853, § 7), *de celle du procureur général près la Cour d'où ressort le tribunal ou cette Cour d'assises.*

10° Enfin en haut, à gauche, se trouve la double mention de la juridiction de condamnation et du nom du tribunal d'arrondissement au casier duquel est destiné le bulletin. Certains procureurs impériaux ont demandé que les bulletins n° 2 fissent en outre connaître le lieu où le condamné subit sa peine; mais c'était trop exiger, et les difficultés pratiques qu'aurait entraînées cette mesure, en ont fait écarter l'adoption (Circ. chanc., 23 mai 1853, § xvii).

Tel est, en résumé, l'ensemble des énonciations dont se composent les extraits des condamnations classés dans les casiers judiciaires. Elles ont, comme on peut le voir, été prescrites à des époques différentes, suivant que la pratique et l'expérience en faisaient reconnaître l'utilité; mais ce fut seulement en 1856 que M. le garde des sceaux, les réunissant en corps, en forma le seul modèle de bulletin n° 1 qui soit maintenant exigé et adopté dans tous les ressorts de l'Empire (Circ. chanc. 1er juillet 1856) (1).

Du Bulletin n° 2. — Le bulletin n° 2 contient, comme le bulletin n° 1, d'abord le *nom du tribunal du lieu de naissance du condamné* ; ensuite :

1° *Ses noms, prénoms et surnoms.*

2° *Le lieu et la date de sa naissance.*

3° *Sa filiation.*

4° *Son domicile.*

5° *Son état civil et de famille.*

6° *Sa profession.*

7° *Les détails saillants de son signalement* (Circ. parquet de la Cour de Paris, 21 juillet 1856, § 3).

8° *Le relevé des condamnations prononcées et constatées au casier,* avec la désignation des juridictions qui les ont prononcées. En cas d'arrêt d'une Chambre des appels de police correctionnelle, il y a lieu d'indiquer, comme sur le bulletin n° 1, le nom du tribunal qui a statué en premier ressort et la date du jugement (Circ. chanc. 8 décembre 1868, § xiv). Ce relevé se fait toujours dans l'ordre chronologique (Circ. 30 août 1855, Chanc. page 3, n° 5.—*Id.* Parquet de la Cour de Paris, 5 septembre 1855, § 4), prescription facile à observer si les bulletins concernant un même individu sont réunis

(1) Voir chapitre v, § 7.

dans une chemise et classés dans l'ordre où les condamnations ont été prononcées.

Le bulletin n° 2 est également revêtu de la signature du greffier et du timbre du tribunal de la délivrance, mais, à la différence de ce qui a lieu pour les bulletins n° 1, le procureur impérial seul y appose son visa.

Ces extraits des casiers judiciaires, dont la rédaction doit être en tout point conforme au modèle donné par la circulaire ministérielle du 1ᵉʳ juillet 1856, page 11, doivent aussi porter la date à laquelle ils sont délivrés, afin de bien fixer à quels moments ils constatent les antécédents judiciaires des individus qu'ils concernent (Circ. chanc., 1ᵉʳ juillet 1856, F., § xxvi).

Certains greffiers sont dans l'habitude d'imprimer l'empreinte du timbre de leur tribunal sur les formules des bulletins 1 et 2 avant la délivrance de ces documents. C'est là un abus qui ne saurait être toléré, car le timbre du tribunal ne doit pas être plus imprimé d'avance que la signature des magistrats et celle des greffiers (Circ. chanc., 1ᵉʳ décembre 1862 ; — Circ. chanc., 8 décembre 1868, § xix).

§ 4.

Des agents chargés du service et de l'administration des casiers judiciaires.—De leurs fonctions.

Ces agents sont au nombre de trois :

1. Les greffiers ;
2. Les procureurs impériaux ;
3. Les procureurs généraux.

2

Des Greffiers. — Les greffiers n'ont à remplir que des fonctions d'exécution. Ils dressent les bulletins n° 1, classent au greffe ceux de ces bulletins qui leur sont envoyés par le parquet de chaque Cour, répondent aux demandes de bulletins n° 2, et enfin s'occupent de tous les détails relatifs à la tenue et à l'aménagement du casier de leur tribunal.

Des Procureurs impériaux. — Les procureurs impériaux, dans une sphère plus élevée, surveillent les greffiers de leur siége dans l'accomplissement de leurs fonctions, examinent rigoureusement et revêtent de leur visa tout bulletin n° 1 ou n° 2 émanant de leur parquet. Ils statuent sur les demandes d'extraits du casier judiciaire qui leur sont adressées par les particuliers, et correspondent de plus, comme dans toute autre partie du service, avec leurs procureurs généraux, par l'intermédiaire desquels ils rendent au garde des sceaux un compte exact de l'état du casier soumis à leur surveillance.

Des Procureurs généraux. — A un degré plus élevé, se trouvent les procureurs généraux, dont les fonctions présentent un double caractère. Correspondants directs de la chancellerie, ils font exécuter ses ordres, transmettent ses observations aux procureurs impériaux et exercent la surveillance la plus large et la plus absolue sur tous les casiers de leur ressort. Ils répartissent ensuite dans les casiers de l'Empire les bulletins n° 1 qui leur sont transmis soit par leurs substituts de première instance, soit par des juridictions exceptionnelles (1).

(1) Ce n'est là qu'un aperçu du rôle joué par les greffiers, les pro-

SECTION II.

RÈGLES EN VERTU DESQUELLES FONCTIONNENT
LES CASIERS JUDICIAIRES.

Avant d'entrer dans l'examen des règles constitutives du mécanisme des casiers judiciaires, voici, dans sa forme la plus simple, une idée de la façon générale dont ils fonctionnent.

Dans chaque ressort, les greffiers des tribunaux correctionnels et des Cours dressent des bulletins constatant les condamnations prononcées correctionnellement, soit par les tribunaux de première instance, soit par les Cours impériales et criminellement par les Cours d'assises, ainsi que quelques autres décisions judiciaires d'un caractère particulier, telles que les réhabilitations et les mesures disciplinaires applicables aux officiers ministériels. Ces bulletins sont transmis dans un certain délai au parquet de chaque Cour. Là, ils sont soumis à une révision sérieuse et approfondie et sont ensuite répartis par les soins des procureurs généraux dans tous les casiers des lieux de naissance des condamnés. Les greffiers des tribunaux de commerce, des conseils de guerre et maritimes, sont assujettis aux mêmes obligations que les greffiers des tribunaux ordinaires en ce qui touche la constatation des juge-

cureurs impériaux et les procureurs généraux dans l'administration des casiers judiciaires. La pratique seule peut en faire comprendre l'étendue.

ments déclaratifs de faillite et les condamnations prononcées par ces juridictions exceptionnelles. Ils ont aussi à se conformer, en matière de casier à des instructions spéciales. Mais nous réservant pour plus tard l'examen de ces prescriptions, nous devons aborder de suite l'exposé des règles ordinaires relatives à l'organisation intime du système des casiers judiciaires.

§ 1er.

Condamnations donnant lieu à des constatations par bulletins —Mineurs de seize ans. — Article 198 du Code d'instruction criminelle. — Extraits d'acquittement et d'incompétence. — Période rétrospective.

Condamnations donnant lieu à des constatations par bulletin. — Donnent lieu à une constatation par bulletin :

1° *Tout jugement ou arrêt contradictoire ou par défaut, rendu en matière correctionnelle et devenu définitif, pour les jugements, par l'expiration des délais d'opposition ou d'appel, pour les arrêts, par l'expiration des délais d'opposition* (Circ. chanc., 6 novembre 1850, § III, n° 3, (A).— Parquet de la Cour de Paris, 5 avril, § 1-2) ;

2° *Tout arrêt criminel rendu par les Cours d'assises* (Circ. chanc., 6 novembre 1850, § III, n° 3 (B). Il n'y a ici aucune distinction à faire entre les arrêts contradictoires et les arrêts par contumace. Ces derniers ne doivent pas être exclus des casiers judiciaires parce que, s'ils peuvent être anéantis par la comparution volontaire ou forcée des condamnés contre lesquels ils ont été prononcés, il est incontestable que jusqu'à cette comparution, ils produisent, immédiatement après la prononciation, des effets qui doivent les faire assimiler, sous un certain rapport, aux arrêts contradictoires, tandis que les arrêts et jugements par défaut en matière correctionnelle ne peuvent recevoir aucune exécution, tant qu'ils sont susceptibles d'être attaqués par la voie de l'opposition, et, par ce motif, ils ne doivent trouver place dans les casiers judiciaires que lorsqu'ils sont devenus définitifs (Circ. parquet de la Cour de Paris, 5 avril 1851, § 2).

3° *Tout jugement déclaratif de faillite, également définitif* (Circ. chanc., 6 novembre 1850, § III, n° 3 (D).

4° *Toute décision émanant des tribunaux militaires, conseils de guerre et tribunaux maritimes, définitive* (Circ. chanc., 6 novembre 1850, § III, n° 3 (B); en y comprenant toutes les condamnations prononcées pour délits ou par les tribunaux spéciaux institués par le décret pénal et disciplinaire du 24 mars 1852 sur ce qui touche la marine marchande (Circ. minist. marine, 13 octobre 1862) (1), et les mesures disciplinaires pouvant frapper les militaires et les marins. Il faut considérer seulement comme mesures disciplinaires les décisions ayant un caractère judiciaire ou entraînant des incapacités et non de simples mesures administratives (Circ. chanc., 8 décembre 1868, § XI).

5° *Certaines mesures disciplinaires applicables aux avocats, aux officiers ministériels et publics* (Circ. chanc.,

(1) V. *Bulletin des lois* 1er semestre 1852, n° 4006.

6 novembre 1850, § III, n° 3 (C). Les mesures disciplinaires, on le sait, peuvent être prononcées par deux
juridictions différentes. Ainsi certaines contraventions
sont déférées aux chambres et aux conseils de discipline, tandis que les tribunaux de première instance
réunis tantôt en chambre du conseil, tantôt en chambre
civile, statuent, aux termes des articles 102, 103 du
décret du 30 mars 1808 et de l'article 53 du décret
du 25 ventôse an XI, sur les faits plus graves imputa-
bles, d'une part, aux avoués, greffiers, huissiers, et
de l'autre, aux notaires. De plus, dans toutes les Cours
et tous les tribunaux de première instance, chaque
chambre connaît des contraventions à la discipline
commises ou découvertes à l'audience. Les décisions
disciplinaires émanées des tribunaux statuant en chambre du conseil et soumises à l'approbation de M. le
garde des sceaux, conformément au décret du 30 mars
1808, ou bien celles prises par jugement en audience
publique, sont les seules qui doivent être constatées
dans les casiers judiciaires (Circ. chanc., 23 mai 1853,
§ XIV). Encore cette règle souffre-t-elle une exception.
Voici, en effet, ce que la chancellerie, consultée sur
le point de savoir si les instructions ministérielles
comprenaient également les contraventions aux dispositions des lois réglant la forme des actes, et, en général, aux articles contenus dans le titre I (section 2)
de la loi du 25 ventôse an XI, répondait au procureur
général près la Cour impériale de Paris, le 11 juillet
1855 (Circ. parquet, 11 août 1855). « Les décisions
« disciplinaires qui répriment ces contraventions sem-
« bleraient, à la vérité, devoir rentrer dans la catégorie

« des mesures disciplinaires que la circulaire du 6 no-
« vembre 1850 prescrit de constater au casier, mais
« comme les faits matériels qui les motivent n'ont
« aucune gravité et que ces décisions ne peuvent en-
« traîner aucune espèce d'incapacité contre les notaires
« qui en sont l'objet, il paraît tout à fait inutile de les
« constater. »

Le caractère des décisions disciplinaires appelés à
figurer dans les casiers est suffisamment tracé par ces
quelques lignes. Terminons en disant que les bulletins
individuels, qui constatent des mesures de discipline
que le décret du 30 mars 1808 (art. 103) soumet à
l'approbation de M. le garde des sceaux, doivent, en
outre, faire mention de la sanction du ministre de
la justice (Circ. parquet de la Cour de Paris, 1ᵉʳ juillet
1853).

6° *Les condamnations prononcées par la haute Cour de
justice et autrefois par la Cour des pairs* (Lettre chanc.
du 13 mai 1853 au procureur général à Paris).

7° *Toute réhabilitation criminelle, correctionnelle ou commerciale* (Circ. chanc., 6 novembre 1850, § iii, n° 3 (E).

On s'est demandé, ni la circulaire organisatrice du
6 novembre 1850, ni les autres instructions ministérielles ne prévoyant le cas, si certaines condamnations
prononcées par les tribunaux civils, par exemple, celles
appliquées en vertu de l'article 308 du Code Napoléon
pour adultère, devaient être constatées au casier? Suivant nous, l'affirmative n'est pas douteuse. Quel est le
but du casier? De constater au point de vue moral le
passé de chaque personne, homme ou femme. Dès lors,
toute tache dans sa vie, tout acte flétri et réprimé par

une disposition pénale, comme contraire au respect de la propriété, des lois, de la morale, de la probité, etc., doivent être soigneusement relevés sans distinction de juridiction correctionnelle ou civile. L'adultère, quoique qualifié simple délit dans notre législation, atteint et trouble assez profondément l'ordre social dans ce qu'il a de plus sacré, la dignité du mariage et le fondement de la famille, pour qu'il n'échappe pas à la censure publique et à l'appréciation des magistrats en cas de nouvelle poursuite. Vainement, dira-t-on que, le mari étant seul lésé, il est plus convenable de tenir secrète une condamnation motivée par des faits qui n'intéressent que son honneur; nous croyons qu'il est plus conforme à l'esprit d'une bonne justice, de voir une telle condamnation constatée, de quelque manière qu'elle ait été prononcée. L'on voit ainsi qu'il n'existe presque pas de condamnation quelle que soit sa nature, quelle que soit la juridiction d'où elle émane, qui ne vienne compléter l'ensemble des renseignements que les casiers judiciaires ont pour but de fournir.

Sont exceptées :

1° *Les condamnations prononcées en matière de simple police.* En effet, les circulaires ministérielles sont muettes à leur égard. Il ne doit donc jamais en principe être dressé de bulletin pour une condamnation intervenue à raison d'une simple contravention. Si un inculpé est condamné pour un délit et une contravention, il y a lieu néanmoins de mentionner sur le bulletin la double condamnation prononcée; mais, en cas de poursuite pour délit, si le tribunal déclare que le fait ne constitue qu'une contravention de police, aucun bulletin n'est dressé (Jurisprudence constante du parquet de la Cour de Paris).

2° *Les condamnations à une simple amende prononcée correctionnellement à la requête d'administrations publiques* (Eaux et forêts, douanes, contributions indirectes). Cette dernière exclusion a eu pour but d'éviter un encombrement fâcheux dans les casiers de tous les arrondissements, principalement dans ceux où il se juge tous les ans de nombreux délits forestiers. Il n'est donc pas délivré de bulletin pour ces condamnations (1). Il existe cependant à cette règle une exception de création nouvelle. Le décret du 29 avril 1862, ayant fait passer le service de la pêche des attributions de l'administration des eaux et forêts dans celles de l'administration des ponts et chaussées, et les ingénieurs ne pouvant, à cause de la nature et des obligations multipliées de leur service, suivre eux-mêmes les affaires introduites à la requête de l'administration des ponts et chaussées comme le faisaient les agents de l'administration des eaux et forêts, le ministère public

---

1) Malgré cette prohibition, les greffiers des tribunaux de première nstance continuèrent, pendant assez longtemps, à envoyer comme par le passé, au parquet de la Cour de Paris, des extraits de jugements rendus en matière forestière et ne condamnant qu'à de simples amendes. Un tel abus devait cesser. Aussi, le 10 avril 1855, M. le procureur général eut-il à avertir ces officiers publics que la chancellerie n'admettrait plus à leur profit le coût des actes de cette nature. L'esprit des circulaires des 6 novembre 1850 et 13 déc. 1850 et le but économique qu'on s'était proposé en supprimant les extraits en matière correctionnelle, ne permettaient pas, en effet, de les conserver en matière forestière, car le grand nombre de condamnations à de simples amendes rendait la délivrance d'extraits fort onéreuse pour le Trésor.

agit seul en matière de délit de pêche fluviale. On considère la poursuite comme exercée en son nom, bien que réellement elle ne se fasse qu'au nom de l'administration des ponts et chaussées. La poursuite étant ainsi censée exercée au nom du ministère public, il est naturel d'en appliquer la conséquence aux règles du casier. Aussi les condamnations à une simple amende prononcées en matière de pêche fluviale doivent-elles être constatées par bulletin (Lettre ministérielle, 30 mars 1864 ; — Circ. parquet de la Cour de Paris, 8 avril 1864) ; — Circ. chanc., 8 décembre 1868, § xii).

Quant aux condamnations à l'emprisonnement prononcées à la requête des mêmes administrations publiques, elles donnent lieu à la rédaction d'un bulletin comme celles qui sont prononcées à la requête d'une partie civile ou du ministère public (Circ. chanc., 30 décembre 1850, § iv).

Mineurs de seize ans. — Dispositions relatives aux bulletins qui les concernent. — Toutes les décisions judiciaires applicables aux mineurs de seize ans, comparaissant devant les tribunaux, présentent un double caractère.

Si le mineur a agi avec discernement, il est ou condamné à l'emprisonnement pendant un temps plus ou moins long dans une maison de correction, conformément à l'art. 67 du Code pénal, ou bien encore condamné, soit à l'amende, soit à l'emprisonnement, d'après l'art. 69 du même Code. Mais, dans ces divers cas, la décision qui intervient est une véritable condamnation, et il y a toujours lieu à la rédaction d'un bulletin. Lorsque, au contraire, le mineur de seize ans est considéré comme ayant agi sans discernement, il est acquitté et, suivant les circonstances, remis à ses parents ou renvoyé dans une maison de correction (Art. 66 du Code pénal).

En présence de cette dernière mesure, qui d'après les termes mêmes de la loi n'est pas une condamnation, il était naturel de penser qu'il n'y avait pas lieu de constater une pareille décision dans les casiers judiciaires et qu'il suffisait d'en délivrer un simple extrait comme en cas d'acquittement (Circ. parquet de la Cour de Paris, 27 déc. 1850, § 7, 8). Cependant, les jeunes délinquants renvoyés dans des maisons de correction pour y être élevés et détenus en vertu de l'art. 66 du Code pénal, sont assimilés, au point de vue du casier, à ceux condamnés à l'emprisonnement, et les décisions qui les concernent donnent lieu à une constatation par bulletin. (Circ. chanc., 30 déc. 1850, § v). Pareille prescription existe en ce qui touche les sommiers judiciaires (Circ. chanc., 25 oct. 1859).

Bien plus, une récente circulaire ministérielle, en date du 8 décembre 1868, § xvii, décide que la situation morale des mineurs de seize ans étant la même, que l'enfant ait été remis à ses parents ou envoyé dans une maison de correction, toutes les applications de l'art. 66 du Code pénal doivent être constatées dans les casiers judiciaires. Par conséquent, la décision par laquelle un tribunal acquittant un mineur de seize ans, comme ayant agi sans discernement, le remet à ses parents, donne lieu également maintenant à la rédaction d'un bulletin.

Mais les applications de l'art. 66 du Code pénal ne doivent être relevés *sur le bulletin n° 2, qu'autant qu'il est délivré au ministère public.* Elles ne doivent, au contraire, jamais figurer sur les bulletins n° 2 demandés par les administrations publiques et les particuliers (1). Il est même ordonné de rédiger les bulletins n° 1 de cette catégorie sur du papier de couleur différente que celle des autres bulletins, afin que le greffier puisse voir, au premier coup d'œil, que les indications de ces bulletins n° 1 ne doivent figurer que sur les extraits à délivrer au *ministère public.* La couleur prescrite est la couleur rouge dont le parquet de la Seine faisait déjà spontanément usage depuis longtemps (Circ. chanc., 8 décembre 1868, § xvii).

Art. 198 du Code d'instruction criminelle. — Extraits

(1) Cette dernière mesure nous paraît excellente. L'éducation correctionnelle n'est pas une peine. Elle ne doit et n'a pu servir qu'à amender le jeune détenu. Il est donc inutile de charger son passé de la constatation d'une décision que l'on est trop généralement disposé à confondre avec une condamnation. Sa mise en pratique a, du reste, été motivée par des réclamations assez nombreuses, et pour éviter les conséquences fâcheuses que la connaissance des antécédents des mineurs de 16 ans, renvoyés seulement en correction en vertu de l'article 66 du Code pénal, peut avoir pour leur avenir auprès de leurs patrons ou de tiers intéressés à connaître toute leur vie. En effet, il est souvent arrivé que des greffiers ont porté comme condamnés, sur ces bulletins n° 2, des enfants qui, d'après les termes mêmes de l'article 66 du Code pénal, étaient acquittés comme ayant agi sans discernement et renvoyés dans une maison de correction pour y être élevés. Quelques jeunes gens se sont vu fermer de cette manière l'entrée de carrières honorables ou des rangs de l'armée (Circ. chanc., 3 décembre 1863). Il était donc important de pouvoir éviter de pareilles erreurs. L'adoption des mesures prises par la circulaire ministérielle du 8 décembre 1868 y pourvoit suffisamment.

d'acquittement et d'incompétence. — La création des casiers judiciaires et, par suite, l'emploi dans la pratique de cette institution des bulletins n° 1, qui ne sont à vrai dire eux-mêmes que de véritables extraits, rendaient désormais inutiles les extraits des jugements correctionnels dont, aux termes de l'art. 198 du Code d'instruction criminelle, l'envoi devait être fait chaque quinzaine aux parquets des Cours par les procureurs impériaux de chaque ressort. Aussi cette mesure a-t-elle été abolie (Circ. chanc., 6 novembre 1850, § VI.—Parquet de la Cour de Paris, 11 nov. 1850, § 4, 5). Mais l'exercice du droit d'appel, que les procureurs généraux tiennent de l'art. 202 du Code d'instruction criminelle, devenant plus difficile par suite de cette suppression, les procureurs impériaux ont été invités à adresser à l'avenir à leurs procureurs généraux des rapports spéciaux sur toutes les affaires de quelque importance. Ces magistrats doivent également faire connaître avec précision tous les jugements correctionnels dont les motifs ou les dispositifs leur paraissent susceptibles de quelque critique (Circ. parquet de la Cour de Paris, 12 février 1851, § 1). L'art. 198 du Code d'instruction criminelle n'a donc plus maintenant de valeur qu'en ce qui touche les jugements *d'incompétence* ou *d'acquittement*. Des extraits de ces jugements sont levés comme autrefois et joints aux bulletins de condamnation pour être transmis en même temps qu'eux aux parquets des Cours (Circ. parquet de la Cour de Paris, 27 décembre 1850, § 7-8.—*Ibid.* 15 janv. 1851). Mais tout extrait de jugement dressé par les greffiers en dehors de ces deux cas ne leur est plus payé, et quand

il s'agit d'extraits de condamnation délivrés aux procureurs impériaux sur leur demande, afin de s'éclairer
ou de faciliter leur surveillance, les mémoires présentés
par ces officiers ministériels doivent en faire mention
(Lettre parquet de la Cour de Paris, 24 novembre 1855.
— Circulaire parquet de la Cour de Paris, 2 janvier
1856). Enfin, *en règle générale*, il doit toujours être *dressé
autant de bulletins* qu'il y *a de condamnés*, tandis que les
extraits d'acquittement ou d'incompétence peuvent être
collectifs (Circ. parquet de la Cour de Paris, 27 décembre 1850, § 8).

La suppression des extraits dressés en vertu de l'art.
198 du Code d'instruction criminelle et transmis aux
procureurs généraux pour les mettre à même d'exercer
leur droit d'appel n'entrave-t-elle pas l'exercice de ce
droit, et ne porte-t-elle pas par cela même un grand
préjudice aux intérêts et à la bonne administration de
la justice? On peut de suite résoudre la question négativement.

Avant l'établissement du casier judiciaire, l'exécution
de l'art. 198 n'avait plus déjà l'importance que le
législateur avait voulu lui donner. En effet, les procureurs généraux étaient beaucoup mieux éclairés dans
l'exercice de leur droit d'appel par les rapports de leurs
substituts que par l'examen des extraits transmis. Ces
extraits ne pouvaient donner une physionomie complète
et exacte de chaque affaire, et il convient de faire remarquer qu'à raison de cette insuffisance, les instructions des parquets des Cours avaient établi l'usage d'un
rapport du parquet de première instance dans chaque
affaire criminelle ou correctionnelle, dont la poursuite

et le jugement étaient, aux yeux du ministère public
susceptibles de difficultés ou de critiques (1). Aussi la
révision des extraits était réellement inutile, et par cela
même négligée. La statistique indiquait, à l'époque de
la création des casiers judiciaires, qu'en année moyenne,
le nombre des appels formés par les procureurs généraux était de quatre cent cinquante, ce qui faisait moins
de trois appels par mille jugements (2). Était-ce donc
là un chiffre assez considérable pour engager, en présence de l'emploi du bulletin n° 1, à conserver l'exécution d'une prescription du Code d'instruction criminelle
dont l'utilité était déjà contestable? Assurément non.
D'ailleurs, qu'on ne l'oublie pas, la suppression n'est que
partielle, elle ne s'étend pas aux extraits des jugements
d'incompétence et d'acquittement les plus importants à
surveiller au point de vue du droit d'appel des procureurs généraux. Enfin, si un procureur général voulait en tout cas s'éclairer, il aurait toujours le droit de
réclamer au greffe de première instance la délivrance
de l'extrait du jugement qui aurait attiré son attention.
Ajoutons que la délivrance de ces extraits et leur transmission à la Cour, grevaient sans profit le budget de la
justice de sommes considérables (3). Au surplus, non-
seulement cette suppression n'a pas soulevé de réclamations au moment où elle a été résolue, mais encore

(1) Les procureurs impériaux font ainsi partager leur impression à
leur procureur général qui est tenu très au courant et peut, de cette
manière, facilement user du droit de l'art. 202 du Code d'instruction
criminelle.

(2) V. Circ. ministérielle du 30 déc. 1850, § 2 (b).

(3) Ces extraits coûtaient au Trésor 75,620 fr. par an (V. circul.
min. du 30 déc. 1850, § 2 (a).

depuis dix-huit ans, aucun incident, aucune affaire n'ont donné l'occasion de la regretter (1). M. le garde des sceaux Rouher, comprenant bien l'inutilité des extraits, avait répondu de suite en arrêtant leur suppression, aux réclamations que fit naître l'application de la mesure de la part de certains magistrats et de beaucoup de greffiers. Les premiers étaient en bien petit nombre. Relisons à cet égard les termes de la circulaire ministérielle du 30 décembre 1850 d'abord en ce qui concerne les alarmes de la magistrature : « Quatre procureurs « généraux, dit M. le garde des sceaux, ont paru « craindre que l'absence des extraits à leur parquet, ne « nuisît à la surveillance générale qu'ils doivent exercer « sur l'administration de la justice dans leur ressort ;

---

(1) Une des garanties principales destinées à suppléer à la délivrance des extraits, l'envoi de rapports à la suite de jugements dont les dispositifs sembleraient aux procureurs impériaux devoir être l'objet de quelques critiques, a été réglée par une circulaire du parquet de la Cour de Paris du 12 février 1851, qui s'exprime en ces termes : « J'appelle plus particulièrement votre attention sur quelques recommandations essentielles. La suppression de l'envoi des extraits de quinzaine pour les jugements de condamnation rend beaucoup plus difficile la surveillance que je dois exercer dans l'intérêt du droit d'appel qui m'est confié par l'art. 202 du Code d'instruction criminelle. Vous devez donc vous attacher avec le plus grand soin à remédier, autant que possible, aux inconvénients de cette suppression. Je désire que vous m'adressiez à l'avenir des rapports spéciaux sur toutes les affaires qui vous paraîtront avoir quelque importance et que vous me fassiez connaître avec précision tous les jugements dont les motifs ou le dispositif vous paraîtront susceptibles de quelque critique. La substitution des bulletins individuels aux extraits de quinzaine sera sans inconvénient, si vous vous pénétrez bien des devoirs que cette innovation vous impose à cet égard et si vous les remplissez avec exactitude. »

« ce serait là sans doute un grief fort grave et devant
« lequel devrait s'effacer immédiatement toute considé-
« ration d'économie, l'intention de mon département
« ne pouvant jamais être de subordonner à des ques-
« tions d'argent l'intérêt si sacré de la bonne adminis-
« tration de la justice ; mais, en élevant ce grief contre
« la circulaire du 6 novembre 1850, les honorables ma-
« gistrats, auxquels je fais allusion, ne me paraissent pas
« s'être assez bien pénétrés de l'économie des disposi-
« tions que j'avais prescrites. Ainsi, ils appellent surtout
« mon attention sur les jugements d'acquittement qui,
« selon eux, échappent entièrement à leur surveillance ;
« or la circulaire n'a supprimé l'envoi des extraits que
« pour les jugements de condamnation ; mais même
« pour ceux-ci la circulaire ne défend pas d'une manière
« absolue la délivrance des extraits et les procureurs
« généraux sont toujours les maîtres de se les faire
« adresser, chaque fois qu'ils pensent qu'il y a intérêt
« de l'ordonner. Ils peuvent aussi, et c'est là un moyen
« de surveillance bien plus efficace, demander à leurs
« substituts des rapports spéciaux sur toutes les affaires
« qui ont de l'importance. Je ne saurais donc partager
« les craintes élevées par ces magistrats, alors surtout
« qu'elles n'ont nullement frappé leurs collègues et
« que la circulaire leur laisse tous les moyens néces-
« saires pour obvier aux inconvénients assez rares qu'ils
« ont relevés (1). » Et en ce qui concerne les plaintes

(1) L'idée de la suppression des extraits fut considérée comme tellement funeste par certains magistrats, que, même après l'apparition de
la circulaire du 30 décembre 1850, on se préoccupa de suppléer à la
transmission de ces extraits, par la transcription au dos des bulle-

des greffiers sur la perte de leurs émoluments Son
Excellence ajoutait : « La suppression des extraits est
« le véritable grief de ces fonctionnaires contre la créa-
« tion des casiers judiciaires. Je vais à cet égard leur
« donner quelques explications qui leur prouveront
« que si l'établissement des casiers judiciaires a été
« l'occasion de la suppression des extraits, il n'en a été

tins n° 1 des principaux motifs des jugements correctionnels. Cette
proposition fut écartée pour raison d'économie. Elle n'aurait pas eu,
ainsi que nous avons déjà eu l'occasion de le dire, grande utilité. Voici
en quels termes, M. le garde des sceaux, Abattucci, dans sa circulaire
du 23 mai 1853, répond à cette idée : « La suppression des extraits
« des jugements correctionnels, transmis chaque quinzaine aux pro-
« cureurs généraux, conformément à l'article 198 du Code d'in-
« struction criminelle pour faciliter la surveillance que ces magistrats
« ont mission d'exercer sur les décisions des tribunaux de 1re in-
« stance, n'a soulevé qu'un très-petit nombre de réclamations aux-
« quelles la circulaire du 30 décembre 1850 avait pour principal objet
« de répondre. Comme depuis cette suppression le nombre des
« appels n'a pas diminué, la surveillance des procureurs généraux
« semble s'exercer aujourd'hui à l'aide du bulletin n° 1, aussi facile-
« ment qu'elle s'exerçait autrefois au moyen d'extraits. Cependant il
« a été demandé s'il ne serait pas possible de rendre cette surveil-
« lance plus facile, en faisant transcrire les motifs des jugements au
« verso des bulletins qui remplaceraient ainsi complétement les
« extraits supprimés. Cette addition ne pourrait être demandée aux
« greffiers qu'en augmentant le prix du bulletin, et elle aurait ainsi
« pour effet d'accroître la charge déjà lourde qu'impose au Trésor
« l'institution du casier, sans qu'il en résultât peut-être un avantage
« bien appréciable pour la bonne administration de la justice. Aussi,
« ne nous a-t-elle pas paru devoir être ordonnée. Dans certains res-
« sorts, les procureurs généraux, pour faciliter leur surveillance, ont
« recours à un moyen qui me semble suffisant et qui consiste à exi-
« ger de leurs substituts avec l'envoi des bulletins un état récapitulatif
« contenant des indications sommaires propres à fixer l'attention et à
« éclairer l'examen. »

« nullement la cause. Les travaux statistiques rédigés
« chaque année par les soins des magistrats et de mon
« département, seraient sans objet s'ils ne servaient à
« faire découvrir les abus et à indiquer les remèdes qui
« doivent y être appliqués. Or, ces statistiques ont
« démontré, depuis plusieurs années, que l'envoi des
« extraits de jugements correctionnels impose au Trésor
« une dépense considérable. En effet, il se rend chaque
« année en moyenne 168,600 jugements correction-
« nels, dont 94,600 en matière ordinaire et 74,000
« en matière forestière; les extraits des premiers, à
« raison de 0,60 c. chacun, coûtent 56,760 fr. et ceux
« des seconds, à raison de 0.25 c., reviennent à
« 18,500 fr.; ensemble 75,260 fr. Cette dépense con-
« sidérable dans les frais de justice est-elle justifiée
« par l'utilité de la mesure? L'envoi d'extraits aux pro-
« cureurs généraux doit avoir surtout pour objet de les
« mettre à même d'user du droit d'appel qui leur appar-
« tient aux termes de l'art. 202 du Code d'instruction
« criminelle. Or, la statistique nous indique encore le
« nombre de ces recours formés par le ministère public
« près les siéges d'appel. Il est, année moyenne, de
« 450, ce qui fait moins de 3 appels pour 1,000 juge-
« ments. Et il importe d'ajouter que ces appels sont
« très-souvent interjetés moins à raison de la lecture
« des extraits que sur les rapports du ministère public
« près les tribunaux de première instance. C'est donc
« pour assurer l'exercice d'un droit aussi rarement pra-
« tiqué que le Trésor public dépense chaque année
« 75,260 fr. Ce résultat, constaté depuis longtemps,
« démontrait l'onéreuse inutilité de l'envoi des extraits

« et la nécessité d'une réforme à cet égard. L'établis-
« sement des casiers judiciaires en a donné l'occasion ;
« mais, comme je l'ai déjà dit plus haut, il n'en a pas
« été la cause première. Si les casiers judiciaires n'eus-
« sent pas été établis, les greffiers auraient perdu, sans
« compensation aucune, l'émolument de 0,60 c. par la
« suppression de l'envoi des extraits. Avec l'établisse-
« ment des casiers judiciaires, ils trouvent une légère
« compensation à cette perte nécessaire d'une partie
« de leurs émoluments dans le prix de 0,25 c. qui leur
« est accordé pour les bulletins. Voilà ce que j'avais à
« répondre aux critiques élevées par certains greffiers
« pour leur démontrer que la mesure nouvelle pour
« laquelle je réclame leur concours, non-seulement ne
« leur est pas préjudiciable, mais leur est au contraire
« avantageuse dans le présent, en les garantissant de
« la perte totale d'un émolument qui leur échappait
« par la force des choses et dans leur avenir en leur
« assurant des occasions nombreuses de perceptions
« qu'ils n'avaient pas jusqu'ici. »

On voit que la circulaire ministérielle du 30 décembre 1850 réfute à elle seule tous les arguments que
l'on pouvait faire valoir en faveur de la continuation de
l'accomplissement des prescriptions de l'article 198 du
Code d'instruction criminelle. La suppression des extraits correctionnels, dont la rédaction était exigée par
cet article, loin d'être nuisible à la bonne administration
de la justice, était donc réellement nécessaire et a été
prononcée justement.

Période rétrospective. — Condamnations de 1831 à

1851. — Les casiers judiciaires auraient été bien long-temps encore sans utilité pratique, s'ils n'avaient dû renfermer que les condamnations à venir. Il fallait, pour que cette utilité fût immédiate, qu'ils reproduisissent dès leur création toutes les décisions intervenues depuis vingt ans au moins. En conséquence, tous les greffiers de tous les ressorts ont eu à dresser des bulletins à dater du 1er janvier 1851 pour toutes les condamnations du genre de celles qui viennent d'être énumérées dans ce paragraphe, mais en ayant soin cependant de ne pas constater les condamnations par contumace qui auraient été remplacées par des décisions contradictoires (1) (Circ. chanc., 6 novembre 1850, § VII, Note page 11 ;—

(1) Cette prescription a dû recevoir son application aussi bien à l'égard des femmes qu'à l'égard des hommes. Ce n'était pas, en effet, une mesure politique, mais avant tout une mesure judiciaire. Or, pour la bonne administration de la justice, il importait de connaître les anté-cédents de tous les inculpés sans distinction de sexe (Circ. chanc., 30 décembre 1850, § 10). Quant aux individus décédés, il était évi-dent que les bulletins les concernant auraient été sans objet et les greffiers ont dû s'abstenir d'en dresser, chaque fois qu'ils avaient une connaissance exacte du décès des condamnés (Circ. chanc., 30 dé-cembre 1850, § 11). A mesure qu'une année était complète, les greffiers de première instance classaient dans leur propre casier tous les bulle-tins relatifs aux individus nés dans leur arrondissement. Quant aux autres, ils étaient déposés aux parquets et les procureurs impériaux, après les avoir revêtus de leur visa, les faisaient parvenir directement à leurs collègues des arrondissements du lieu de naissance des con-damnés et sans l'intermédiaire des parquets des Cours pour que le classement dans chaque casier pût s'opérer le plus promptement pos-sible (Circ. chanc., 6 novembre 1850, § 7 ; — Lettre chanc., 7 fé-vrier 1851 au procureur général à Paris ; — Circ. parquet de la Cour de Paris, 12-14 février 1851, § 5 ; — Lettre chanc., 7 avril 1851, au procureur général à Paris).

Parquet de la Cour de Paris, 5 avril 1851, § 3. — Lettre chanc., 13 mai 1853 au proc. gén. de Paris; — Parquet de la Cour de Paris, 1ᵉʳ juillet 1853).

§ 2.

Des personnes auxquelles incombe le devoir de recueillir les éléments des bulletins nᵒ 1. — Instructions qui leur sont données à cet égard. — Utilité de ces instructions.

Des personnes auxquelles incombe le devoir de recueillir tous les éléments du bulletin nᵒ 1. — En première ligne se trouvent les officiers de police judiciaire. Ils doivent rédiger avec soin leurs procès-verbaux et insérer le plus de renseignements qu'il leur est possible sur le lieu de naissance, l'âge, la filiation des individus dont ils sont appelés les premiers à constater les crimes ou délits (Lettre chanc., 29 août 1859, au proc. gén. de Paris ; — Parquet de la Cour de Paris, 31 août 1859). Viennent ensuite les officiers du parquet, les juges d'instruction, les présidents et les greffiers des tribunaux correctionnels.

Instructions qui leur sont données à cet égard. — C'est au ministère public, dit la circulaire de la chancellerie du 1ᵉʳ juillet 1856 (A. § 1), qu'il appartient de réunir, avec le concours des juges d'instruction et des divers auxiliaires de la police judiciaire, les premiers éléments du bulletin nᵒ 1. Un des premiers soins des magistrats, lorsqu'un individu devient l'objet des investigations de la justice, à l'occasion d'un crime ou d'un délit, doit être de bien établir son individualité. Il faut donc, s'il est arrêté ou appelé devant les magistrats ou officiers de police judiciaire, lui demander : 1° ses nom prénoms ; 2° ceux de ses père et mère ; 3° son âge (date de naissance) ; 4° les lieux de sa naissance et de son domicile ; 5° son état civil et de famille (s'il est célibataire, marié ou veuf) ; 6° s'il est marié ou veuf, le lieu et la date du mariage, le nom de la femme ; 7° sa profession. — La circulaire de la chancellerie en date du 30 décembre 1850, § VI, celles du parquet de la Cour de Paris en date des 12-14 février 1851, § 2, et 25 mai 1853, § 5, s'expriment encore en ces termes : « Dans les affaires de citation directe devant les tri- « bunaux correctionnels, le lieu de naissance des indi- « vidus cités est connu par l'interrogatoire qu'ils subis- « sent à l'audience, mais il est, en outre, essentiel que « le ministère public, avant l'audience et dans l'infor- « mation préliminaire qu'il fait avec les officiers de « police judiciaire, s'attache à constater avec précision « le lieu et la date de naissance de ces inculpés. Il ne « suffit pas, en effet, de leur demander des renseigne- « ments en procédant à leur interrogatoire. Beaucoup « d'entre eux pourraient être dans l'impuissance de « donner à cet égard une indication suffisamment pré- « cise. Quelques-uns pourraient être tentés de tromper « la justice et d'échapper ainsi aux conséquences d'une « constatation fâcheuse. Il importe donc que ces ren- « seignements soient puisés à une source sûre. Du « reste, cette constatation de l'individualité des in- « culpés ne saurait entraîner de longs retards, toutes les « fois qu'ils ne cherchent pas à égarer la justice, parce « qu'elle se fait pendant l'accomplissement des pre-

« miers actes d'instruction, et si des retards résultaient
« de fausses déclarations des inculpés, ils ne pourraient
« s'en prendre qu'à eux-mêmes. » (Circ. chanc., 23 mai
1853, § VI; — Chanc., 1er juillet 1856, A, § VII). La circulaire de la chancellerie du 1er juillet 1856, A, § VIII,
fait de plus connaître qu'à l'égard des inculpés mariés
ou veufs, l'indication du lieu et de la date de leur
mariage permet d'arriver sûrement à la date de leur
naissance et au lieu d'origine, quand ces derniers renseignements n'auraient pas pu être obtenus. Enfin, on lit
dans la circulaire du parquet de la Cour de Paris
du 21 juillet 1856, § 2 : « Les procès-verbaux d'inter-
« rogatoires rédigés par les juges d'instruction, et, en
« cas de citation directe devant le tribunal de police
« correctionnelle les notes sommaires signées par le
« président et le greffier, doivent, autant que les cir-
« constances le permettent, contenir le plus de rensei-
« gnements possible sur les nom, prénoms, filiation,
« lieu de naissance, profession et signes particuliers du
« prévenu. » Ces différentes instructions de la chancellerie et du parquet de la Cour sont résumées dans une
note émanée du service central du parquet de la Seine
et adressée le 17 janvier 1861 aux juges d'instruction,
présidents et substituts du tribunal. Ces magistrats y sont
invités à recueillir avec le plus grand soin tous les renseignements nécessaires à la rédaction des bulletins n° 1,
lorsqu'ils sont appelés à instruire ou à juger une affaire.

Utilité de ces instructions. — La mise en pratique de
ces instructions a, en effet, une très-grande importance
à trois points de vue différents :

1º Tous ces renseignements et indices matériels, constatés avec soin, facilitent la rédaction des bulletins nº 1 (Circ. parquet de la Cour de Paris, 21 juillet 1856, § 2).

2º Ils épargnent en second lieu à tous les parquets, après les condamnations, des correspondances multipliées qui absorbent un temps susceptible de recevoir un meilleur emploi (Circ. parquet de la Cour de Paris, 25 mai 1853, § 4; — 21 juillet 1856, § 2).

3° Enfin, et c'est là surtout qu'on doit reconnaître leur utilité, il devient facile, à l'aide de ces indications, d'opérer le classement dans les casiers de tous les bulletins nº 1 et de se procurer très-promptement, pour tous les individus originaires de France, le bulletin nº 2, qui a d'abord l'avantage de constater l'individualité de l'inculpé et qui fait connaître en même temps ses antécédents judiciaires (Circ. chanc., 30 décembre 1850, § VI; — 23 mai 1853, § VI; — Parquet de la Cour de Paris, 10 juin 1853, § 3 ; — Chanc. 1er juillet 1856, A., § II).

§ 3.

Rédactions des bulletins nº 1.—Du sens du mot récidiviste en matière de casier.— Bulletins nº 1 concernant les individus nés aux colonies. — Examen préliminaire des bulletins nº 1 par le ministère public du siége de la rédaction.

Rédaction des bulletins nº 1. — Cette rédaction se fait par quinzaine, conformément à ce qui était ordonné par l'article 198 du Code d'instruction criminelle à l'égard des extraits de jugement. Les greffiers dressent

donc tous les quinze jours les bulletins des condamnations prononcées par les tribunaux correctionnels, les
Cours impériales et les Cours d'assises, en se reportant
au modèle donné par la chancellerie dans sa circulaire
du 1er juillet 1856, et en ayant soin d'inscrire sur ces
documents toutes les mentions dont la pratique et l'usage
ont fait reconnaître l'utilité (1). Ils se livrent à cette
opération surtout à l'aide des éléments consignés par
les officiers de police judiciaire dans leurs procès-verbaux, les juges d'instruction dans leurs interrogatoires
et le président dans les notes d'audience.

Un de leurs soins doit être de ne constater une condamnation que lorsqu'elle est devenue définitive (Circ.
chanc. 1er juillet 1856, B., § xii). L'importance de cette
prescription est facile à comprendre. On lit dans la
circulaire ministérielle du 6 novembre 1850, § iii, n° 6 :
« Chaque fois qu'un jugement correctionnel, qu'un
« arrêt correctionnel ou criminel, qu'une décision dis-
« ciplinaire, qu'un jugement de faillite seront définitifs,
« le greffier du siége en dressera un bulletin conforme
« aux énonciations ci-dessus indiquées. » Il résulte de
la nature même des choses et de l'esprit qui a présidé à
l'institution des casiers judiciaires, qu'on ne doit constater par bulletins individuels que des décisions définitives. Comment, en effet, concilier la pensée contraire
avec le but que s'est proposé M. le garde des sceaux
Rouher, et qu'il détermine en ces termes dans la circulaire ministérielle du 6 novembre 1850, § ii : « Il est
« facile, au point de vue judiciaire, au point de vue

(1) Voir même chapitre, section 1re, § 3.

« politique, au point de vue même des simples rela-
« tions des citoyens entre eux, de comprendre les avan-
« tages qui résulteront de cette espèce de compte moral
« ouvert au nom de chaque individu, et qui, tenu sans
« cesse au courant, réfléchira avec une rigoureuse exac-
« titude le passé de chaque citoyen. » L'introduction
dans les casiers judiciaires de décisions non encore devenues définitives suffirait pour enlever à ces documents
toute leur autorité. La loi du 27 juin 1866, qui mo-
difie l'article 187 du Code d'instruction criminelle, ayant
permis aux condamnés par défaut, si le jugement ne leur
a pas été signifié à personne, ou s'il ne résulte pas d'actes
d'exécution de ce jugement qu'ils en aient eu connaissance, d'y former opposition jusqu'à l'expiration des
délais de la prescription de la peine, les greffiers sont-
ils obligés de suspendre pendant tout ce temps la rédaction du bulletin n° 1 ? La question doit être résolue
négativement, car un pareil retard amènerait des oublis
presque forcés dans la constatation de beaucoup de condamnations. Les greffiers doivent donc rédiger les bulletins n° 1 constatant les condamnations par défaut le
cinquième jour après la signification du jugement à domicile, ou au parquet, en cas de domicile inconnu. Seulement, si une opposition est admise et jugée dans les
cinq années qui suivent la première décision, il est
indispensable de prévenir le parquet du lieu de naissance du prévenu, ou la chancellerie (Circ. chanc.,
8 décembre 1868, § XIII). Les greffiers des tribunaux de
première instance sont invités à ne pas attendre l'expiration du dixième jour après la dernière audience de
quinzaine pour commencer la rédaction de l'ensemble

des bulletins n° 1. Il convient de préparer ce travail successivement, au fur et à mesure de l'expiration, après chaque audience, des délais d'appel. Les bulletins peuvent être ainsi remis au parquet, complétés et visés par les procureurs impériaux, le onzième jour de chaque jugement (Circ. parquet de la Cour de Paris, 21 juillet 1856, § 3).

Du sens du mot récidiviste. — Une mention toute spéciale, et qui ne doit pas être oubliée sur les bulletins n° 1, est celle du mot *récidiviste*. Cette expression a, dans la matière qui nous occupe, un sens tout particulier et ne s'entend nullement d'un condamné qui se trouve dans l'un des cas prévus par les articles 56, 57, 58 du Code pénal. Est récidiviste, au point de vue du casier, tout individu ayant déjà encouru une condamnation antérieure de la nature de celles que l'on constate par bulletin, que cette condamnation ait été prononcée à l'étranger ou en France. Ainsi quand il est bien établi, soit par la déclaration des inculpés, soit par toute autre voie d'information, qu'ils ont subi des condamnations à l'étranger, ces condamnations antérieures doivent être relevées avec soin sur le bulletin n° 1, rédigé à l'occasion de la nouvelle condamnation prononcée en France, et pour ces condamnés, comme pour ceux qui l'ont été antérieurement par les tribunaux français, le mot récidiviste est inscrit en tête du bulletin, à droite (Circ. chanc., 1er juillet 1856, B., § xiii ; — Circ. chanc., 1er décembre 1862). De cette façon, le greffier qui a à classer un nouveau bulletin, sait qu'il doit déjà en exister au moins un autre dans le casier concernant le même individu, et s'il ne s'en trouve pas, il signale la lacune au procureur impérial, qui veille à ce qu'elle soit comblée en demandant, s'il est nécessaire, des renseignements au parquet d'où émane le dernier bulletin (Circ. chanc., 30 août 1855, § ɪɪ, n° 4; — Parquet de la Cour de Paris, 5 septembre 1855, §̦ 4).

Bulletins n° 1 concernant les individus nés aux colonies. — Aux termes d'instructions de la chancellerie, en date du 1ᵉʳ avril 1852 (lettre au procureur général à Paris), d'une circulaire du parquet de la Cour impériale de Paris du 3 avril 1852 et d'une circulaire de la chancellerie du 23 mai 1853, § ɪx, un duplicata est exigé pour tout bulletin constatant des condamnations prononcées contre des individus originaires des colonies françaises. Ce duplicata est adressé au garde des sceaux qui le transmet à son collègue de la marine, afin que par ses soins ces bulletins parviennent aux tribunaux des colonies pour y être classés dans les casiers judiciaires qui y ont été établis comme sur le continent. Toutes les fois donc qu'une condamnation est encourue par un individu né aux colonies, les greffiers en dressent un double bulletin. Ces deux extraits sont transmis à la chancellerie, mais l'un reste classé au casier central, tandis que l'autre ne suit cette voie que pour parvenir au lieu de naissance du condamné par l'intermédiaire du département de la marine (1).

(1) La rédaction d'un double bulletin était également exigée, pour les condamnés originaires de l'Algérie, par les instructions précitées. Mais les casiers judiciaires des tribunaux d'Algérie fonctionnant admirablement et étant d'ailleurs complétés, quant à leurs renseignements, par ceux d'un casier central établi à Alger au greffe de la Cour im-

Examen préliminaire des bulletins n° 1 par le ministère public du siége de la rédaction. — Les bulletins une fois rédigés sont remis aux procureurs impériaux pour être examinés avant d'être transmis au parquet de la Cour. Cet examen préliminaire porte tant sur le fond que sur la forme. Il convient de veiller à ce qu'aucune mention ne soit oubliée et que toutes soient complètes et légales (Circ. chanc., 3 décembre 1863) (1). De même, toutes les fois que des officiers du parquet, dans le cours d'une procédure, acquièrent la preuve que les individus poursuivis ont été condamnés précédemment sous de faux noms, ils doivent faire relever avec soin cette découverte sur le bulletin rédigé à l'occasion de la nouvelle condamnation. Il doit, en outre, en être donné avis au ministère public près le tribunal qui a prononcé la condamnation pseudonyme (Circ. chanc., 23 mai 1853, § xi; — Parquet de la Cour de Paris, 10 juin 1853, § 4).

Quant au fond, la qualification du crime ou du délit doit être exactement la même sur le bulletin que celle qui est adoptée dans le jugement de condamnation. Lors donc qu'en procédant à la vérification des bulletins qui leur sont remis par les greffiers de leur siége, les procureurs impériaux trouvent cette qualification incomplète ou non conforme à la loi, leur devoir est

périale, les parquets des Cours de France transmettent directement aux casiers d'origine de l'Algérie les bulletins de condamnation, et la chancellerie ne reçoit plus depuis quelque temps de double bulletin qu'il devient inutile de rédiger, puisque les bulletins n° 2 provenant d'Algérie parviennent facilement et rapidement en France.

(1) La mauvaise rédaction d'un bulletin n° 1, peut, en effet, entraîner les conséquences les plus regrettables (V. chap. iii, sect. 2, § 2).

de se faire représenter la minute du jugement, de vérifier si l'irrégularité apparente provient d'une négligence
de copiste ou du vice même de la rédaction originale.
Dans le premier cas, ils imposent au greffier une rectification immédiate; dans le second, ils lui font apposer
sur le bulletin la mention : CONFORME AU JUGEMENT. Cette
précaution a le double avantage de constater leur examen
et d'éviter le renvoi du bulletin par le parquet de la
Cour (Circ. parquet de la Cour de Paris, 25 mai 1853,
§ 3).

§ 4.

**Transmission des bulletins n° 1 par les parquets de chaque
ressort au parquet de la Cour. — Modifications apportées à
cette transmission par la loi du 13 juin 1856.**

Tous les bulletins n° 1 vérifiés par les procureurs
impériaux de chaque siége sont revêtus de leur visa et
transmis régulièrement par eux au parquet de la Cour.
Cette transmission a lieu tous les quinze jours (Circ.
chanc., 6 novembre 1850, § III, n° 7). Avant la loi du
13 juin 1856, elle se faisait par l'intermédiaire des procureurs impériaux près les tribunaux d'appel (1). La loi du

(1) C'étaient eux qui, tant dans l'intérêt du droit d'appel qui leur
était conféré par l'article 202 du Code d'instruction criminelle, qu'au
point de vue des prescriptions relatives aux règles matérielles de la
rédaction et de l'uniformité des bulletins, examinaient, en même temps
que les extraits d'acquittement, les bulletins qui leur étaient envoyés
par les tribunaux correctionnels, placés sous leur surveillance. Quand
ils avaient quelque observation à faire, ils la mentionnaient, non sur le
bulletin même, mais sur une feuille séparée qu'ils y joignaient. La
valeur de ces observations était ensuite appréciée à la Cour (Circ.
parquet de la Cour de Paris, 27 décembre 1850, p. 4, et 22 octobre

13 juin 1856 ayant supprimé les tribunaux d'appel, le ministère public de chaque tribunal correctionnel transmet, depuis cette époque, directement à la Cour ses bulletins de condamnation. Chaque envoi de ces bulletins réunis par quinzaine, conformément à l'article 198 du Code d'instruction criminelle, comprend non–seulement les bulletins relatifs aux individus condamnés en vertu de jugements rendus dans la quinzaine et non attaqués, mais encore les bulletins concernant des jugements antérieurs devenus définitifs depuis cet intervalle ainsi que les bulletins complétés (Circ. chanc., 1er juillet 1856, § XIV; — Parquet de la Cour de Paris, 21 juillet 1856, § 3).

Quant au délai de transmission, il est le même qu'avant la loi du 13 juin 1856. Tous les bulletins des tribunaux du ressort doivent être parvenus à la Cour dans les douze jours qui suivent chaque quinzaine (Circ. parquet de la Cour de Paris 19 novembre 1860, § 1).

Les lettres d'envoi devaient également faire connaître si les bulletins et extraits transmis en même temps formaient le relevé complet des jugements rendus dans la quinzaine, mais cette recommandation est devenue inutile par l'annexion à l'envoi de chaque quinzaine d'un

1851). De plus, pour assurer autant que possible la régularité de cette transmission, la lettre d'envoi des extraits et bulletins individuels de chaque tribunal aux tribunaux d'appel devait constater que tous les extraits et bulletins individuels, concernant les jugements rendus dans la quinzaine, étaient compris dans cet envoi. Cette lettre suivait également les bulletins à la Cour et le dernier délai de transmission était le douzième jour après l'expiration de chaque quinzaine (Circ., parquet de la Cour de Paris, 10 juin 1852 ; 14 décembre 1855, sect. 3).

état destiné à assurer la régularité de ces envois en même temps qu'à faciliter la surveillance du procureur général. Cet état, prescrit par la circulaire du parquet de la Cour de Paris, en date du 19 novembre 1860, § 1, contient : 1º le nombre des individus jugés dans la quinzaine ; 2º le nombre des bulletins et extraits d'acquittement transmis à la Cour ; 3º le nombre des bulletins conservés au parquet de première instance, soit parce qu'ils n'ont pas pu encore être complétés, soit parce que les condamnations à constater ne sont pas encore devenues définitives. Le total de ces deux derniers nombres doit représenter fidèlement le nombre des individus jugés, et de cette manière il est facile de se rendre un compte exact de la situation de chaque quinzaine dans chaque tribunal. Les procureurs impériaux sont encore invités à conserver à leur parquet un double de cet état sur lequel ils indiquent les noms des individus dont les bulletins n'ont pas été transmis. C'est, en effet, le moyen le plus efficace pour eux d'éviter les omissions et d'envisager promptement l'arriéré qu'ils ont à liquider. Quant aux bulletins qu'il n'a pas été possible de compléter avant la transmission de chaque quinzaine, ils doivent être adressés à la Cour dans le plus bref délai possible, avec l'indication de la quinzaine à laquelle ils appartiennent (Circ. parquet de la Cour de Paris, 19 novembre 1860, § 3 et 4).

§ 5.

Révision des bulletins n° 1 aux parquets des Cours. — Transmission de ces bulletins revisés aux greffes de classement.

Révision des bulletins n° 1 aux parquets des Cours. — Parvenus à la Cour, les bulletins n° 1 y sont l'objet d'un examen plus approfondi à un certain point de vue que celui auquel ils ont été soumis en premier lieu. Il n'y a pas, à proprement parler, de règles spéciales à suivre dans cette nouvelle révision et chaque ressort a, pour ainsi dire, en pareille matière, son code particulier. Le magistrat du ministère public (ordinairement un substitut), chargé dans chaque Cour du service du casier judiciaire, est donc seul appréciateur des erreurs et contraventions qu'il croit utile de relever. Il est cependant nécessaire que ce magistrat se reporte, dans son travail, aux principes posés par la chancellerie dans ses circulaires du 6 novembre 1850, § III, n° 7, et 1ᵉʳ juillet 1856, C., § XV. Aux termes de ces circulaires, la révision des bulletins n° 1, aux parquets des Cours, doit être fort sérieuse. Elle porte, comme en première instance, d'abord sur l'*uniformité*, la *force* et le *format* du papier employé, *sur l'ensemble de la rédaction*, en un mot, sur toutes les erreurs et négligences matérielles qu'à cause de leur importance, il est indispensable de voir exclues de tout document judiciaire ; ensuite *sur la qualification des crimes et des délits, sur la justesse de l'application des articles* du Code pénal *et des lois spéciales* en vertu desquelles la condamnation est prononcée. C'est surtout à ce dernier genre d'examen que doit s'attacher le substitut du parquet de la Cour à qui est confié le travail de révision (1). Ainsi examiné, tout bulletin donnant lieu à une observation est renvoyé immédiatement au parquet d'où il émane avec une note explicative sur laquelle est signalée l'erreur ou l'omission à réparer. Il doit être corrigé et transmis de nouveau dans le plus bref délai possible. Aucun bulletin ne peut quitter le parquet de la Cour sans être revêtu du visa du substitut de service. C'est par cette signature seule que cet extrait acquiert un caractère authentique. Ensuite le travail de révision doit se faire avec promptitude et célérité (Circ., 6 novembre 1850, chanc., § III, n° 7).

Transmission des bulletins revisés aux greffes de classement. — Quinze jours au plus, telle est la durée du séjour de chaque bulletin n° 1 au parquet de la Cour. La rigueur de cette prescription trouve sa justification dans les inconvénients qui résulteraient de la plus petite négligence apportée à la transmission des bulletins revisés aux greffes de classement. Le moindre retard aurait en effet ce résultat fâcheux de faire délivrer des bulletins n° 2 négatifs à l'égard d'individus

(1) Dans les ressorts d'une assez grande étendue comme celui de la Cour de Paris, ce travail paraît assez lourd, mais il est considérablement abrégé par l'examen préliminaire auquel se livrent les procureurs impériaux du siége de la rédaction, et nous avons vu des magistrats, d'une expérience consommée, il est vrai, mais qui apportaient à la vérification des bulletins n° 1 toute la minutie désirable, arriver facilement à faire passer sous leurs yeux plusieurs centaines de ces documents par heure.

récemment condamnés (1). Il importe donc que cette transmission ait lieu en temps opportun. Aussi la chancellerie recommande-t-elle aux procureurs généraux la plus grande diligence dans l'envoi soit aux casiers d'origine, soit au casier central des bulletins vérifiés, complétés s'il y a lieu et visés au parquet de la Cour (Lettre chanc., 20 décembre 1855, § II; — Circ. chanc., 1er juillet 1856, D, § XVI; — Circ. chanc., 10 décembre 1859, § XIII).

§ 6.

Classement des bulletins n° 1 revisés dans les casiers d'origine et le casier central.

Dès qu'un bulletin n° 1 est parvenu au tribunal d'arrondissement indiqué comme celui du lieu de la naissance du condamné, il est remis par le procureur impérial au greffier de son siége. Celui-ci, avant d'en opérer le classement au casier, vérifie immédiatement sur les registres de l'état civil, mais sans trop s'arrêter aux prénoms indiqués par les inculpés, qui du reste peuvent avoir été de bonne foi sur ce point, si en effet l'individu désigné sur le bulletin est bien né au lieu et à l'époque indiqués. Cette vérification est de rigueur et mention en est faite sur le bulletin (Circ. chanc., 6 nov. 1850, § III, n° 8;— Chanc., 23 mai 1853, § X ; — Parquet de la Cour de Paris, 25 mai 1853, § 7; — Chanc., 1er juill. 1856, A, § X, E, § XVIII). Il est même recommandé aux

_____

(1) Afin d'éviter cet inconvénient, le parquet de la Cour de Paris est dans l'usage d'envoyer tous les huit jours aux casiers d'origine les bulletins n° 1 en état d'être classés.

procureurs impériaux de s'assurer, par des examens im-
prévus et fréquents, sur un certain nombre de bulletins
pris au hasard parmi ceux déjà classés, que les greffiers
se conforment rigoureusement à ces instructions (Circ.
parquet de la Cour de Paris, 10 juin 1853, § 4).

Plusieurs hypothèses peuvent alors se présenter :

1° Le lieu de naissance est-il constaté sur les registres, le greffier classe le bulletin au casier après avoir
rectifié au besoin la date de la naissance, les nom,
prénoms du condamné, ainsi que ceux des père et mère,
si cela n'avait pas déjà été fait lors de la délivrance du
bulletin n° 2, qui doit être demandé au début de la
procédure (Circ. chanc., 6 nov. 1850, § III, n° 8, A ;
Id., 1ᵉʳ juill. 1856, E, § 18). Il y a de plus un avantage
dans ce cas à constater à l'aide d'un signe sur les registres l'existence au casier d'un bulletin relatif à cet
individu afin de faciliter plus tard les recherches (Circ.
chanc., 30 déc. 1850, § VIII).

Il peut arriver quelquefois que la naissance d'un
individu dans un lieu déterminé étant constatée en fait,
elle ne se trouve pas cependant légalement établie
par les registres de l'état civil, soit que la déclaration
de naissance n'ait pas été faite, soit que les registres
aient disparu. Dans ce cas, le bulletin n'en doit pas
moins être classé au casier ordinaire. Seulement, le
greffier, en le classant, aura soin d'indiquer le fait par
une mention sommaire (Circ., 6 nov. 1850, chanc.,
§ III, n° 8, B).

2° Si, rien ne démontrant d'omission dans les registres des actes de naissance, le greffier n'en trouve
aucun d'applicable à l'individu désigné au bulletin qui

lui a été remis, il le constate par ces mots : *Pas
d'acte de naissance applicable*, et le bulletin est renvoyé
au procureur général qui l'a transmis. Ce magistrat,
après avoir visé la mention, adresse le bulletin à M. le
garde des sceaux, pour qu'il soit classé au casier central.
Il est bien recommandé aux greffiers de procéder à cette
vérification préalable avec la plus scrupuleuse exactitude, car leur négligence à cet égard peut entraîner la
délivrance par le casier central d'extraits négatifs concernant des individus précédemment condamnés. Dans
le cas où il n'a pas été trouvé d'acte de naissance applicable à un condamné, les magistrats doivent se livrer
à des investigations nouvelles et ne rien négliger pour
arriver à découvrir et à constater le lieu de naissance
de l'individu qui a donné de fausses indications. Les
statistiques criminelles établissent qu'il est peu de
procédures dans lesquelles on n'ait pas constaté le lieu
de naissance de l'individu poursuivi, et le plus souvent
quand cette constatation n'existe pas il faut l'attribuer
plus à la négligence qu'à l'impossibilité où on aurait
été de le faire. Cependant il peut se présenter des cas
fort rares où l'inculpé ignore réellement le lieu de sa
naissance. Si cette déclaration est faite aux magistrats,
il est utile qu'ils cherchent à s'éclairer à cet égard, en
faisant rendre compte à l'inculpé d'une manière précise
et détaillée de tous les actes de sa vie et en prenant de
leur côté toutes les informations qu'ils jugent nécessaires, soit auprès du préfet de police, soit même en
s'adressant au département de la justice, qui se fait un
devoir en pareille circonstance de les aider autant qu'il
est en son pouvoir dans la recherche de la vérité (Circ.

chanc., 6. nov. 1850, § III, n° 8, C.; — Circ. parquet de la Cour de Paris, 25 mai 1853, § 7; — Circ.
chanc., 8 déc. 1868, § xv).

Quant aux bulletins concernant : 1° tous les individus d'origine inconnue ; 2° les étrangers, ils sont,
depuis la fin de l'année 1855, classés dans le casier spécial appelé *casier central* et établi à la chancellerie (1).

Avant l'établissement du casier central, si, malgré
tous leurs efforts, les magistrats ne pouvaient arriver
à constater le lieu de naissance des inculpés, mais si
les recherches avaient fait connaître leur domicile,
les bulletins devaient être classés au greffe de l'arrondissement du domicile, en ayant soin de mentionner cette
circonstance (Circ. chanc., 6 novembre 1850, § III, n° 8,
D). S'il s'agissait, cas fort rare, d'individus sans lieu de
naissance connu et sans domicile certain, les bulletins
étaient placés au casier du greffe où la condamnation était
intervenue, dans une case spéciale sur laquelle était inscrite cette indication : *Bulletins concernant les individus
condamnés dans l'arrondissement et dont on n'a pu constater
ni le lieu de naissance, ni le domicile en France.* (Circ.
chanc., 6 novembre 1850, § III, n° 8, E). — Pour les
bulletins concernant les étrangers, si le condamné
n'était en France que passagèrement et par accident, le
bulletin était classé à la case indiquée ci-dessus, pour les
individus dont on n'avait pu constater ni la naissance,
ni le domicile. Si, au contraire, l'étranger était établi en
France, y avait un centre d'affaires, un domicile, le bulletin était classé au greffe de l'arrondissement de ce

(1) V. paragraphe suivant.

domicile dans une case spéciale portant cette indication : *Etrangers demeurant dans l'arrondissement* (Circ. chanc., 6 novembre 1850, § III, n° 8, F).

Enfin, les bulletins relatifs à des étrangers d'origine, mais naturalisés Français, devaient toujours être classés au greffe du lieu où les lettres de naturalisation avaient été enregistrées (Circ. chanc., 6 novembre 1850, § III, n° 8, G).

Telles sont les règles générales suivant lesquelles a lieu le classement des bulletins n° 1, dans les différents casiers. Ce ne sont pas du reste les seules.

Lorsqu'un bulletin à classer porte la mention *récidiviste* ou que la peine a été prononcée pour rupture de ban, le greffier doit encore vérifier si son casier renferme les bulletins de condamnations antérieures. S'il n'en contenait aucun, il faudrait en prévenir le parquet qui réclamerait les bulletins manquants au casier central, en ayant bien soin de faire connaître quel est le tribunal qui a prononcé la dernière condamnation et la date du jugement (Circ. chanc., 1er juill. 1856, E, § XIX).

Les statistiques criminelles constatent tous les ans qu'un grand nombre d'individus jugés par contumace ou par défaut échappent à l'exécution des jugements ou arrêts qui les frappent. Les casiers judiciaires doivent évidemment remédier jusqu'à un certain point à cette impuissance de la justice. Il arrive bien fréquemment, en effet, qu'un individu condamné dans un arrondissement par contumace ou par défaut encourt dans un autre une condamnation contradictoire. Or, au moment où le bulletin de cette condamnation viendra se placer dans le casier à côté de celui qui constatera une précédente condamnation par contumace ou par défaut, le greffier avertira de cette circonstance le procureur impérial, qui donnera immédiatement avis au ministère public près le tribunal ou la Cour qui aura prononcé la première condamnation, afin qu'il soit mis à même de la faire exécuter ou de traduire l'accusé devant le jury pour purger sa contumace (Circ. chanc., 30 déc. 1850, § xix ;— Id., 23 mai 1853, § xiii; — Parquet de la Cour de Paris, 10 juin 1853, § 5; — Chanc., 1ᵉʳ juill. 1856, E, § xix ; — Id., 10 déc. 1859, § xi) (1).

On sait déjà que les bulletins doivent être classés dans chaque casier dans l'ordre rigoureusement alphabétique et que toutes les fois qu'il existe plusieurs bulletins concernant un même individu, ils doivent être réunis dans une chemise et dans l'ordre de date des condamnations (2). Il ne faut pas oublier à ce sujet que les bulletins des femmes mariées ou veuves doivent être classés d'après leur nom de fille, mais avec des bulletins de renvoi au nom du mari autant que possible pour le cas où, à l'occasion de nouvelles poursuites, elles ne donneraient que le dernier nom (Circ. chanc., 1ᵉʳ juill. 1856, E, § xxi). A l'égard des individus condamnés sous plusieurs noms, il importe aussi

---

(1) Les procureurs impériaux doivent maintenant savoir à quoi s'en tenir à cet égard, car, ainsi que nous avons eu l'occasion de le dire plus haut, § 3, toutes les fois qu'une condamnation emportant emprisonnement est prononcée par défaut, le procureur impérial du siège de la condamnation et par conséquent de la rédaction du bulletin n° 1 constatant cette condamnation doit y mentionner si la peine est subie ou non (Circ. parquet de la Cour de Paris, 4 juin 1864).

(2) Voir même chapitre, 1ʳᵉ section, § 2.

de faire des bulletins de renvoi pour rendre les recherches plus sûres et plus faciles (Circ. chanc., 1er juillet 1856, E, § xxii). Ces bulletins sont rédigés au greffe
de classement du bulletin n° 1 auquel ils s'appliquent,
et aucun émolument n'est alloué au greffier pour cette
simple mesure d'ordre (Circ. parquet de la Cour de
Paris, 21 juill. 1856, § 4).

§ 7.

**Du casier central, de son utilité, nécessité de sa création. —
Mesures abolies par son établissement. — Transmission des
bulletins destinés au casier central. — Bulletins concernant
les individus nés dans les départements annexés (Savoie,
Haute-Savoie, Alpes-Maritimes).**

**Du casier central. — De son utilité. — Nécessité de sa
création.** — On vient de voir qu'aux termes de la circulaire du 6 novembre 1850, les bulletins des condamnés dont le lieu de naissance était inconnu, de même
que ceux des étrangers, étaient classés soit au casier de
l'arrondissement du domicile connu, soit au casier du
lieu de la condamnation. Cette précaution était le plus
souvent illusoire, et l'expérience prouvait qu'il n'était
guère facile de retrouver les traces de condamnations
précédentes prononcées contre des individus dont il
n'avait pas été possible de constater le lieu de naissance. Il en était de même des individus d'origine étrangère. Les difficultés incessantes que soulevait la recherche des antécédents de ces inculpés, non-seulement
entravaient la bonne administration de la justice,
mais encore diminuaient considérablement les avantages qu'offrait en principe la création du casier judi-

ciaire. Il y avait donc dans le système des casiers un vice d'organisation intime à faire disparaître, une lacune à combler.

Plusieurs magistrats, pour obvier à ces difficultés, avaient eu l'idée, avant 1853, d'établir dans un centre commun une espèce de casier général qui devait être le complément du casier d'arrondissement, et dans lequel viendraient se classer les bulletins de tous les condamnés d'origine étrangère ou inconnue (1). Cette création était nécessaire. Elle offrait le meilleur moyen de remédier aux inconvénients que présentaient auparavant les recherches sans fin des antécédents de ces inculpés ; mais l'heureuse pensée d'un centre commun ne fut pas mise à exécution immédiatement, et ce fut seulement deux ans après, le 30 août 1855, qu'une circulaire ministérielle, apportant à l'institution des casiers judiciaires un complément indispensable, annonça l'établissement d'un casier central à la chancellerie même, dans le bureau des statistiques judiciaires (2).

(1) Cette idée n'était pas sans précédents. En effet, le casier central, dont on proposait l'établissement, existait depuis longtemps déjà à la Préfecture de police dont les sommiers judiciaires étaient à cette époque, comme ils le sont encore aujourd'hui, une source précieuse de renseignements pour la justice (Circ. 23 mai 1853, § 7 et 8).

(2) L'honneur de ce casier revient encore à M. Bonneville de Marsangy. Voici en quels termes l'honorable magistrat, indiquant les perfectionnements dont le système des casiers judiciaires lui paraissait alors susceptible, s'exprimait dans son travail sur l'amélioration de la loi pénale (T. 1, p. 708, 709) : « On sait que pour la mise en exécution immé-
« diate du système des casiers judiciaires, le Gouvernement a prescrit le
« relevé et le classement des condamnations intervenues de 1810 à 1850.
« Pour cette période rétrospective, il existe un nombre considérable de

Ce casier renferme trois espèces de bulletins :

1° Bulletins relatifs à des individus d'origine étrangère ;

2° Bulletins concernant les individus d'origine inconnue dont le lieu de naissance n'a pu être découvert ;

3° Bulletins applicables aux condamnés nés aux co-

« bulletins de condamnations dans lesquels le lieu de naissance des
« condamnés n'a pu être ni vérifié, ni indiqué. En outre, il arrivera
« souvent même pour la période courante que, malgré toutes les re-
« cherches, le lieu de naissance n'aura pas été découvert, soit parce
« que l'inculpé n'a pas d'acte inscrit dans la commune dont il est
« originaire, soit parce qu'on n'aura pu obtenir de lui aucun rensei-
« gnement utile. Or, il est dès à présent certain qu'à l'égard de tous
« ces repris de justice sans lieu de naissance connu, le classement des
« condamnations ne pouvant être localisé, suivant le principe qui fait
« la base du système des casiers, la recherche des antécédents conti-
« nuera comme par le passé d'être impossible, à moins qu'on ne dési-
« gne un lieu connu et déterminé de concentration de ces bulletins,
« sans lieu de naissance indiqué. — Quel devra donc être ce lieu
« connu et déterminé ? D'après la circulaire du 6 novembre 1850,
« M. le garde des sceaux a cru devoir prescrire que les bulletins des
« condamnés, dont le lieu de naissance est inconnu, fussent classés au
« greffe du domicile, et au défaut de domicile certain au greffe de la
« condamnation. Tout le monde reconnaît aujourd'hui que ce classe-
« ment, sans but sérieux et logique, est incapable de produire et qu'il
« ne produit, en effet, aucun résultat, parce qu'il est en contradiction
« formelle avec l'idée fondamentale du système, laquelle, je le répète,
« consiste dans la détermination d'un point fixe et notoire où puis-
« sent immédiatement et sûrement converger toutes les demandes de
« renseignements. Rien de plus simple que de rendre ce système
« applicable même aux condamnations sans lieu de naissance connu.
« Ce serait de concentrer pour eux les extraits dans un seul lieu à
« Paris, par exemple, soit à la Préfecture de police, soit au ministère
« de l'intérieur, soit plutôt au ministère de la justice. De cette façon,
« toutes les fois que le lieu de naissance n'aurait pu être découvert,
« le bulletin, au lieu de rester classé sans utilité au greffe du domicile
« de la condamnation, serait adressé à ce lieu central et convenu. Et

lonies (1) — (Circ. chanc., 30 août 1855, § 1; — Parquet de la Cour de Paris, 5 septembre 1855, § 1; — Chanc., 10 décembre 1859, § x).

Le nombre des bulletins n° 1, appartenant à ces trois catégories et renfermés au casier central, peut s'élever actuellement à *trois cent mille.*

Mesures abolies par l'établissement du casier central. — Dès la création de ce casier, on put y puiser des renseignements précis, car chaque procureur impé-

« désormais, dès qu'il s'agirait de rechercher le bulletin judiciaire
« d'un individu sans lieu de naissance indiqué, on aurait la presque
« certitude de le trouver à ce centre subsidiaire de renseignements.
« Que si, par suite de recherches ultérieures, ce lieu de naissance
« venait à être constaté, les bulletins rectifiés et complétés seraient
« extraits de ce dépôt central et immédiatement adressés au greffe du
« lieu civil de la naissance. Cette modification suffirait pour étendre
« le bénéfice de l'institution des casiers à tous les condamnés fran-
« çais, sans exception. Le même mode devrait, à plus forte raison,
« être employé pour la recherche des antécédents judiciaires des in-
« culpés étrangers. Cette recherche est d'autant plus importante que
« les étrangers commettent en général, toute proportion gardée, plus
« de crimes et de délits que les indigènes. A l'heure qu'il est, la con-
« statation des antécédents des étrangers est en quelque sorte impos-
« sible, faute d'un lieu fixe et déterminé où leurs extraits puissent
« être classés. Ces extraits restent, comme ceux des Français sans lieu
« de naissance connu, inutilement déposés soit au lieu de leur rési-
« dence ou domicile, soit au lieu de condamnation. A cette classifica-
« tion sans résultat, j'avais aussi proposé de substituer la centralisa-
« tion desdits extraits à la préfecture de police. Je ne peux trop
« recommander à l'attention éclairée de M. le garde des sceaux cette
« nouvelle modification qui, parfaitement concordante à l'idée fonda-
« mentale des casiers, suffirait pour rendre à l'avenir la recherche des
« antécédents judiciaires des étrangers aussi prompte que l'est aujour-
« d'hui celle des inculpés nés en France. »

(1) Voir même chapitre, même section, § 3.

rial fut mis en demeure de transmettre immédiatement
à la chancellerie, tous les bulletins se trouvant provisoirement classés au casier de son arrondissement et que
l'origine des condamnés auxquels ils étaient applicables
destinait au casier central. C'étaient les bulletins relatifs
aux étrangers domiciliés ou condamnés dans l'arrondissement ; les bulletins concernant les individus d'origine
inconnue également domiciliés ou condamnés dans l'arrondissement, et enfin les duplicata des bulletins des
individus nés aux colonies qui, aux termes de la lettre de
la chancellerie du 1er avril 1852, et de la circulaire du
23 mai 1853, § IX, restaient classés comme ceux des
étrangers au casier du lieu de la condamnation (Circ.
chanc., 30 août 1855 ; — Parquet de la Cour de Paris,
5 septembre 1855, § 2).

Quant aux bulletins des condamnés reconnus originaires de l'arrondissement, bien que leurs actes de
naissance n'aient pu être trouvés par un motif quelconque, les procureurs impériaux ont dû les conserver
à leur casier. Rentrent dans cette catégorie les bulletins concernant les enfants trouvés élevés dans les hos-
pices (Circ. chanc., 30 août 1855, note 1).

**Transmission des bulletins destinés au casier cen-
tral.** — Le casier central est alimenté d'une manière
régulière depuis 1855, par les envois périodiques, qui
lui sont faits tous les quinze jours, des parquets de
chaque Cour. Cette transmission à la chancellerie des
bulletins concernant les individus d'origine inconnue,
nés à l'étranger ou aux colonies, a lieu, comme pour les
autres bulletins, par l'entremise des procureurs géné-

raux, aussitôt après la vérification à laquelle ces magistrats sont tenus de procéder conformément à la circulaire du 6 novembre 1850 de la chancellerie, § III, n° 7
(Circ. chanc., 30 août 1855, § IV ; — Circ. parquet de la
Cour de Paris, 14 décembre 1855, § 2 ; — Circ.
chanc., 1ᵉʳ juillet 1856, D, § XVI et XVII).

Aux termes de cette dernière circulaire et de la lettre
de la chancellerie du 20 décembre 1855, les bulletins
compris dans ces envois doivent être divisés en deux
séries distinctes :

1° Condamnés d'origine inconnue ;

2° Condamnés d'origine étrangère.

Il convient d'en ajouter une troisième, celle des individus nés aux colonies. De plus, dans chacune de ces
séries, les bulletins sont classés dans l'ordre rigoureusement alphabétique.

**Bulletins concernant les individus nés dans les dé-
partements annexés (Savoie, Haute-Savoie, Alpes-Maritimes).** — Bien que la Savoie et le comté de Nice
aient été réunis à la France le 15 juin 1860, le système des casiers judiciaires n'a commencé à fonctionner
dans les nouveaux départements de la Savoie, de la
Haute-Savoie et des Alpes-Maritimes, que le 1ᵉʳ janvier
1861. Jusqu'à cette époque, les bulletins relatifs à des
individus originaires des contrées annexées durent
continuer à être classés à la chancellerie. Par la même
raison, les bulletins n° 2 devaient, jusqu'à la même
époque, être réclamés au casier central (Circ. parquet
de la Cour de Paris, 8 octobre 1860).

Au mois de décembre 1860, ces bulletins ont été

extraits du casier central et transmis aux casiers d'origine. C'est donc maintenant à ces casiers et non à la chancellerie que doivent être demandés les bulletins n° 2, concernant les individus nés en Savoie et dans l'arrondissement de Nice. C'est également aux mêmes casiers d'origine que doivent être classés les bulletins n° 1 des condamnations prononcées contre des Savoisiens ou des Niçois (Circ. chanc., 12 décembre 1860, § 1).

§ 8.

De la communication des renseignements fournis par les casiers judiciaires.—Délivrance des bulletins n° 2 au ministère public.—Administrations publiques et simples particuliers.

De la communication des renseignements fournis par les casiers judiciaires. — La publicité des renseignements fournis par les casiers judiciaires est la règle. Cette règle n'est pas cependant absolue (Circ. chanc., 30 décembre 1850, § xii).

Ainsi, toute personne qui désire l'extrait du casier judiciaire d'une autre personne adresse directement sa demande au procureur impérial du lieu de la naissance. Ce magistrat accorde la communication des renseignements *toutes les fois qu'il reconnaît que la demande qui en est faite s'appuie sur des motifs sérieux et légitimes, mais il peut et doit refuser quand l'intérêt du demandeur n'est pas très-solidement justifié* (1). Les documents re-

(1) Il nous semble que quand il s'agit, par exemple, d'un mariage, d'un établissement commercial à créer, un procureur impérial peut, sans inconvénient, accorder la communication. Mais s'il s'agit de simples renseignements à prendre sur un tiers, l'autorisation de délivrance du bulletin n° 2, peut donner lieu à de graves inconvénients et servir

cueillis aux casiers judiciaires ne sont, en effet, que des extraits de procédure criminelle, et il appartient au ministère public d'examiner dans quels cas ils peuvent, sans inconvénient, être livrés à la publicité. Cette mesure n'est, du reste, applicable qu'aux demandes formées par les administrations publiques et les simples particuliers auxquels la délivrance d'un bulletin n° 2 ne peut jamais être faite qu'avec l'autorisation du parquet. Quant aux demandes des magistrats de l'ordre judiciaire, elles sont exemptes de tout examen (Circ. chanc., 30 décembre 1850, § XII ; — Chanc., 6 novembre 1850, § IV).

Les juges d'instruction doivent se procurer un extrait du casier au début des poursuites. Il est bien évident cependant que, lorsqu'ils ont lieu de soupçonner que l'inculpé cherche à égarer la justice sur son individualité, il devient nécessaire de vérifier et de constater sa déclaration avant de rechercher l'extrait du casier, autrement les demandes seraient le plus souvent infructueuses (Circ. chanc., 1er juillet 1856, A, § XI).

Le lieu de naissance de l'inculpé est-il connu, c'est aux casiers d'arrondissement que les magistrats instructeurs adressent leur demande. L'individu poursuivi est-il étranger, né aux colonies, ou son origine est-elle restée inconnue, le casier central peut seul fournir ses

quelquefois de base à la vengeance et au chantage même. Il y a dans ce cas un moyen très-facile pour le demandeur de suppléer à la communication qui lui est refusée, c'est d'exiger de la partie intéressée la production de son extrait du casier : de cette manière il s'éclaire sans blesser les intérêts de personne. Les grandes compagnies de chemins de fer ne prennent jamais un employé sans la production de son extrait du casier judiciaire.

antécédents judiciaires. Dans ce cas, le bulletin n° 2 est réclamé directement à la chancellerie, sans que la demande, par exception à la règle générale de correspondance des parquets, soit transmise par l'intermédiaire du procureur général. Toutefois, avant de recourir au casier central, les magistrats ne doivent négliger aucun moyen pour découvrir le lieu de naissance des inculpés.

Dans certains cas, même à l'égard des inculpés dont le lieu de naissance est connu, il est utile de demander des extraits au casier central, si l'on a quelque raison de croire que ces inculpés ont subi des condamnations qui ne sont pas constatées aux casiers d'origine, parce que les tribunaux qui les ont prononcées ont ignoré le lieu de la naissance. C'est un excellent moyen de faire arriver aux casiers d'origine des bulletins classés par erreur au casier central ; mais quand des extraits sont réclamés dans de semblables circonstances, la lettre de demande doit en faire mention (Circ. chanc., 30 août 1855, § vi, viii, ix ; — Parquet de la Cour de Paris, 5 septembre 1855 ; — Chanc., 1er juillet 1856, A, § iii ; — Parquet de la Cour de Paris, 21 juillet 1856, § 3). Il est à remarquer que le casier central ne délivre directement des extraits ou bulletins n° 2 qu'aux parquets. Lorsque les administrations publiques ou de simples particuliers désirent en obtenir, ils s'adressent au procureur impérial de leur domicile, qui est chargé de transmettre ces sortes de demandes à M. le garde des sceaux. L'extrait que reçoit alors le procureur impérial du casier central est par lui déposé au greffe pour être adressé aux demandeurs. Le greffier remplit à l'égard de ces bulletins les mêmes formalités que pour ceux qu'il délivre lui-même et il perçoit les droits fixés pour le coût de ces extraits (1). (Circ. chanc., 30 août 1855, § x ; — Parquet de la Cour de Paris, 5 septembre 1855, § 2). La demande d'un bulletin n° 2, soit au casier central, soit aux casiers d'arrondissement, doit toujours être accompagnée de toutes les indications propres à faciliter les recherches. La lettre de demande présente tous les renseignements recueillis sur l'individualité de l'inculpé, et, quand on connaît à sa charge quelque condamnation antérieure, il faut la signaler brièvement avec les divers noms sous lesquels cet individu pourrait avoir été jugé précédemment, la date du jugement et la désignation du tribunal qui a prononcé (Circ. chanc., 30 août 1855, § vii ;— Chanc., 1er juillet 1856, A, § ix).

Délivrance des bulletins n° 2 au ministère public, aux administrations publiques et aux simples particuliers. — Il est de principe de répondre dans le plus bref délai possible aux demandes d'extraits des casiers judiciaires. Celles formées par les parquets, notamment, ne doivent jamais rester plus de quarante-huit heures sans réponse, afin de ne pas ralentir le cours des procédures criminelles (2). (Circ. chanc., 1er juillet 1856, F, § xxiii. —

(1) Voir même chapitre, paragraphe suivant.

(2) Il convient, en général, pour ne pas augmenter le chiffre, toujours assez élevé des frais de justice criminelle, de ne répondre aux demandes des procureurs impériaux de bulletins n° 2, par la délivrance de ces bulletins, que dans le cas où il y a poursuite exercée contre un inculpé, et où l'extrait doit rester annexé à la procédure ; mais s'il s'agit tout simplement, hors des cas de poursuite, d'une demande de renseignements contenus dans les casiers judiciaires, il est préférable d'y

Id., 10 décembre 1859, § xiv. — *Id.*, 1ᵉʳ décembre
1861. — *Id.*, 8 décembre 1868, § xviii).

La demande arrivée au parquet, le greffier examine
immédiatement les registres de l'état civil de l'arrondissement et s'assure, après avoir feuilleté son répertoire,
s'il existe ou non des condamnations applicables à l'individu désigné. Comme pour le classement des bulletins
nº 1, ces recherches exigent le plus grand soin, et il ne
faut pas trop s'arrêter aux prénoms indiqués par les
inculpés. Il est, en effet, d'un usage assez général dans
les familles de donner aux enfants d'autres prénoms que
ceux sous lesquels ils sont inscrits sur les registres de
l'état civil (Circ. chanc., 1ᵉʳ juillet 1856, A, § x). Ce

répondre par lettre. Chaque procureur impérial doit, à cet égard,
résister, s'il y a lieu, aux prétentions du greffier et empêcher la délivrance d'un bulletin nº 2. Cette distinction tire sa raison d'être d'instructions contenues dans une circulaire ministérielle du 3 décembre
1863. « J'ai eu plusieurs fois l'occasion de remarquer, dit M. le garde
« des sceaux Baroche, dans cette circulaire, que des procureurs im-
« périaux, au lieu de répondre par une simple lettre à des demandes
« de renseignements que je leur adressais sur des individus portés
« dans les états des récidives, faisaient rédiger par leur greffier et
« me transmettaient des bulletins nº 2 complétement inutiles. C'est
« un abus auquel il importe de mettre un terme. Il en est de même
« lorsqu'au moment de la confection des listes du jury le ministère
« public désire vérifier si les personnes inscrites sur ces listes n'ont
« pas été condamnées à des peines ou pour des faits entraînant une
« incapacité légale prévue par la loi du 9 juin 1853. *Dans ce cas*
« *la rédaction d'un bulletin nº 2 ne peut rigoureusement se justifier*
« *qu'autant que l'extrait est affirmatif.* L'indemnité due pour la dé-
« livrance d'un bulletin nº 2, étant dans ces circonstances à la charge
« de l'État, cette dépense doit être prise en considération et les pro-
« cureurs impériaux ne doivent faire dresser l'extrait des casiers ju-
« diciaires qu'autant que ces extraits leur sont *expressément* de-
« mandés. »

premier examen achevé, différentes hypothèses peuvent se présenter.

Ou bien, recherches faites aux registres des actes de naissance de l'arrondissement, il n'y est trouvé aucun acte s'appliquant à l'individu désigné, et alors le greffier se borne à inscrire dans le corps du bulletin cette mention : *Un tel. — Aucun acte de naissance applicable dans l'arrondissement de—* ;

Ou bien, l'acte de naissance étant inscrit, il n'y a dans le casier judiciaire aucun renseignement sur l'individu désigné, et alors le greffier, après avoir rempli les énonciations relatives à la naissance, conformément à l'acte de naissance lui-même, inscrit dans le corps du bulletin, en gros caractères, le mot *néant ;*

Ou bien, l'acte de naissance existant, le casier judiciaire contient aussi des renseignements, et alors le greffier les indique tous d'une manière sommaire et par ordre de date, en ayant soin, si les condamnations ont été prononcées par défaut, d'en faire mention (Circ. chanc. 6 novembre 1850, § iv ; — Chanc., 1er juillet 1856, F, § xxiv).

En présence de renseignements négatifs fournis par les casiers, il y a toujours nécessité pour les magistrats de recourir au casier central, ce qu'ils doivent faire dès que les premières recherches auxquelles ils se livrent pour établir l'individualité des inculpés demeurent infructueuses. Voici, à cet égard, les observations émises par M. le garde des sceaux dans sa circulaire du 1er décembre 1861 : « Je remarque, dit-il, que certains par-« quets ne s'adressent pas toujours directement au « casier central pour y réclamer le bulletin n° 2 des

« inculpés dont ils n'ont pas pu découvrir l'origine. Il
« en résulte, d'une part, que les antécédents judiciaires
« de quelques récidivistes restent inconnus, et, de
« l'autre, que les bulletins n° 1 des condamnations pro-
« noncées contre ces individus sont adressés aux casiers
« des arrondissements dans lesquels ils ont dit être nés,
« bien que leur origine n'y ait pas été constatée, tandis
« qu'ils doivent être classés au casier central. » De
même si, à la réception d'un bulletin n° 2, il se trouve
dans la série des condamnations qui y sont relevées des
lacunes qui ne soient pas suffisamment expliquées par
la déclaration du récidiviste ou par d'autres pièces, il
peut être utilement demandé des extraits du casier central, où il aurait pu parvenir quelques condamnations
prononcées sous des noms différents, mais sans recherches préalables suffisantes pour constater l'origine
et l'individualité (Circ. chanc., 1er juillet 1856, F,
§ xxv).

§ 9.

Prix des bulletins n°s 1 et 2. — De leur mode de paiement aux greffiers.

Prix des bulletins n° 1. — Il est alloué aux greffiers un
droit de 0,25 c. pour chaque bulletin n° 1 délivré par
eux, depuis la création des casiers judiciaires.

« J'aurais pu peut-être, dit M. le garde des sceaux
« dans la circulaire du 6 novembre 1850, § v, me
« borner à accorder aux greffiers, par chaque extrait, le
« salaire de 0,10 c., fixé par l'article 49 du décret du

« 18 juin 1810, car les bulletins n° 1 ne sont, pour
« ainsi dire, que la reproduction des énonciations exi-
« gées par l'article 600 du Code d'instruction crimi-
« nelle; mais dans le désir de voir apporter à l'institu-
« tion nouvelle des casiers judiciaires tout l'intérêt et le
« soin qu'elle réclame, notamment de la part des gref-
« fiers, je n'ai pas voulu limiter leur salaire à un taux
« qui aurait pu leur paraître insuffisant, et j'ai adopté
« celui de 0,25 c., que le décret du 7 avril 1813, art. 7,
« alloue pour les extraits à fournir à l'administration de
« l'enregistrement, et qui sont, à peu de chose près,
« les mêmes que ceux des casiers judiciaires (Bulle-
« tins n° 1) (1). »

(1) Ce prix 0 fr. 25 c. fut l'objet de vives réclamations de la part
des greffiers. Ils objectèrent que, les bulletins n° 1 remplaçant les
extraits dont la rédaction était ordonnée par l'article 198 du Code
d'instruction criminelle, ils ne recevraient plus que 0,25 c. pour les
premiers, tandis qu'un droit de 0,50 c. leur avait été alloué pour les
seconds. Mais il est vrai de dire que les bulletins sont beaucoup plus
courts que les extraits et ne présentent pas comme ceux-ci la transcription des motifs et du dispositif des fragments. La justesse de
cette observation avait tout d'abord frappé les réclamants. Aussi, leur
principal grief contre la circulaire du 6 novembre 1850 porta bien
moins sur le prix même des bulletins que sur la suppression de l'envoi à la Cour des extraits délivrés en vertu de l'article 198 du Code
d'instruction criminelle. Il leur a été donné, à cet égard, des explications qui leur ont prouvé que si l'établissement des casiers judiciaires
avait été l'occasion de la suppression des extraits, il n'en avait été
nullement la cause. Tous les bulletins appartenant à la période rétrospective de 1831 à 1850 inclusivement ont été, au contraire, payés aux
greffiers sur le pied de 0,15 c. par bulletin. Le prix de ces bulletins
avait d'abord été fixé à 0,10 c., car leur grand nombre donnait lieu
de penser qu'ils pouvaient être délivrés à des conditions très-favorables et que les greffiers seraient suffisamment indemnisés de leurs
dépenses en recevant un prix égal à celui qui leur était accordé, avant

Les greffiers perçoivent donc un droit de 0,25 c. par chaque bulletin n° 1 dressé par eux (1).

Prix des bulletins n° 2. — Les bulletins n° 2 peuvent être délivrés au *ministère public*, aux *administrations publiques* et aux *simples particuliers*.

Il importe de bien définir quelle est l'étendue de ces trois classes de personnes et de préciser les distinctions qui les séparent.

1° Les mots *ministère public* n'ont pas un sens limitatif. Ils comprennent tous les magistrats de l'ordre judiciaire, *juges d'instruction*, *membres du parquet* et de la *magistrature assise* dans l'exercice de leurs fonctions.

2° Par *administrations publiques*, les instructions sur la matière désignent seulement les administrations relevant de l'État, telles que les départements ministériels

la création des casiers, pour la copie du registre prescrit par l'article 600 du Code d'instruction criminelle (art. 49 du décret du 18 juin 1811). Mais de nombreuses réclamations s'élevèrent à ce sujet. On fit remarquer que les bulletins n'exigeaient pas seulement le travail de copie, mais encore des recherches dans les registres de l'état civil, un classement dans les casiers, ce qui entraînait plus de peine et plus de soins que la simple copie ordonnée par le Code d'instruction criminelle. Cette objection parut fondée, et un grand nombre de greffiers appelés à justifier leurs prétentions tombèrent unanimement d'accord qu'ils seraient équitablement indemnisés si leur salaire était élevé à 0,15 c. On s'est donc définitivement arrêté à ce chiffre pour la délivrance des bulletins n° 1 compris dans les années 1831 à 1850 inclusivement (Circ. chanc., 30 décembre 1850, § 1 et 2).

(1) On a déjà vu, même chapitre, section II, § 6, que ces officiers publics ne sauraient percevoir aucun droit pour la rédaction des bulletins de renvoi prescrits par les circulaires de la chancellerie du 1er juillet 1856, § 21, 22 et du parquet de la Cour de Paris du 21 juillet 1856, § 4, dans le cas où la rédaction de ces bulletins est nécessaire.

de la guerre, de la marine, de l'intérieur, etc. Cependant, si l'on considère le but de l'institution des casiers judiciaires, nous croyons que l'on peut aussi comprendre sous la dénomination d'administrations publiques toutes les autres administrations ayant un caractère public et d'intérêt public (compagnies de chemins de fer, les grandes compagnies industrielles, ayant l'entreprise d'un travail relatif aux besoins et aux commandes de l'État). Mais les industries complétement privées, telles que les maisons de banque, de commerce, etc., ne sont pas considérées comme administrations publiques.

3° Sont rangés parmi les simples particuliers toutes les personnes ou êtres moraux n'appartenant pas directement aux deux premières classes, entre autres les fonctionnaires publics, qui paient de leurs propres deniers les bulletins n° 2 qui leur sont délivrés sur leur demande (Circ. parquet de la Cour de Paris, 18 juillet 1851). Toute dépense de cette nature ne pouvant, en effet, être considérée comme frais de justice criminelle, n'est pas supportée par le Trésor (1).

Prix des bulletins n° 2 délivrés au ministère public. — Le prix des bulletins n° 2 délivrés au ministère public est, comme celui des bulletins n° 1, de 0,25 c., conformément aux dispositions de la circulaire du 6 novembre 1850, § v. Ces bulletins sont sur papier libre et exempts de tout droit d'enregistrement (Circ. de l'enregistrement 10 mars 1853). Ce même droit de 0,25 c.

---

(1) Une exception a été créée en faveur des juges-commissaires pour les bulletins n° 2 concernant des faillis. Voir § 11, même chapitre.

existe depuis la création du casier central au profit des employés du bureau de la statistique pour chaque bulletin nᵒ 2 délivré par eux au ministère public. Ces émoluments sont considérés comme frais de justice criminelle et payés comme tels (Circ. chanc., 8 décembre 1868, § xix).

Prix des bulletins nᵒ 2 délivrés aux administrations publiques. — Le même prix a été établi pour les bulletins nᵒ 2 délivrés aux administrations publiques. Ces bulletins sont également sur papier libre et affranchis de la formalité de l'enregistrement, en qualité d'extraits de procédure criminelle (Circ. chanc., 4 juin 1851); — (Circ. de l'enregistrement, 10 mars 1853).

Prix des bulletins nᵒ 2 délivrés aux simples particuliers. — Quant au prix des bulletins nᵒ 2 délivrés aux simples particuliers, il est de 2 fr. 40 c., savoir :

Timbre.	0 fr.	50 c.
Droit de rédaction . .	0	25
Droit de recherches. .	0	50
Enregistrement. . . .	1	15
	2 fr.	40 c. (1)

(1) Le prix des bulletins nᵒ 2, délivrés aux simples particuliers, n'a pas toujours été aussi élevé. La circulaire organisatrice du 6 novembre 1850 n'allouait aux greffiers, pour la délivrance de ces bulletins, qu'un droit de rédaction de 0,25 c. Les circulaires ministérielles des 4 juin et 1ᵉʳ juillet 1851, du parquet de la Cour de Paris des 17 juin et 10 juillet de la même année, autorisèrent à percevoir, en outre, le droit de recherches de 0,50 c. concédé à ces officiers publics par l'article 14 de la loi du 21 ventôse an vii. Aux termes de ces circulaires, les bulletins nᵒ 2, délivrés aux simples particuliers, devaient

Quelques greffiers, se fondant sur les dispositions des art. 10 et 14 du décret du 24 mai 1854, accordant définitivement aux greffiers de première instance le droit de 0,25 c. pour légalisation de la signature des officiers publics, déjà prévue par l'art. 14 de la loi du 21 ventôse an VII, ainsi qu'un droit de 0,25 c. pour mention sur le répertoire à l'usage de l'administration de l'enregistrement, prescrit par l'art. 49 de la loi du 29 frimaire an VII, dont 0,10 c. d'émoluments et 0,15 c. de remboursement de papier timbré (ce dernier remboursement porté à 0,20 c. par l'article 1er du décret du 8 décembre 1862), croient pouvoir ajouter la somme de 0,55 c. à celle de 2 fr. 40 c. et porter ainsi le prix du bulletin n° 2 délivré aux simples particuliers à 2 fr. 95 c.

encore être sur papier timbré, mais de la dimension du timbre de 0,35 c. seulement, maintenant 0,50 c., par suite de la loi de finances du 2 juillet 1862, art. 17. De plus, à ce titre d'extraits de procédure criminelle, ils n'étaient pas soumis à la formalité de l'enregistrement. On ne les payait donc à cette époque que 1 fr. 10 c., savoir :

Timbre.	0 fr. 35 c.
Droit de rédaction..	0 25
Droit de recherches	0 50
Total.	1 fr. 10 c.

Mais bientôt, M. le ministre des finances, se fondant sur la nécessité de diminuer, autant que possible, les frais considérables occasionnés par l'institution des casiers judiciaires, demanda que ces documents fussent en outre soumis comme actes judiciaires innomés au droit d'enregistrement de 1 fr. 10, décime compris (Instruction, enregist., 10 mars 1853) et maintenant 1 fr. 15 c. par suite du double décime. C'est ainsi que le prix en a été définitivement fixé par la circulaire ministérielle du 23 mai 1853, § 1, à 2 fr. 20, c'est-à-dire 2 fr. 40 c. avec l'augmentation de 0,15 c. sur le timbre et de 0,05 c. sur le droit d'enregistrement.

Cette prétention ne peut se justifier d'aucune manière. D'abord, le décret du 24 mai 1854 n'est applicable qu'en matière civile et commerciale, non en matière criminelle. Or, les émoluments à accorder aux greffiers en pareille matière sont exclusivement prévus par le chapitre v du décret du 18 juin 1811. Ensuite, la légalisation de la signature des greffiers sur les bulletins n° 2 est complétement inutile, puisque ce bulletin est revêtu du visa du procureur impérial. En l'absence de tout texte précis émanant des circulaires ministérielles et autorisant l'addition de ces droits de légalisation de 0,25 c. et de mention sur le répertoire de l'administration de l'enregistrement de 0,30 c., le prix de 2 fr. 40 c. doit être seulement exigé, et les procureurs impériaux doivent veiller à ce qu'il ne soit pas dépassé par les greffiers, pour quelque cause que ce soit, dans la délivrance des bulletins n° 2 aux simples particuliers. Il ne doit être ajouté à ce prix de 2 fr. 40 c. que des frais de timbres-poste, s'il y a lieu (Circ. chanc., 12 décembre 1860, § ii ; — Parquet de la Cour de Paris, 5 août 1862 ; — *Id.* 18 octobre 1862).

Les greffiers sont, en outre, avertis que si, faute de se servir, pour les extraits des casiers judiciaires délivrés aux simples particuliers, de papier timbré d'une dimension convenable, ils mettent l'administration de l'enregistrement dans le cas d'exiger un droit de timbre supérieur à celui employé, ils ne peuvent réclamer cette augmentation aux particuliers. Elle reste à leur charge (Circ. chanc., 20 mai 1862).

Aux termes de la circulaire de la chancellerie en date du 23 mai 1853, § iii, le prix des bulletins n° 2, qu'ils

soient délivrés au ministère public, aux administrations publiques, ou aux simples particuliers, ne peut pas être augmenté à raison du nombre des condamnations à constater.

Enfin la circulaire ministérielle du 30 août 1855, § x, dispose, ainsi qu'on l'a vu plus haut (1), que le casier central ne délivrant directement d'extraits qu'aux parquets, les greffiers sont autorisés à percevoir à leur profit le prix des bulletins n° 2 délivrés par la chancellerie aux administrations publiques et aux simples particuliers, bulletins à l'égard desquels ils remplissent, du reste, la même formalité que pour ceux qu'ils délivrent eux-mêmes.

Mode de paiement des bulletins n°ˢ 1 et 2 aux greffiers. — La dépense nécessaire à la rédaction de tous les bulletins n° 1 et des bulletins n° 2, délivrés à la requête du ministère public et des juges-commissaires de faillite, rentre dans les frais de justice criminelle. Elle est, en conséquence, supportée tout entière par le département de la justice. Pour obtenir le paiement de ces bulletins, les greffiers doivent les comprendre dans les mémoires qu'ils remettent tous les mois ou tous les trois mois au procureur impérial de leur siége, et qui contiennent l'énumération détaillée des sommes auxquelles ils ont droit à titre de déboursés et d'émoluments. En principe, tous les émoluments réclamés par les greffiers sont portés dans leurs mémoires avec la date, la cause et la nature des actes à raison desquels ils sont dus. Il y a exception à cette règle en ce qui concerne les bulletins des

(1) Voir même chapitre, § 8.

casiers judiciaires. Cette exception créée par M. le garde des sceaux Rouher (1) est consacrée dans une circulaire adressée le 30 juillet 1851 par l'administration centrale de l'enregistrement à tous les directeurs départementaux. En voici les termes : « D'après une lettre de M. le « garde des sceaux en date du 21 janvier dernier, les « greffiers sont dispensés de donner dans leurs mé- « moires le détail des bulletins délivrés pour les casiers « judiciaires, détail inutile puisqu'il s'agit d'une dé- « pense incontestablement à la charge du ministère de « la justice. Je vous prie de donner connaissance de « cette décision aux agents chargés du paiement, qui « devront seulement exiger la production d'un certi- « ficat, soit du procureur général, soit du procureur de « la République, constatant la remise en nombre égal « des bulletins portés en blanc sur les mémoires. »

Ainsi, tous les bulletins n° 1 et les bulletins n° 2, délivrés à la requête du ministère public et des juges-commissaires de faillite, sont payés aux greffiers par l'administration de l'enregistrement sur simple insertion du nombre de ces bulletins dans leurs mémoires de frais de justice criminelle ordinaire. Le bureau de la statistique de la chancellerie produit également tous les mois à l'administration de l'enregistrement un compte des bulletins n° 2 délivrés au ministère public par le casier central, compte qui est payé par le Trésor (bureau du receveur près la Cour impériale de Paris) au profit des employés du bureau chargés de l'aménagement de ce casier (Circ. chanc., 8 décembre 1868, § xix).

(1) Lettre ministérielle au directeur général de l'enregistrement du 21 janvier 1851.

Il n'en est pas de même des bulletins n° 2, délivrés à la requête des administrations publiques et des simples particuliers. Les émoluments perçus par les greffiers pour la rédaction de ces extraits des casiers judiciaires, n'étant plus considérés comme frais de justice criminelle, doivent être soldés en entier par les demandeurs. C'est donc soit aux administrations publiques, soit aux simples particuliers que les greffiers doivent directement s'adresser pour obtenir le paiement des bulletins n° 2 qu'ils leur délivrent après autorisation du procureur impérial. Quant au prix des bulletins n° 2 délivrés par le casier central aux administrations publiques et aux simples particuliers, il est recouvré de la même manière que celui des extraits émanant des greffiers (Circ. chanc., 8 décembre 1868, § xix).

Le ministère de la guerre a, comme administration publique, à pourvoir sur son budget au paiement de tous les bulletins n° 2 délivrés aux préfets pour les opérations du tirage au sort et concernant tant les jeunes conscrits que les hommes qui se présentent pour remplacer. Voici les dispositions prises à cet effet par le ministre : Les greffiers des tribunaux civils dans chaque département produisent, du 1er au 15 août de chaque année, au membre de l'intendance militaire chargé du service du recrutement au chef-lieu du département, un état portant décompte des bulletins n° 2 expédiés par eux aux préfets jusques et y compris le 31 juillet.

Cet état est divisé en quatre colonnes. La première contient le nom des départements aux préfets desquels les bulletins ont été envoyés. La deuxième le nombre des bulletins délivrés. La troisième le montant des indemnités réclamées. La quatrième est destinée aux observations. En haut, à gauche, se trouve la mention du département et du tribunal d'où émanent les renseignements. En tête, la suscription suivante : État indiquant : 1° le nombre des bulletins de renseignements extraits du casier judiciaire du tribunal civil de . . . . . ., et envoyés aux préfets, sur leur demande, pendant l'année; 2° les indemnités réclamées par les greffiers du tribunal, à raison de vingt-cinq centimes par bulletin. Cet état certifié par le greffier, revêtu de sa signature, avec la date de la délivrance, visé par le procureur impérial du siége, est transmis au ministère de la guerre (bureau du recrutement), du 15 au 31 août, par l'intermédiaire de l'intendant militaire de la division, pour être l'objet d'une liquidation ministérielle. De leur côté, les préfets, pour mettre le ministère de la guerre à même de contrôler les mémoires des greffiers, leur transmettent, au plus tard, du 1er au 15 août de chaque année, un autre état indiquant le nombre des bulletins qu'ils ont demandés à chaque greffier et de ceux qui leur auront été envoyés jusqu'au 31 juillet inclusivement. Cet état, comme le précédent, se divise en quatre colonnes : la première comprend le nom des tribunaux aux greffiers desquels des bulletins de renseignements ont été demandés, la deuxième le nombre des bulletins réclamés, la troisième celui des bulletins reçus, la quatrième est destinée aux observations. En haut, à gauche, se trouve la désignation du département administré par le préfet qui réclame les renseignements. En tête la suscription suivante : État indiquant le nombre des bulletins extraits des casiers judiciaires, demandés par le préfet de ..... aux greffiers des tribunaux civils pendant l'année .... Enfin, ce document est certifié par le préfet et revêtu de sa signature avec la date de la délivrance.

Dès que les états fournis par les greffiers ont été vérifiés, les crédits nécessaires pour le paiement des sommes qui leur sont dues sont délégués aux intendants militaires de chaque division qui en font la répartition parmi leurs sous-intendants (1). (Circ. min. guerre, 18 avril 1851, 10 juillet 1851 ; — Parquet de la Cour de Paris, 25 juillet 1851.)

Quant au paiement des bulletins n° 2 délivrés par les greffiers de première instance pour le service de la justice maritime, l'ordonnancement et le paiement de ces indemnités ont lieu au chef-lieu de chaque arrondissement maritime. Les greffiers des tribunaux de première instance dressent également, chaque année,

---

(1) Depuis la loi du 26 avril 1855, sur la dotation de l'armée et sur la substitution du mode de réengagement au mode de remplacement, les extraits des casiers judiciaires demandés par les préfets étaient en moins grand nombre et, par cela même, le paiement de ces bulletins aux greffiers des tribunaux civils constituait certainement pour l'administration de la guerre une charge beaucoup moins lourde. La nouvelle loi militaire du 1er février 1868, rétablissant le principe du remplacement, ces frais redeviendront ce qu'ils étaient avant 1855. Il importe d'ajouter que l'Etat, ne trouvant pas à suffire à toutes les nécessités du recrutement par le réengagement, usait en même temps, sous l'empire de la loi de 1855, des modes d'engagement et de remplacement par voie ordinaire ou voie administrative. Aucun individu, se présentant comme remplaçant ou engagé volontaire, n'était admis à l'examen sans présentation d'un extrait de son casier judiciaire (Article 62, règlement militaire, 9 janvier 1856 ; article 7, instruction ministérielle, guerre, 3 mai 1859).

un mémoire des bulletins qu'ils ont délivrés, et les procureurs impériaux, après avoir certifié cette délivrance,
les transmettent au préfet de l'arrondissement maritime
auquel appartiennent les autorités qui ont réclamé ces
bulletins (Instruction du ministre de la marine aux préfets maritimes du 9 juillet 1867.—Lettre ministérielle
au procureur général à Paris, 14 septembre 1864 ; —
Circ. ministérielle, 8 août 1867 ;—Circ. parquet de la
Cour de Paris, 12 août 1867.)

§ 10.

**Vérification des casiers judiciaires.—Procès-verbaux de vérifi-
cation. — Aménagement et surveillance des casiers. — Bulletins des individus décédés. — Encombrement des casiers. —
Moyens d'y parer.—Répertoire alphabétique.**

Vérification des casiers judiciaires. — Il existait, au
moment de la création des casiers judiciaires, un véritable intérêt à ce que la mise en pratique de cette nouvelle institution eût lieu dans un délai aussi bref que
possible. D'un autre côté, il était désirable de voir
toutes les mesures prescrites par le ministère de la justice pour l'application de ce système s'exécuter facilement sur tous les points du territoire français avec une
parfaite uniformité. Le meilleur moyen d'atteindre ce
but se rencontrait tout naturellement dans un contrôle régulier du travail des membres du ministère public et des greffiers appelés à prêter leur concours à
l'établissement des casiers judiciaires. Aussi fut-il recommandé, dès l'origine, aux procureurs impériaux de
dresser, lors de la vérification mensuelle du greffe de

leur siége, un procès-verbal spécial concernant les casiers judiciaires (Circ. chanc. 6 novembre 1850, § x. — parquet de la Cour de Paris, 11 novembre 1850, § 6, 7).

En demandant que ces procès-verbaux leur fussent transmis chaque mois, plusieurs gardes des sceaux voulurent faire comprendre aux magistrats toute l'importance de l'institution des casiers et la nécessité d'en faire l'objet d'une sollicitude toute particulière. Les procureurs impériaux ne peuvent donc pas se borner à signer le procès-verbal qui leur est présenté tout rédigé par les greffiers. Ils doivent s'assurer chaque mois, par un examen sérieux, de la tenue du casier de leur tribunal (Circ. chanc., 1er juillet 1856, G, § xxvii).

Procès-verbaux de vérification. — Les procès-verbaux de vérification des casiers judiciaires doivent être transmis à tous les procureurs généraux dans les douze jours qui suivent l'expiration de chaque mois, délai de rigueur, afin que de toutes les extrémités de l'Empire ces documents puissent parvenir au ministère de la justice le plus tôt possible (Circ. parquet de la Cour de Paris, 14 décembre 1855, § 4) (1). D'après les prescriptions contenues dans les §§ iii de la circulaire de la chancellerie du 1er juillet 1851, de la circulaire du parquet de la Cour de Paris du 18 juillet 1851, et renouvelées dans le § viii de la circulaire ministérielle du 20 mai 1862, ces procès-verbaux doivent être rédigés

---

(1) Ce délai, il faut le remarquer, est le même que celui qui a été fixé pour la transmission des bulletins de quinzaine aux parquets des Cours. V. même section, § 4.

sur du papier fort et de la dimension des bulletins n° 1
(feuille de papier timbré à 0;35 cent.). Ils portent qu'ils
sont dressés en exécution de la circulaire du 6 novembre
1850 et sont revêtus, en marge, pour la classification
plus facile au ministère de la justice, de la mention suivante : *Direction des affaires criminelles et des grâces.* —
3° *Bureau.* — Circ. chanc., 6 novembre 1850, § x; —
Circ. parquet de la Cour de Paris, 11 novembre 1850,
§ 7.

Le texte de ces documents a successivement affecté
plusieurs formes différentes depuis 1850 jusqu'en 1856,
suivant les changements survenus dans l'organisation
des casiers judiciaires. Le seul modèle de rédaction qui
soit maintenant en usage est ainsi disposé :

L'an....., le.....,

Nous, procureur impérial, après avoir procédé, en exécution de la circulaire du 6 novembre 1850, à la vérification du casier établi au greffe du tribunal, constatons :

1° Qu'il a été rédigé pendant le mois et transmis à
M. le procureur général :

..... Bulletins concernant :

a. Condamnés originaires de l'arrondissement,

b. Condamnés originaires d'autres arrondissements,

c. Condamnés d'origine étrangère,

d. Condamnés dont l'origine est restée inconnue,

2° Qu'il a été classé au casier pendant le mois.....,

..... bulletins de condamnations originaires de
l'arrondissement, de toute provenance ;

3° Qu'il a été délivré pendant le mois, par le greffier, ... bulletins n°...

a. A la requête du ministère public,

b. A la requête d'administrations publiques,

c. A la requête des simples particuliers ;

4° Qu'il a été extrait du casier .... bulletins de condamnés décédés ;

5° Qu'il renferme ..... bulletins concernant ..... individus ;

6° Que le casier est tenu de telle ou telle manière.

Ce modèle de rédaction créé par la circulaire ministérielle du 1er juillet 1856, § XXVII, confirmée par celle du parquet de la Cour de Paris du 21 juillet 1856, § 5, est des plus complets. On peut connaître immédiatement, au moyen de ce procès-verbal, le nombre d'individus qui, dans chaque arrondissement, figurent aux casiers judiciaires (1).

(1) D'après les circulaires de la chanc. du 1er juillet 1851, § IV, et du parquet de la Cour de Paris, du 10 juillet 1851, § 2, les procès-verbaux de vérification devaient être très-concis et constater, outre la tenue et l'état du casier : 1° le degré d'avancement du travail rétrospectif ; 2° le nombre des bulletins n° 1, rédigés par le greffier pendant le mois et remis au procureur impérial sur son récépissé pour être transmis au procureur général, conformément au § III, n° 3, de la circulaire du 6 novembre 1850 ; 3° le nombre des bulletins de toute provenance classés au casier durant le même mois, en distinguant les bulletins relatifs à des individus nés dans l'arrondissement de ceux concernant les individus qui n'y avaient pas pris naissance et dont il avait été impossible de connaître l'origine (Circ. chanc., 6 novembre 1850, § III, n° 8) ; 4° enfin le nombre des bulletins n° 2, délivrés pendant le même mois à toutes requêtes : ministère public, administrations publiques et simples particuliers. — Aux termes des circulaires, chanc. 23 mai 1853, § XVIII. Parquet de la Cour de Paris, 10 juin 1853, § 6, les procès-verbaux de vérification étaient en tout point conformes aux prescriptions des circulaires précédentes. Il devenait seulement inutile d'y mentionner le degré d'avancement du travail rétrospectif, ce travail devant être terminé depuis longtemps. — Les circulaires de la chancellerie du 30 août 1855, Parquet de la Cour de Paris, 5 septembre 1855,

Surveillance et aménagement des casiers judiciaires.— Les procureurs impériaux doivent exercer sur les moindres détails du mécanisme des casiers judiciaires une surveillance incessante. C'est à cette seule condition que cette institution est appelée à rendre quelque service : toutes les fois donc que ces magistrats découvrent, soit en inspectant leurs casiers, soit en demandant un bulletin nº 2 à leur greffe, que par un motif quelconque des condamnations antérieures prononcées contre un individu n'ont pas été constatées au casier judiciaire, ils sont dans l'obligation d'en donner avis au garde des sceaux, ou mieux, d'en informer les membres du ministère public du tribunal ou de la Cour qui a prononcé ces condamnations, afin qu'ils puissent réparer l'omission le plus tôt possible (Circ. chanc., 23 mai 1853, § XII ; — Parquet de la Cour de Paris, 10 juin 1853, § 5).

Le ministre de la justice a, en outre, prescrit trois mesures différentes relatives à l'aménagement des ca-

---

la lettre de la chancellerie du 26 septembre 1855, devaient aussi amener un changement nécessaire dans la rédaction de ces procès-verbaux, puisque par suite de la création du casier central, il n'y avait plus lieu de constater combien, pendant le mois, il avait été classé au casier de chaque arrondissement de bulletins concernant des étrangers ou des individus d'origine inconnue. La forme suivante fut donc adoptée à partir du mois d'août 1855 : — 1º Nombre de bulletins rédigés pendant le mois par le greffier et transmis au procureur général : des condamnés originaires de l'arrondissement ; des condamnés originaires d'autres arrondissements ; des condamnés d'origine étrangère ; des condamnés dont l'origine est restée inconnue ; — 2º Nombre des bulletins nº 2, délivrés pendant le mois par le greffier, à la requête du ministère public, des administrations publiques, des particuliers ; mais ainsi qu'on vient de le voir, elle n'est restée en vigueur que jusqu'au 1er juillet 1856.

siers judiciaires. Les deux premières dans le but d'éviter leur encombrement, la troisième dans celui de faciliter toutes les recherches que l'on peut avoir à y faire.

1° Bulletins concernant les individus décédés. — Les greffiers doivent, à des époques périodiques, faire une revue de tous les bulletins contenus dans les casiers et en extraire ceux qui concernent des individus décédés et dont le décès est bien certain : « Le registre des actes « de décès leur servira d'indication à cet égard, disait « M. le garde des sceaux dans sa circulaire du 30 décembre « 1850, mais pour qu'il puisse être utilement « consulté, il est convenable que les actes de décès reproduisent « toujours exactement le lieu de naissance de « la personne décédée. Aussi, l'institution des casiers « judiciaires a-t-elle été pour les procureurs impériaux « l'occasion d'examiner avec le plus grand soin, en procédant « dant à la vérification annuelle des registres de l'état « civil, si les dispositions de l'art. 79 du Code Napoléon, « relativement à la mention de la naissance, sont rigoureusement « observées dans les actes de décès. » Il a été pris, du reste, à cet égard, une mesure radicale, et, dans sa nouvelle circulaire du 8 décembre 1868, § xx, M. le garde des sceaux a ordonné, pour 1869, l'extraction des casiers des bulletins concernant les condamnés de plus de quatre-vingts ans, par conséquent des individus nés avant 1790. Ce travail d'extraction devra être renouvelé tous les 10 ans, et, pour le rendre plus simple, il serait utile, ajoute Son Excellence, d'indiquer dès aujourd'hui, en tête des nouveaux bul-

letins n° 1, et d'une façon apparente, l'année de la
naissance des condamnés.

Dans le but de faciliter encore aux greffiers l'extraction de bulletins des condamnés décédés, les ministres
de la marine et de l'intérieur adressent à M. le garde
des sceaux, à l'expiration de chaque trimestre, et depuis 1856, des notices de décès pour tous les condamnés qui meurent pendant le temps qu'ils subissent leur
peine, soit dans les bagnes, soit dans les maisons centrales. Ces bulletins sont ensuite transmis, par le
ministre de la justice, aux casiers d'origine des condamnés décédés (1) — (Circ chanc., 1er juillet 1856,
§ XXXI).

Encombrement des casiers. Moyens d'y parer. — Cette
élimination des bulletins n° 1, concernant les condamnés décédés, élimination ordonnée par les circulaires (Chanc. 30 décembre 1850, § XI; — Parquet de la
Cour de Paris, 12 février 1851, § 3 ; — Chanc., 23 mai
1853, § XVI), a été, on le voit, pratiquée dès l'origine
des casiers judiciaires. C'est qu'en effet on était déjà
préoccupé à cette époque de la crainte que l'accumulation des bulletins dans les casiers, n'y rendît, dans un
temps plus ou moins long, les recherches fort difficiles,
et on avait songé à prévenir de suite un fâcheux encombrement. Aujourd'hui, ces craintes se sont réalisées
et l'accumulation dans certains casiers, entre autres ceux

---

(1) Dans les casiers moyens, le nombre des bulletins ainsi extraits
peut s'élever à 35 ou 45 par an. C'est un nombre insignifiant en présence de la moyenne annuelle de l'augmentation du bulletin n° 1, qui
est de 350 à 400 environ.

de Lyon, Bordeaux, Marseille, Toulouse, Rouen, Paris, où l'on compte jusqu'à 20, 30, 40 mille bulletins et plus, est devenue telle que les recherches entraînent des pertes de temps considérables et qu'on est menacé de voir le local affecté devenir insuffisant (1). Le mal ne peut aller qu'en croissant. Aussi, une circulaire ministérielle du 13 août 1868, signalant ce grave inconvénient, a-t-elle invité tous les procureurs impériaux à donner leur avis sur le meilleur moyen d'y remédier (2). L'enquête a eu lieu. Mais les mesures qui ont été proposées à M. le garde des sceaux sont si nombreuses et si compliquées, qu'il n'a pas encore été possible de prendre une solution définitive à leur égard et de choisir parmi elles la plus efficace (3).

Suivant nous, il n'y en a pas de radicales, et ce n'est que par la multiplication des petits moyens d'élimination qu'on peut arriver à un résultat sérieux et réel.

Ne pourrait-on pas, outre les moyens d'extraction que nous venons de voir, et qui sont prévus par les circulaires ministérielles, adopter les deux mesures suivantes :

1º Obliger les commissaires de police des grands centres à donner avis, au procureur impérial du lieu de la naissance, du décès des surveillés. Cette obligation serait d'autant plus facile à remplir que tous les surveillés ont au commissariat de police une note complète

(1) Le nombre des bulletins nᵒ 1, classés dans les casiers judiciaires de France, est aujourd'hui de environ 3 millions. Les casiers judiciaires des tribunaux d'arrondissement de moyenne population en contiennent à peu près de 12 à 16 mille.

(2) Circ. parquet la Cour de Paris, 19 août 1868.

(3) Circ. Chanc., 8 décembre 1868, § xx.

sur leur état civil et leurs antécédents, et que très-souvent les condamnés sont envoyés en surveillance au lieu de leur naissance;

2° Il semble résulter implicitement du passage susrelaté de la circulaire ministérielle du 30 décembre 1850, que les greffiers connaissant l'endroit où sont nés tous les individus décédés dans leur arrondissement, doivent prévenir de ces décès leurs collègues du lieu de la naissance, afin que ces derniers puissent opérer dans leurs casiers les éliminations nécessaires. En fait, cette habitude n'existe pas, et il faut reconnaître qu'elle n'a pu être établie par suite du surcroît de travail que créerait aux greffiers l'obligation d'une telle correspondance. Il y aurait peut-être un moyen plus sûr et tout aussi simple d'arriver au même résultat. Ce serait de prescrire aux maires, toutes les fois qu'un individu meurt dans leur commune, de prévenir de cet événement, immédiatement après la rédaction de l'acte de décès, le maire du lieu de la naissance, qui, vérification faite sur le double du registre des naissances déposé à la mairie, s'empresserait à son tour de donner avis du décès au greffier du tribunal de l'arrondissement. Pour simplifier encore, le maire du lieu du décès pourrait aviser directement le procureur impérial du lieu de la naissance. On ferait ainsi disparaître chaque année des casiers, non pas tous les bulletins n° 1 devenus inutiles par suite de la mort des condamnés décédés en dehors de l'arrondissement du lieu de leur naissance, car la mention de ce lieu de naissance dans les actes de décès est souvent impossible à raison de la difficulté de se procurer ce renseignement, mais au moins un grand

nombre de ces bulletins. Nous avons entendu plusieurs
de nos collègues exprimer l'avis que cette obligation
imposée aux maires n'aurait d'utilité qu'autant qu'il
serait dressé dans chaque commune une liste complète
de tous les habitants, sans distinction d'âge ni de sexe,
avec la date et le lieu de naissance et la filiation ; une
véritable liste électorale, seulement beaucoup plus
étendue et comprenant les femmes. Chaque fois qu'un
décès arriverait, le maire n'aurait qu'à ouvrir sa liste et
aviserait immédiatement et facilement le procureur impérial de l'arrondissement de la commune de naissance. La confection de cette liste serait, il est vrai, d'un
heureux effet, mais elle nous paraît réellement impraticable. D'abord, que de complications d'écritures et de
travail à imposer au secrétaire de la mairie pour établir
la liste et la tenir au courant ! Il faudrait presque un
employé spécial à cette besogne. Sur quels fonds le
payer? En outre, les renseignements sur la filiation, la
date et le lieu de naissance seraient-ils bien exacts? Avec
l'insouciance et l'ignorance qui distinguent les gens de la
campagne en pareille matière, il faudrait, pour pouvoir
mentionner leurs déclarations à cet égard, sur la liste,
les contrôler. Que de correspondances pour cette vérification! Enfin, beaucoup de personnes ne meurent pas
toujours au lieu de leur domicile. Chaque année, plusieurs habitants d'une commune la quittent pour aller
résider ou être domiciliés ailleurs. Que de noms seraient
inscrits ainsi, sans aucune utilité sur cette formidable
liste ! Non, il est bon de désirer ce qui peut être utile,
mais on ne doit pas trop exiger, sous peine d'arriver à
un résultat complétement négatif. La seule obligation

pour les maires de donner avis de chaque décès arrivé
dans leur commune aux procureurs impériaux des lieux
de naissance nous paraît suffisamment efficace.

Il existe bien encore d'autres moyens d'arriver à
l'extraction des bulletins n° 1 des casiers judiciaires. Recourir par exemple aux tables de décès tenues par les
receveurs de l'enregistrement pour le contrôle des
droits de succession à percevoir (art. 55 de la loi
du 22 frimaire an VII) et inviter ces fonctionnaires
qui, en pareil cas, remplaceraient les maires, à communiquer tous les trois mois leurs tables au juge de
paix du canton. Ce magistrat ferait un relevé des
noms qui y sont portés et l'adresserait au procureur
impérial de l'arrondissement. Ces tables étant en général d'une exactitude parfaite, on aurait ainsi dans leur
examen une base bien plus solide d'extraction des bulletins dans les casiers des condamnés décédés et le
meilleur moyen d'éviter l'augmentation de ces bulletins.
Mais cette manière de procéder présente un très-grave
inconvénient. Les receveurs de l'enregistrement ne sont
pas dans la dépendance du ministère de la justice. Leur
demander une communication amiable, serait s'exposer à des refus, peut-être même à des conflits qui doivent toujours être évités entre fonctionnaires complétement indépendants les uns des autres, tels que les
juges de paix et les receveurs de l'enregistrement. D'un
autre côté, exiger une communication régulière au
moyen d'instructions émanant du ministère des finances,
n'entrerait peut-être pas dans les convenances de ce
département qui pourrait à la rigueur voir dans l'examen
des tables sus-énoncées la source de grands abus. Nous

croyons donc qu'il ne doit pas être fondé grand espoir
sur une pareille communication faite par l'administration
de l'enregistrement.

Devrait-on faire dresser dans tous les greffes des tribunaux de première instance un registre alphabétique
par commune de naissance, contenant sommairement,
avec le nom des condamnés, l'indication des condamnations prises au casier? En consultant à la fin de chaque
année le registre des décès de chaque commune, le greffier verrait de suite quels sont les condamnés décédés
et détruirait les bulletins les concernant en rayant leur
nom du registre. Mais ces diverses opérations sont im-
praticables. D'abord, par leur réalisation, on ne pourrait
porter sur le registre que le nom des condamnés pris
dans la commune et y demeurant mais non de tous ceux
qui y sont domiciliés. Ensuite, comment exiger un tel
travail des greffiers? Où surtout trouver les fonds
énormes nécessaires pour le rémunérer?

En résumé donc la réunion combinée des résultats
produits par la quintuple extraction dans les casiers
judiciaires des bulletins n° 1 :

1° Celle concernant les bulletins des condamnés décédés dans l'arrondissement du lieu de naissance
(Circ. Chanc. 30 déc. 1850, § xi);

2° Celle concernant les bulletins des condamnés nés
dans l'arrondissement âgés de 80 ans et plus (Circ.
Chanc. 8 déc. 1868, § xx);

3° Celle concernant les bulletins des condamnés décédés au bagne, dans les colonies pénitentiaires ou
dans les maisons centrales (Circ. Chanc. 1er juillet 1856, § xxxi);

4° Celle concernant les bulletins des condamnés en surveillance dont le décès serait indiqué aux procureurs impériaux du lieu de la naissance par les commissaires de police du lieu de la surveillance;

5° Enfin, celle concernant les bulletins des condamnés décédés en dehors de l'arrondissement du lieu de naissance et du décès desquels avis serait donné par tous les maires de l'Empire aux procureurs impériaux du lieu de naissance, présenterait, nous en sommes persuadé, des avantages réels et suffisants pour éviter l'encombrement progressif des casiers judiciaires et rendre au moins stationnaire une accumulation jusqu'ici inévitable. Il y a lieu d'ajouter, comme dernière considération à l'appui de cette conclusion, que malgré la vie nomade que l'on mène actuellement, les habitudes de locomotion entrées dans nos mœurs, il est encore certain que la plupart des citoyens meurent au lieu de leur naissance. Or, l'extraction des bulletins concernant les condamnés de cette catégorie est la plus facile et la plus sûre, puisque les greffiers qui la font ont en même temps sous les yeux l'acte de naissance, l'acte de décès et tous les bulletins n° 1 concernant chaque condamné. Quant au moyen proposé par M. de Bonneville, V. *Amélioration de la loi pénale* (t. 2, p. 631) et qui consiste à faire appel non-seulement au zèle des officiers de l'état civil, mais encore à l'individualité privée au moyen d'un avis publié et affiché par lequel on inviterait les familles et tous ceux qui ont intérêt à voir disparaître des casiers judiciaires le nom d'un parent condamné et décédé, à transmettre au procureur impérial de leur arrondissement l'extrait sur papier libre de l'acte de décès dudit condamné, avec la mention de son lieu de naissance, nous pensons qu'il serait inefficace. Beaucoup de familles, mues justement par le désir de ne pas réveiller auprès des magistrats du ministère public le souvenir de leurs parents condamnés seraient volontairement négligentes et se garderaient bien d'obtempérer à l'invitation. Où serait d'ailleurs leur intérêt personnel à cette disparition? Les crimes et délits n'entachent leur honneur que dans l'opinion publique et non pas simplement par leur constatation dans les casiers judiciaires. L'intervention des officiers de l'état civil est donc seule utile pour le désencombrement des casiers.

Répertoires alphabétiques. — La seconde mesure prescrite par la chancellerie pour l'aménagement des casiers consiste dans la tenue au greffe de chaque tribunal d'arrondissement d'un répertoire sur lequel sont inscrits, par ordre alphabétique, avec la date des jugements et des arrêts, et l'indication des Cours et tribunaux qui les ont prononcés, les noms de tous les condamnés dont les bulletins viennent se classer au casier. Plusieurs greffiers, animés d'un zèle des plus louables, n'avaient pas reculé devant ce surcroît de travail dès l'établissement de l'institution, mais la tenue de ce registre n'est devenue obligatoire (1) qu'à partir du 1er juillet 1856, et elle a été maintenue depuis cette époque, malgré les réclamations de quelques greffiers qui ne s'étaient pas encore conformés à l'usage suivi par

_____

(1) Circ. chanc., 23 mai 1853, § xvi; Circ. chanc., 1er juillet 1856, H, § xxx.

leurs collègues. Ces officiers ministériels, prétendant
que le grand nombre de bulletins classés à leur casier,
depuis l'origine, les mettait dans l'impossibilité de
consigner sur un registre les noms de tous les condamnés, se refusèrent pendant longtemps à suivre les prescriptions de la circulaire de la chanc. du 1er juillet 1856.
Il leur fut rappelé que la création du casier central en
enlevant aux casiers d'arrondissement les bulletins des
condamnés d'origine étrangère et inconnue, avait rendu
beaucoup plus faciles la rédaction et la tenue des répertoires. Néanmoins, la pratique a démontré qu'ils
n'ont pas tout à fait tort dans leurs réclamations. Pour
ceux qui n'ont pas commencé à ouvrir le répertoire,
c'est en effet un travail colossal, et pour ceux qui ont
commencé à le tenir, il est presque impossible d'y laisser en blanc après chaque lettre un espace assez bien
calculé et juste suffisant pour l'inscription postérieure
des noms de tous les condamnés dont les bulletins doivent venir se classer au casier du tribunal. Au bout
d'un an ou deux, dans les grands centres populeux où
il y a beaucoup de naissances, le répertoire peut être
rempli et alors il faut le recommencer, ce qui est un
opération irréalisable. Aussi, malgré l'utilité de ces répertoires, réellement incontestable s'ils pouvaient être
régulièrement tenus, car ils serviraient de contrôle au
casier, fourniraient au besoin les moyens d'y remplacer
les bulletins égarés et seraient indispensables pour le
travail d'élimination périodique des bulletins relatifs
aux condamnés décédés, est-on obligé de fermer les
yeux dans la plupart des tribunaux sur leur abandon
et les prescriptions de la circulaire ministérielle

du 1ᵉʳ juillet 1856, § xxx, maintenues en principe, ne peuvent l'être en fait.

§ 11.

Bulletins nᵒˢ 1 et 2 de faillite (1).

Les localités où le commerce et l'industrie ont une certaine importance, sont seules en possession de tribunaux de commerce. Partout où il n'en existe pas, les tribunaux civils les remplacent et connaissent des matières qui leur sont ordinairement déférées en se conformant à toutes les règles de la législation commerciale.

Les bulletins nᵒ 1 qui, aux termes de la circulaire chanc., 6 novembre 1850, § iii, nᵒ 3, (ᴅ) constatent les jugements déclaratifs de faillite, peuvent donc émaner, soit des greffes des tribunaux de commerce, soit des greffes des tribunaux civils. Dans le deuxième cas, dressés par le greffier de la chambre du tribunal civil jugeant commercialement, ils sont remis par lui au procureur impérial du siége pour être transmis à la Cour avec les bulletins correctionnels de quinzaine. Dans le premier cas, au contraire, c'est au président du tribu-

(1) La circulaire organisatrice du 6 novembre 1850 ordonnant la constatation dans les casiers des jugements de faillite et des condamnations prononcées par les conseils de guerre et les tribunaux maritimes, nous avons cru devoir, à raison du caractère exceptionnel de ces juridictions, exposer d'une manière toute spéciale, les règles relatives à la rédaction, la transmission, la vérification des bulletins émanant des tribunaux de commerce et militaires. Ces règles font l'objet des deux paragraphes suivants 11 et 12.

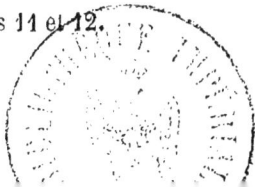

nal de commerce qu'incombe le devoir de les faire parvenir au procureur général.

Transmission des bulletins de faillite. — Cette transmission avait d'abord lieu tous les quinze jours (1), mais comme elle laissait à désirer sous le rapport de la régularité, une circulaire du parquet de la Cour de Paris, en date du 12 octobre 1852, est venue étendre ce délai. Depuis cette époque, ce n'est plus que mensuellement que les bulletins individuels, constatant toutes les faillites devenues définitives dans le mois, sont adressés au parquet de la Cour par les présidents des tribunaux de commerce. Il est à remarquer que toutes les instructions des parquets des Cours aux présidents des tribunaux de commerce insistent sur la nécessité de ne constater une faillite que lorsqu'elle est devenue définitive (Parquet de la Cour de Paris, 15 novembre 1850, — 12 octobre 1852). Nous avons déjà eu l'occasion de signaler toute l'importance de cette précaution à l'égard de la constatation des jugements ou arrêts criminels et correctionnels (Même chapitre, même section, § III). La lettre d'envoi doit faire connaître combien de jugements de faillite ont été rendus dans les deux quinzaines précédentes et combien de ces jugements ne sont pas encore devenus définitifs. Si aucun jugement n'a été rendu, le greffier a soin de le constater par un certificat négatif qui est également transmis à la Cour. Pour donner autant que possible à l'utilité du casier judiciaire l'extension la plus large, les greffiers des tribunaux de com-

(1) Circ. parquet de la Cour Paris, 15 novembre 1850.

merce comme ceux des tribunaux correctionnels et des Cours d'assises ont eu leur période rétrospective à liquider. Tous les jugements de faillite devenus définitifs depuis le 1er janvier 1831 jusqu'au 1er janvier 1851, ont dû être constatés par bulletins, et ces documents, transmis directement au fur et à mesure de leur rédaction à chaque procureur impérial de l'arrondissement d'origine, ont été, par les soins de ces magistrats, classés dans tous les casiers de l'Empire (Circ. parquet de la Cour de Paris, 15 novembre 1850).

Rédaction des bulletins de faillite. — Les bulletins de faillite comme ceux des condamnations ordinaires doivent être rédigés sur du papier fort, de bonne qualité et de la dimension d'une feuille de papier timbré à 0,35 c. Ils présentent en haut, à gauche, la double indication du greffe de classement et du tribunal de commerce qui a prononcé la faillite. Le corps du bulletin contient : 1° le nom de famille du failli, ses prénoms (pour les femmes, le nom de fille doit toujours être inscrit en premier); 2° sa filiation (mention toujours indispensable); 3° l'âge, la date et le lieu précis de sa naissance, celui de son domicile et sa profession ; 4° son état civil et de famille; 5° la mention de la déclaration de sa faillite, formulée ainsi qu'il suit : *déclaré en état de faillite par jugement du tribunal de commerce de ..... en date du ..... devenu définitif* (Circ. chanc., 6 novembre 1850, § III, n° 5).

Les bulletins de faillite portent encore la date de leur délivrance. Ils sont, en outre, revêtus de la signature du greffier et du timbre du tribunal.

Dans le cas où la faillite est prononcée par un tribunal civil, jugeant commercialement, le procureur impérial les contre-signe comme les bulletins correctionnels, tandis que le visa de la Cour figure seul sur ceux qui émanent des tribunaux de commerce ordinaires.

On n'a pas oublié qu'aux termes de la circulaire du 6 novembre 1850, § III, n° 3 (E), les réhabilitations obtenues tant par les faillis que par les condamnés, doivent être constatées aux casiers judiciaires. C'est aux greffiers des Cours qu'incombe le devoir de dresser ces bulletins de réhabilitation. Ceux applicables aux faillis portent la mention suivante : *Réhabilité en raison du jugement de déclaration de faillite rendu contre lui le ..... par jugement de ..... ou en exécution d'un arrêt de la Cour impériale du ..... en date du .....* et sont entièrement semblables aux bulletins de faillite ou de condamnations ordinaires en ce qui touche les autres mentions : *Noms, prénoms, filiation, profession, état civil des réhabilités.*

Révision, classement, prix des bulletins n° 1 de faillite. — Les règles relatives au classement et à la révision des bulletins correctionnels ou criminels étant communes aux bulletins de faillite, il est inutile de les exposer de nouveau. Quant au prix, les greffiers des tribunaux de commerce reçoivent également 0,25 c. par extrait, conformément au § v de la circulaire de la chancellerie du 6 novembre 1850. Ces émoluments leur sont payés sur mémoires présentés tous les trois mois et rendus exécutoires par les présidents de leur siége.

Délivrance de bulletins n° 2 en matière de faillite. — Avant 1861, un extrait du casier judiciaire était rare-

ment joint au dossier de chaque faillite par le motif que
ces bulletins n'étaient délivrés aux juges-commissaires
sur leur demande qu'à raison de 2 fr. 40 comme aux
simples particuliers et que cette dépense était prise sur
l'actif de la faillite, la plupart du temps insuffisant pour
couvrir les frais de toutes les opérations. Qu'en résul-
tait-il? C'est que les juges-commissaires et les tribunaux de commerce éprouvaient souvent des difficultés
à constater la moralité et les antécédents du failli. Plusieurs de ces compagnies exprimèrent donc le vœu que
des extraits du casier leur fussent délivrés gratuitement
et sur papier libre. M. le président du tribunal de commerce de la Seine entre autres, qui le premier avait
proposé l'annexion au dossier de chaque failli d'un bulletin n° 2, insistait sur cette demande, en alléguant que
la délivrance d'extraits du casier, sans frais, était dé-
sirée, moins dans l'intérêt des créanciers que dans un intérêt d'ordre public et qu'elle avait surtout pour objet
d'éclairer le tribunal, lorsqu'il était appelé à se prononcer
sur l'homologation du concordat et de l'excusabilité. Les
procureurs impériaux ont donc été autorisés, à partir du
mois de décembre 1861, à délivrer gratuitement et sur
papier libre des extraits de leur casier aux juges-commissaires des faillites et aux présidents des tribunaux
de commerce. Les greffiers comprennent ces extraits
dans leurs mémoires comme tous ceux qu'ils rédigent à
la demande du ministère public pour être joints aux
procédures criminelles (Lettre chanc. au procureur général, à Paris, 6 novembre 1861; — Circ. chanc.,
1er décembre 1861; — Parquet de la Cour de Paris,
12 novembre 1861).

Il est facile de comprendre tout ce que cette innovation a eu d'heureux.

§ 12.

Bulletins constatant les condamnations prononcées par les conseils de guerre et les conseils maritimes.—De leur rédaction, transmission, révision, classement. — Prix de ces bulletins n° 1.—De leur mode de paiement aux greffiers.

La justice militaire et la justice maritime ne relèvent que d'elles-mêmes. Elles exercent donc leur action sans contrôle, en dehors de la surveillance de la chancellerie, et, soit dans la poursuite, soit dans la répression des crimes et délits commis par des soldats ou des marins, sous les drapeaux, elles n'ont aucun point de commun avec la justice criminelle ordinaire. Aussi disait M. le garde des sceaux, dans sa circulaire du 5 novembre 1850, § VIII : « Pour que les casiers judiciaires atteignent toute l'exactitude désirable, il faut qu'ils contiennent aussi la constatation des condamnations militaires. J'aurai donc à m'entendre à cet égard avec mes collègues de la guerre et de la marine. » Ces deux ministres ont pris chacun, en effet, dans leur département les mesures qu'ils croyaient nécessaires pour contribuer aux succès des casiers judiciaires et assurer la marche régulière de cette institution. La circulaire de la chancellerie du 6 novembre 1850, fut immédiatement suivie de deux autres circulaires adressées le 23 novembre 1850 et le 30 janvier 1851 par les ministres de la marine et de la guerre aux préfets maritimes et aux généraux commandant les divisions militaires,

et dans lesquelles ces ministres invitaient ces officiers supérieurs à prescrire aux commissaires impériaux
et aux greffiers des conseils de guerre et maritimes les
mesures nécessaires pour la prompte exécution des dispositions arrêtées par le garde des sceaux en ce qui
touche l'établissement des casiers judiciaires.

**Rédaction et transmission au parquet des bulletins
des conseils de guerre et maritimes.** — Aux termes de
la circulaire du 30 janvier 1851, les greffiers des conseils doivent se conformer en tout point aux instructions émanées de la chancellerie relativement à la
rédaction des bulletins individuels et à leur transmission aux parquets des Cours. Ainsi, les bulletins rédigés
par les greffiers des conseils de guerre le sont par quinzaine et d'après un modèle complétement identique à
celui des bulletins des condamnations ordinaires. Ils
contiennent également le *nom du condamné, ses prénoms,
son signalement, son âge, la date et le lieu de sa naissance,
sa filiation, son état civil, son domicile et le lieu de sa résidence* avant son entrée au corps, *la date du jugement,
la mention du conseil qui l'a rendu, la peine, la nature du
crime ou du délit qui la motive, le texte de loi en vertu duquel elle est prononcée ; la mention du greffe de classement, la
date de leur délivrance,* et ils sont revêtus du timbre du
conseil de guerre ainsi que de la signature du greffier
et de celle du commissaire impérial. Ils portent de plus
la désignation du corps auquel le condamné appartient.

Les instructions contenues dans la circulaire de la
chancellerie du 6 novembre 1850 et de la guerre du 30

janvier 1851 sont suivies avec exactitude pour la rédaction des bulletins n° 1, mais il n'en est pas de même,
en ce qui touche la transmission des bulletins aux parquets des Cours par les greffiers des conseils de guerre.
Les prescriptions de la circulaire du 6 novembre 1850
sont loin de recevoir sous ce rapport une application
aussi exacte. En effet, d'après cette circulaire, c'est
tous les quinze jours que les bulletins dressés par les
greffiers des conseils de guerre devraient être remis aux
commissaires impériaux, visés et transmis par eux au
procureur général du ressort dans lequel siége le conseil. — Or, bien que l'envoi des bulletins aux parquets
des Cours ait généralement lieu à des époques régu-
lières, tous les trois mois ou tous les six mois, suivant le
plus ou moins grand nombre de condamnations prononcées, le délai de quinzaine n'est jamais observé.
De plus, les deux commissaires impériaux des deux
conseils de guerre de la première division militaire
sont les seuls qui aient l'habitude de transmettre leurs
bulletins au procureur général près la Cour impériale de Paris. Dans toutes les autres divisions, les bulletins sont envoyés au procureur impérial de l'arrondissement où siége le conseil et c'est ce magistrat qui en fait
lui-même la répartition dans tous les casiers d'origine.

Du reste, cet usage qui constitue une véritable déro-
gation aux principes posés dans la circulaire du 6 novembre 1850 est rappelé dans une lettre adressée le 27
septembre 1852 par le général commandant la première division militaire au commissaire impérial du
2ᵉ conseil de guerre de Paris, et a été définitivement
consacré par la chancellerie (Lettre du garde des sceaux

du 14 mai 1853, au procureur général de Paris).

Les condamnations prononcées par les conseils de guerre, les prévôtés des corps expéditionnaires et les corps d'occupation figurent également aux casiers judiciaires. Les bulletins constatant ces condamnations sont dressés par le ministre de la guerre et envoyés au procureur général près la Cour impériale de Paris.—Il n'y a pas d'époque fixe pour les transmissions de cette nature.

Les bulletins n° 1 individuels, constatant les condamnations prononcées par les conseils de guerre de la marine, les tribunaux maritimes ordinaires et les tribunaux maritimes commerciaux créés en 1852, sont également rédigés d'après le modèle donné par la circulaire de la chancellerie du 6 novembre 1850 pour les bulletins de condamnations prononcées par les juridictions pénales ordinaires et les conseils de guerre de l'armée de terre. Ces bulletins sont envoyés en principe au procureur impérial de l'arrondissement où siége le tribunal maritime. Ils sont transmis au fur et à mesure des condamnations et les envois se font régulièrement. Ces différents points sont réglés par la circulaire du ministre de la justice du 6 novembre 1850, portée à la connaissance des autorités maritimes par celle du ministre de la marine du 23 du même mois, et par une circulaire du ministre de la marine en date du 13 octobre 1862. Il est à remarquer qu'aux termes de cette dernière circulaire, les bulletins n° 1, constatant les condamnations prononcées par les tribunaux maritimes commerciaux concernant des individus d'origine étrangère ou inconnue, sont envoyés directement au ministre de la marine qui les fait parvenir au casier central. Quant aux condamnations prononcées par des tribunaux maritimes commerciaux réunis à bord des bâtiments de l'État et dans les consulats, le travail de rédaction et d'envoi des bulletins n° 1 constatant ces condamnations se fait, à titre de simplification, au ministère de la marine et d'après l'extrait de jugement transmis au ministre en vertu de l'art. 44 du décret du 24 mars 1852. Il n'y a pas d'autres instructions spéciales pour les bulletins de condamnations maritimes.

Révision des bulletins des conseils de guerre et maritimes. — Les procureurs généraux, on le sait, répartissent non-seulement dans les différents casiers d'origine tous les bulletins dressés dans leur ressort et transmis à leur parquet, mais ils exercent encore une surveillance active sur la manière dont ces documents sont rédigés. Cette surveillance doit-elle s'étendre aux bulletins constatant les condamnations prononcées par les conseils de guerre et les conseils maritimes; en d'autres termes les procureurs généraux ont-ils le droit de revêtir ces documents de leur visa? C'est là une grave question dont la solution doit être, à notre avis, négative.

Elle ne saurait d'ailleurs être soulevée qu'à l'égard du chef du parquet de la Cour impériale de Paris, le seul procureur général à qui l'occasion soit donnée d'exercer un certain examen sur des bulletins émanant des conseils de guerre. Ce droit de surveillance trouverait sa raison d'être dans le passage suivant de la circulaire de la chancellerie, du 23 mai 1853, § IV.

Après avoir rappelé certaines dispositions relatives à la
rédaction des bulletins, dispositions pour la plupart
inobservées jusqu'alors, le garde des sceaux termine
ainsi en s'adressant aux procureurs généraux : « J'ap-
« pelle votre attention sur ce point; et comme tous les
« bulletins de votre ressort passent sous vos yeux, puis-
« qu'ils sont visés à votre parquet, je vous prie de
« veiller avec soin à ce qu'il n'en soit accepté aucun qui
« ne soit bien conforme aux prescriptions de la circu-
« laire du 6 novembre 1850, soit pour la forme, soit
« pour la rédaction. Cette observation s'applique aux
« bulletins transmis par les greffiers des conseils de
« guerre et maritimes comme à ceux qui ont été ré-
« digés par les greffiers des tribunaux ordinaires. » —
Or, cette circulaire est postérieure de quelques jours à
la lettre de la chancellerie, en date du 14 mai 1853,
qui décide que la transmission des bulletins rédigés
par les greffiers des conseils de guerre aux procureurs
généraux, n'aura lieu que dans le ressort de Paris.
Néanmoins la justice militaire étant complétement indépendante de la justice criminelle ordinaire, il serait
en quelque sorte contraire à toutes les règles de la déli-
mitation des pouvoirs, de créer au profit des parquets
des Cours, à l'égard de documents considérés comme
de véritables extraits de jugements des conseils de
guerre, un droit de contrôle qui ne pourrait être suivi
d'aucune sanction. De plus, le soin qu'a pris le garde
des sceaux de consacrer l'usage de transmettre les bulletins émanant des conseils de guerre aux procureurs
impériaux et non aux procureurs généraux, donne lieu
de penser que la circulaire de la chancellerie, du 23

mai 1853, § IV, n'a eu en vue qu'une mesure d'ordre et régularité toute matérielle, relative seulement à la forme et non au fond.

Les procureurs généraux n'ont donc pas le droit de revêtir de leur visa les bulletins constatant des condamnations prononcées par des conseils de guerre ou tribunaux maritimes, et encore moins celui d'adresser des observations de doctrine aux commissaires impériaux qui les leur transmettraient.

Classement des bulletins des conseils de guerre et maritimes. — Ce classement a lieu d'après les règles ordinaires. — L'origine du condamné est-elle connue? Le bulletin est immédiatement classé au casier de l'arrondissement du lieu de la naissance. — Les bulletins concernant les militaires dont l'origine est restée inconnue ou les soldats appartenant à la légion étrangère, sont au contraire déposés au casier central. Une lettre adressée le 21 septembre 1859, par le maréchal commandant le premier arrondissement militaire, aux commissaires impériaux de son ressort, leur recommande plus particulièrement la rédaction et le classement de cette seconde catégorie de bulletins, qui ne doivent jamais être transmis aux parquets sans être revêtus en haut à gauche de la mention : *Casier Central* (1).

(1) Avant l'établissement de ce casier, lorsque les condamnations, prononcées contre des soldats faisant partie de la légion étrangère, l'étaient dans l'étendue du territoire de l'Empire, les bulletins concernant ces militaires étaient classés, comme ceux de tous les autres étrangers, dans le casier de l'arrondissement dans lequel les jugements des conseils de guerre avaient été rendus (Circ. chanc., 6 novembre 1850, § III, n° 8, F.—Lettre chanc., 11 juill. 1855 ; Parquet de

Prix des bulletins n° 1 délivrés par les greffiers des conseils de guerre et maritimes. — De leur mode de paiement. — Les greffiers des conseils de guerre comme ceux des tribunaux de première instance et des Cours ont droit à une rétribution de 25 centimes par chaque bulletin rédigé à partir du 1er janvier 1851, date de l'établissement des casiers judiciaires (1). La dépense nécessitée par la rédaction de ces bulletins est imputée sur les frais généraux de justice criminelle. En conséquence, pour toucher leurs émoluments, les greffiers des conseils de guerre adressent aux généraux commandant la division leurs mémoires, appuyés des récépissés des procureurs impériaux, constatant le nombre de bulletins délivrés. Chaque commandant de division les transmet au ministre de la guerre, et ce dernier à son tour les fait parvenir à son collègue de la justice,

la Cour de Paris, 11 août 1855). Si, au contraire, les condamnations prononcées contre des soldats étrangers, l'étaient en dehors du territoire de l'Empire, les bulletins rédigés par le ministère de la guerre restaient provisoirement classés au casier du tribunal de première instance de la Seine (Lettre chanc., 11 juil. 1855. — Circ. parquet de la Cour de Paris, 11 août 1855). Quant aux condamnations prononcées contre des soldats dont l'origine était restée inconnue, s'ils avaient avant leur entrée au service un domicile certain, leurs bulletins restaient classés au casier du tribunal de l'arrondissement de ce domicile (Circ. chanc., 6 novembre 1850, § III, n° 8, D.) Dans le cas où ni lieu de naissance, ni domicile certain ne pouvaient être découverts, les bulletins étaient placés dans une case spéciale au casier de l'arrondissement du conseil de guerre qui avait prononcé les condamnations (Circ. chanc., 6 novembre 1850, § III, n° 8, E. Voir même chapitre, même sect., § VI).

(1) Il leur a été alloué 15 c. pour chaque bulletin constatant une condamnation prononcée du 1er janvier 1831 au 30 décembre 1850, période pour laquelle ils ont eu à faire un travail rétrospectif comme les greffiers des tribunaux ordinaires.

qui en fait ordonnancer le paiement (Circ. guerre, 30 janvier 1851).

A Paris, où les commissaires impériaux envoient les bulletins à la Cour, la manière de procéder est différente. Le procureur général requiert lui-même le paiement au bas des mémoires qui lui sont fournis par les greffiers des 1ᵉʳ et 2ᵉ conseils de guerre de la 1ʳᵉ division militaire et les fait ordonnancer par le premier président.

Il en est de même pour les mémoires fournis par l'employé rédacteur du ministère de la guerre (bureau de justice militaire), à l'égard des bulletins constatant les condamnations prononcées contre des militaires par les corps expéditionnaires ou les corps d'occupation.

Quant aux greffiers des tribunaux maritimes, les émoluments auxquels ils auraient droit à raison de la rédaction des bulletins nᵒ 1, constatant les condamnations prononcées par leurs tribunaux, paraissent se confondre avec les sommes qui leur sont allouées à titre de traitement fixe.

La justice maritime se divise en :

1ᵒ Juridictions siégeant à terre, comprenant :

Les conseils de guerre et les conseils de révision permanents ;

Les tribunaux maritimes et les tribunaux de révision permanents.

2ᵒ Juridictions siégeant à bord, comprenant les conseils de guerre et les conseils de justice.

Dans les juridictions maritimes siégeant à terre, les fonctions de greffier sont remplies par des officiers mariniers (sous-officiers des équipages de la flotte), des sous-officiers d'artillerie ou d'infanterie de marine, et des employés des différents corps de la marine en activité de service ou en retraite.

Le traitement des greffiers des tribunaux *maritimes permanents* est de 2,400 fr. Celui des greffiers des conseils de guerre et maritimes de révision, permanents, varie de 800 fr. à 1.200 fr. *Ces greffiers jouissant d'un traitement fixe, ne perçoivent rien en plus pour ce qui concerne le service accessoire relatif à leurs fonctions qu'ils ont spécialement mission de remplir* (*V.* Code de justice maritime, déc. 1858; *Bulletin des lois*, juin, p. 1281).

On peut en dire autant des greffiers des juridictions siégeant à bord, les greffiers des conseils de guerre étant toujours pris parmi les officiers d'administration du bâtiment présent sur rade, et, pour un conseil de justice, les fonctions étant réglementairement remplies par l'officier d'administration du bâtiment sur lequel il a lieu.

SECTION III.

**DES SOMMIERS JUDICIAIRES. — DE LEUR BUT. — DE LEUR
ORGANISATION ET DE LA MANIÈRE DONT ILS FONCTION-
NENT. — MODIFICATIONS APPORTÉES PAR LA CRÉATION
DES CASIERS JUDICIAIRES AUX DISPOSITIONS DES ARTI-
CLES 601 ET 602 DU CODE D'INSTRUCTION CRIMINELLE.—
COMPARAISON DES SOMMIERS ET DES CASIERS JUDI-
CIAIRES.**

Des sommiers judiciaires. — De leur but. — Les
sommiers judiciaires n'ont d'autre objet comme les casiers que la constatation des antécédents de chaque citoyen. C'est la liste exacte des différentes condamnations
dont ils peuvent avoir été frappés par la justice.

**De leur organisation et de la manière dont ils fonc-
tionnent.** — La création des sommiers judiciaires remonte à 1833. En voici l'origine : le législateur de
1808, dans le but de fournir à l'administration de la
justice des renseignements sur les antécédents des inculpés, inséra au Code d'instruction criminelle, certaines dispositions particulières contenues dans ses art.
600, 601 et 602 (1). L'art. 600 est ainsi conçu : « Les

(1) Dès 1750, on avait établi dans le même but, à la préfecture de
police, un registre appelé: *Journal de Paris,* sur lequel on inscrivit
d'abord quelques condamnations irrégulièrement transmises et diverses
plaintes ou déclarations de vol. En 1790, on y forma un bureau spécial chargé particulièrement de l'inscription des arrêts ou jugements
prononcés par les tribunaux de la Seine seulement, y compris les
jugements qui portaient acquittement.

« greffiers des tribunaux correctionnels et des Cours
« d'assises seront tenus de consigner par ordre alpha-
« bétique, sur un registre particulier, les nom, pré-
« noms, profession, résidence de tous les individus
« condamnés à un emprisonnement correctionnel ou à
« une peine plus forte; ce registre contiendra une
« notice sommaire de chaque affaire et de la condam-
« nation, à peine de 50 fr. d'amende pour chaque
« omission.

« *Art.* 601. — Tous les trois mois, les greffiers en-
« verront, sous peine de 100 fr. d'amende, copie de
« ces registres au ministre de la justice et à celui de
« l'intérieur.

« *Art.* 602. — Ces deux ministres feront tenir dans
« la même forme un registre général composé de ces
« diverses copies. »

Ce double dépôt, fait au ministère de la justice et à
celui de l'intérieur, fut pendant vingt-cinq ans le seul
moyen que les magistrats eussent à leur disposition
pour s'éclairer sur les antécédents des inculpés. Mais
on sait que, faute de pouvoir facilement opérer des
recherches dans ces documents réunis à grands frais,
les mesures prescrites par le Code d'instruction criminelle furent loin de répondre au résultat que l'on en
attendait (1). En 1833, on changea donc de manière
d'opérer. Le répertoire général dressé à la préfecture
de police, en vertu de l'art. 602 sus-énoncé, fut supprimé et remplacé par des bulletins individuels mobiles,
contenant le nom, la profession et l'état civil du délin-

(1) Bonneville, *Amélioration de la loi pénale*, t. I, p. 651.

8

quant, ainsi que les condamnations judiciaires par lui
successivement encourues dans toute la France. La
masse de ces bulletins individuels classés par ordre
alphabétique, comme le sont les noms sur les registres
à l'aide desquels ils sont dressés (1), forme une sorte
de casier central. Indépendamment des condamnations
prononcées soit par le tribunal correctionnel, soit par
la Cour d'assises de la Seine, on trouve également à ce
casier la mention des jugements d'acquittement émanant de ces deux juridictions, ainsi que les ordonnances
de non-lieu rendues par les juges d'instruction du
tribunal de la Seine. Ces mentions, prescrites dès
1790 (2), sont, on le comprend, praticables pour Paris
où la proximité de la préfecture de police et du palais
de justice permet de pouvoir prendre facilement et rapidement ces renseignements aux greffes du tribunal
correctionnel et de la Cour d'assises, mais il n'en est
pas de même de celles qui peuvent concerner les jugements d'acquittement des autres tribunaux correctionnels et Cours d'assises de l'Empire.

Du reste, l'article 600 n'ayant pas ordonné l'insertion de ces mentions dans les registres tenus par les
greffiers, la mention des acquittements et des ordonnances de non-lieu n'est donc relatée par les sommiers

(1) Le nombre de ces bulletins est aujourd'hui de plus de 4 millions
et augmente, chaque année, d'environ 160,000. La quantité de vérifications demandées est de 12 à 15,000 par mois et il y est pourvu par
14 employés, sous la direction d'un sous-chef de bureau. On peut se
faire une idée par ces quelques renseignements de la difficulté du travail de recherches.

(2) Voir note, page 112.

judiciaires qu'à l'égard des individus poursuivis à Paris. Ce sont des documents utiles en ce sens qu'ils permettent de retracer plus exactement la vie des délinquants au point de vue judiciaire.

Les renseignements fournis par les sommiers judiciaires ne sont point destinés au public. Les simples particuliers ne peuvent, en effet, même sur demande, en prendre communication dans un intérêt privé. Ils ne servent qu'à l'administration de la police, et il n'est accordé de vérification que dans l'intérêt de la justice, sur la requête d'un magistrat (1). Dans ce dernier cas, il est fait droit immédiatement à la demande, officieusement et sans rétribution aucune (2).

Modifications apportées par la création des casiers judiciaires aux dispositions des articles 601 et 602 du Code d'instruction criminelle. — L'établissement des casiers judiciaires est venu apporter une modification aux dispositions des articles 601 et 602 du Code d'instruction criminelle. Ainsi, l'envoi de la copie du registre des condamnations qui, aux termes de l'art. 601, devait être fait tous les trois mois au ministère de la justice, a été supprimé à partir du 1er janvier 1851.— (Circ. chanc. 6 novembre 1850, § vi ; — Parquet de la Cour de Paris, 11 novembre 1850, §§ 2, 3, 4, 5 ; —

(1) Chaque individu arrêté ou amené à Paris est l'objet d'une vérification d'antécédents aux sommiers avant d'être livré à l'autorité judiciaire.

(2) Voir pour plus amples renseignements sur l'organisation et le fonctionnement des sommiers judiciaires, un remarquable article concernant la Préfecture de police, de M. Maxime Ducamp. (*Revue des deux mondes*, 1er juillet 1869, p. 175, 176.)

Parquet de la Cour de Paris, 27 décembre 1850, §§ 2,
3 ; — Lettre chanc. 18 décembre 1850, § II ; — Circ.
chanc., 30 décembre 1850, § III.)

Cette modification était devenue nécessaire en présence des renseignements fournis par les sommiers judiciaires et de ceux qu'allait offrir la création des
casiers.

Cette mesure avait d'ailleurs un grand intérêt économique. En effet, il ne faut pas oublier que le droit
de 0,10 cent., accordé aux greffiers pour la rédaction
de chaque article du registre tenu en vertu de l'article
600 du Code d'instruction criminelle, est considéré
comme frais de justice criminelle (Art. 49 du décret du
15 juin 1811).

**Comparaison des sommiers judiciaires et des casiers
judiciaires.** — Les sommiers judiciaires ont été, depuis
1833 jusqu'à 1850, date de la création des casiers judiciaires, la source des renseignements les plus précieux. Leur utilité est encore incontestable, mais ils
avaient et ont encore des inconvénients et des avantages.

Parmi les inconvénients, il faut signaler, en premier
lieu, celui de n'être accessibles ni aux simples particuliers, ni aux administrations publiques, parce qu'ils
sont établis dans le but unique d'éclairer la justice et
l'administration de la police. Les parquets eux-mêmes
n'en peuvent obtenir un extrait ou prendre communication des documents qu'ils renferment que sur demande adressée au préfet de police.

Un autre inconvénient consiste dans les lacunes regrettables qu'ils présentent quant à la nature et au nombre de renseignements. Ainsi, non-seulement ils n'ont pas un caractère public, mais encore, bien que retraçant fidèlement toutes les condamnations ordinaires prononcées contre chaque citoyen, ils étaient et sont muets sur certaines décisions judiciaires qu'il est cependant utile de relever, entre autres sur les arrêts des conseils de guerre et des tribunaux maritimes, sur les jugements déclaratifs de faillite, sur les réhabilitations accordées, etc. Enfin, ils étaient et sont loin de pouvoir suffire au service de toute la France. A Paris, et dans les départements voisins, le rapprochement des distances permettait de s'en servir avec succès. Mais le temps nécessaire pour répondre aux demandes des parquets éloignés, surtout il y a dix ou quinze ans, époque à laquelle les communications étaient loin d'être aussi faciles et aussi rapides que de nos jours, rendait impraticable, dans toute l'étendue de l'Empire, l'usage des renseignements fournis par la préfecture de police.

Leurs avantages étaient et sont encore : 1º de relater les ordonnances de non-lieu et les acquittements, ce que ne fait pas l'institution des casiers judiciaires, et de donner par cela même une physionomie beaucoup plus fidèle et suivie de la vie des inculpés ; 2º d'être, par le fait, plus exacts dans leurs renseignements que les bulletins nº 2 du casier judiciaire. La pratique le démontre et le raisonnement vient le prouver facilement. Il y a moins de causes d'erreurs dans la manière dont sont alimentés les sommiers que dans celle dont les casiers le sont. En effet, le relevé de la condamnation que fait le greffier conformément à l'article 600 du Code

d'instruction criminelle pour le ministère de l'intérieur est en quelque sorte un travail matériel. Pour les
bulletins, il n'en est pas de même. Le bulletin n° 2
n'est que le relevé du bulletin n° 1. Or, le bulletin n° 1
est un extrait authentique rempli de détails, de mentions différentes. Il exige dans sa rédaction une plus
grande attention de la part du greffier et l'expose à plus
d'inexactitude. Aussi faut-il dire que la création des
casiers judiciaires, devenue une nécessité sous un certain rapport, a largement comblé les lacunes laissées
dans l'organisation des sommiers judiciaires, et réparé
ce qu'ils pouvaient avoir de défectueux par la rapidité
de l'envoi des renseignements demandés par les magistrats. Heureusement, la première de ces institutions n'a
pas été remplacée par la seconde et absorbée par elle.
Loin de se nuire, elles se contrôlent et se complètent mu-
tuellement, en ne cessant pas de fonctionner ensemble.
Les magistrats ont donc toujours un avantage réel à
consulter les sommiers judiciaires. Du reste, l'emploi
simultané des deux sources de renseignements est d'un
si heureux effet qu'il ne cesse d'être recommandé par
les instructions de la chancellerie. M. le garde des
sceaux Abbatucci répondait en ces termes aux demandes qui lui étaient faites de l'établissement au
ministère de la justice d'un casier central : « Le
« casier central dont l'établissement est réclamé existe
« déjà à la préfecture de police depuis longtemps.
« Les magistrats ne doivent pas hésiter d'y avoir re-
« cours toutes les fois qu'ils ne parviennent pas à dé-
« couvrir l'origine des individus qu'ils poursuivent et
« qu'ils ont des raisons de soupçonner que ces indi-

« vidus ont des antécédents judiciaires. C'est une
« précieuse ressource que je recommande à votre
« attention » (Circ. min. 23 mai 1853, § VIII). — D'un
autre côté, il résulte de l'ensemble des circulaires ministérielles qu'un extrait des sommiers judiciaires doit
être joint à toute procédure criminelle importante, con-
curemment avec un bulletin n° 2 (1).

(1) Une preuve encore plus frappante de l'intention arrêtée des ministres de la justice de voir se conserver l'usage de s'adresser aux
notices de la préfecture pour avoir des renseignements sur le passé
des inculpés, est l'attention avec laquelle la plupart d'entre eux ont
pris soin de recommander aux procureurs généraux l'accomplissement
de toutes les formalités qui intéressent directement l'organisation de
ces notices. Ainsi, par exemple, aux termes des circulaires chanc.,
25 octobre 1859, § III et IV; Parquet de la Cour de Paris, 5 novembre 1859, les noms des mineurs de 16 ans, acquittés comme ayant
agi sans discernement mais renvoyés en correction, doivent être inscrits
avec soin sur le registre tenu en vertu de l'article 600 du Code d'instruction criminelle et sur la copie destinée au ministre de la police, conformément à l'article 601. Aux termes de ces mêmes circulaires, les greffiers ne doivent pas oublier de mentionner également dans la colonne
des observations quand les arrêts ou jugements prononcés contre les
mineurs de 16 ans auront été rendus par défaut.

CHAPITRE III.

EXAMEN DU SYSTÈME DES CASIERS JUDICIAIRES.

SECTION Ire.

ANALYSE DU PRINCIPE FONDAMENTAL DES CASIERS JUDICIAIRES.

Cet examen doit consister simplement dans la solution des deux questions suivantes :

1° Le système de la localisation des renseignements judiciaires était-il préférable à celui de la réunion de ces renseignements dans un centre unique ?

2º Le système de la localisation dans chaque arrondissement posé en principe, l'arrondissement du domicile n'était-il pas préférable à celui de la naissance ?

§ 1. La principale disposition, le pivot sur lequel repose tout le système des casiers judiciaires, est le principe *de la localisation des renseignements concernant chaque condamné* au greffe du tribunal civil de chaque arrondissement de France. On se demande tout naturellement si le système de la concentration des renseignements [en un point donné seul et unique n'était pas préférable ? Telle est la première question à poser. N'aurait-il pas mieux valu, par exemple, centraliser tous les renseignements à Paris, ou bien dans de grands centres comme les siéges des Cours impériales. Les facilités de communications déjà grandes en 1850 autorisaient cette pensée ; mais d'un autre côté, un incendie, un accident, une révolution pouvaient anéantir tant de précieuses sources en un moment. Si la discussion sur ce point se fût établie à cette époque, on aurait pu demeurer indécis entre les deux systèmes. L'expérience n'ayant pas encore parlé, celui de la localisation était évidemment préférable.

On trouvait pour la localisation de renseignements judiciaires une assiette immuable, celle d'une circonscription reconnue, l'arrondissement, assiette qui n'a pas encore été ébranlée et qu'on ne songe même pas à faire disparaître, malgré certaines idées émises dans ces derniers temps. D'ailleurs, on avait dû se laisser guider par cette pensée basée sur la statistique et consacrée par l'expérience, c'est que sur une moyenne quelconque d'individus poursuivis, traduits en justice et condamnés, les deux tiers au moins appartiennent à la localité, y ont leur domicile, y sont nés, que par conséquent les tribunaux avaient intérêt à trouver auprès d'eux la source qui pouvait leur faire connaître les antécédents de ceux qu'ils jugeaient. Enfin, comme dernier mais principal argument en faveur de la localisation venait celui de la conservation et de l'exactitude des renseignements recueillis sur les antécédents. Plus ces renseignements étaient divisés en petits centres et éparpillés sur toute la surface de la France, moins ils avaient de chances d'être détruits. Si un accident quelconque était à redouter pour une seule masse de renseignements concentrés en un seul point, il était au moins présumable que tous les casiers de l'Empire n'étaient pas appelés à disparaître en un seul jour. Plus ces renseignements étaient disséminés, plus aussi ils offraient de perfection possible et étaient relevés facilement. « J'ai pensé, disait M. le garde des sceaux Rouher, au « moment de la création des casiers judiciaires, que « nous atteindrons d'une manière plus heureuse le but « de l'institution, en multipliant les centres de rensei- « gnements judiciaires, de façon à les mettre plus faci- « lement et plus promptement à la portée de tous, de « façon à les rendre aussi plus exacts et plus complets « sur chaque individu, par cela même qu'ils en com- « prenaient un moins grand nombre (1). »

Les trois raisons que nous venons d'indiquer suffisaient donc pour faire admettre sans conteste la

_____

(1) Circ. chanc., 6 novembre 1850, § ii.

création de centres de renseignements aussi multipliés que possible répondant à une des circonscriptions admises par notre organisation judiciaire. Ce qui, en 1851, était bon, l'est-il encore maintenant et le principe de la localisation ne doit-il pas aujourd'hui faire place à la concentration de tous les renseignements agglomérés dans les casiers en un lieu unique? Telle est la question que nous nous proposons d'examiner comme conclusion de ce traité (1).

§ 2. On s'est demandé en second lieu, une fois le principe de la localisation des renseignements posé et établi, si le lieu de la naissance devait l'emporter sur celui du domicile pour former le centre des renseignements dans chaque arrondissement. L'arrondissement du lieu de naissance a été choisi ; celui du domicile n'aurait-il pas été préférable? Nous répondrons par un mot. Ce qui avait fait admettre le principe de la localisation et de la multiplication des centres, c'était la stabilité et en même temps la sécurité offertes à leur conservation par leur dissémination. La condition essentielle de stabilité était donc encore à rechercher dans la détermination de l'arrondissement où devaient être recueillis les renseignements. Celui de la naissance présentait beaucoup plus de garanties sous ce rapport que celui de domicile. On n'a qu'un lieu de naissance dans sa vie. On peut avoir plusieurs domiciles. C'est donc à juste titre que le lieu de la naissance a été choisi. Nous trouvons cette idée nettement exprimée dans la circulaire du 6 novembre 1850, § II, et nous reprodui-

_____

(1) Voir même chapitre, sect. 3.

sons les expressions mêmes de M. le garde des sceaux
Rouher :

« Le lieu du domicile se présentait tout d'abord, dit
« Son Excellence. C'est là, en effet, que toute personne
« peut le plus souvent être poursuivie; c'est là qu'elle peut
« être appelée à faire partie du jury ou à exercer tout
« autre droit politique. C'est là, en un mot, qu'il semble
« tout d'abord qu'il y ait le plus d'intérêt à connaître
« sa conduite, ses mœurs, ses antécédents, mais une
« grave objection s'élevait contre ce système. Le domi-
« cile résulte, d'après notre législation même, d'éléments
« assez vagues, assez divers, et il n'est pas toujours
« facile de bien déterminer quel est le lieu du domicile
« réel de chaque individu. De plus, le domicile est es-
« sentiellement mobile et changeant ; si l'on était dé-
« cidé à placer les renseignements judiciaires sur chaque
« individu au lieu de son domicile, il aurait fallu qu'ils
« le suivissent dans le lieu de sa résidence nouvelle
« aussi souvent qu'il aurait voulu en changer. Le lieu
« du domicile devait donc être écarté. Je me suis rat-
« taché alors au lieu de la naissance ; pour celui-ci, il
« n'y avait rien de vague, rien d'incertain, rien de
« mobile, c'était un fait qui saisissait l'homme à son
« entrée dans la société et qui l'y suivait jusqu'à sa mort.
« Le lieu de naissance est d'ailleurs réellement aussi
« celui du domicile pour la plus grande masse des in-
« dividus qui naissent, vivent et meurent sans être sor-
« tis souvent des limites de leur commune. Quant à
« ceux qui s'en éloignent, ils y conservent encore le plus
« souvent des relations de famille et d'intérêt qui les y
« rattachent toujours ; enfin à l'égard de ces hommes

« assez peu nombreux d'ailleurs, qui vivent dans un
« état de vagabondage continuel, la statistique démon-
« tre qu'il est facile de retrouver leur lieu de nais-
« sance, quand les magistrats y apportent le soin né-
« cessaire. »

En résumé, la première question devait, à notre
avis, être résolue affirmativement comme elle l'a été, au
moins pour les premiers temps de la création des casiers
judiciaires. Quant à la seconde, sa solution négative ne
pouvait être douteuse.

On doit donc rendre pleine justice à la sagesse de
toutes les mesures et instructions ministérielles qui,
d'après l'idée fondamentale émise par M. Bonneville,
ont créé le système actuel des casiers judiciaires sur les
deux bases que nous venons d'apprécier :

1º Localisation des renseignements au chef-lieu judiciaire de l'arrondissement ;

2º Supériorité de l'arrondissement du lieu de naissance sur celui de domicile.

SECTION II.

§ 1er.

Résultats avantageux des casiers judiciaires.

« Du moment, dit M. le garde des sceaux Rouher
« dans sa circulaire du 6 novembre 1850, § IX, du mo-
« ment que les casiers judiciaires auront été établis
« sur le territoire de la France et qu'ils y seront régu-
« lièrement tenus, il est évident qu'aucune inscription
« sur les listes électorales ne pourra être obtenue que
« sur la production d'un certificat du greffier consta-
« tant que celui qui veut être électeur ne se trouve
« frappé d'aucune incapacité légale. Il est évident que
« cette condition sera également exigée de tout homme
« qui voudra être admis comme remplaçant dans l'ar-
« mée, de tout individu qui sollicite un emploi dans
« l'État. De même, en un mot, que pour les actes im-
« portants de la vie, on exige aujourd'hui des citoyens
« la production de leur acte de naissance, de même, à
« l'avenir, on leur demandera, en outre, la production
« du bulletin du casier judiciaire de l'arrondissement
« où ils sont nés. Combien aussi de simples particuliers

« ne tiendront-ils pas à recourir à cette salutaire pré-
« caution avant de conclure une affaire importante de
« famille ou d'argent pour s'éviter les regrets si amers
« qui les menacent aujourd'hui faute de pouvoir se ren-
« seigner légalement sur les antécédents de ceux avec
« lesquels ils contractent. »

Une fois que l'expérience eut parlé, ces avantages
furent encore plus précis et mieux définis. « Les états
« de récidives de 1851 et 1852 attestent, dit la circu-
« laire ministérielle du 23 mai 1853, que les antécé-
« dents judiciaires des individus qui deviennent l'objet
« des investigations de la justice sont beaucoup plus
« aisément constatés qu'ils ne l'étaient précédemment.
« En outre, l'administration trouve dans ces casiers
« d'utiles indications pour écarter des listes électorales
« et de celles du jury les citoyens frappés d'incapacités.
« Enfin, les particuliers eux-mêmes peuvent y puiser de
« précieux renseignements pour sauvegarder des inté-
« rêts sérieux, après en avoir obtenu l'autorisation, qui
« ne leur est jamais refusée, lorsque leur demande se
« fonde sur des motifs légitimes. » Plus tard, on lit
dans la circulaire ministérielle du 1er juillet 1856,
§ xxviii, xix : « L'utilité de l'institution des casiers
« judiciaires n'a plus besoin d'être démontrée. Parmi ses
« avantages, il faut compter en première ligne l'abré-
« viation de la durée des procédures criminelles, par la
« facilité qu'elle offre pour constater les antécédents des
« inculpés, pourvu que les demandes d'extrait des ca-
« siers soient toujours répondues avec une grande célé-
« rité. Une autre conséquence nécessaire de cette con-
« statation doit être de rendre les tribunaux plus

« sévères envers ces récidivistes incorrigibles qui pro-
« mènent par toute la France leur criminelle oisiveté.
« Aujourd'hui que les magistrats connaîtront bien
« les individus qui sont traduits devant eux, il est im-
« possible qu'ils n'usent pas, à l'égard des récidivistes
« endurcis, de toute la sévérité de la loi. Prononcer
« contre ces hommes qui vivent en état de guerre con-
« tinuelle contre la société des peines de longue durée
« sera, d'ailleurs, un moyen efficace de diminuer les
« travaux des tribunaux et les frais de justice, en évi-
« tant les nouvelles poursuites auxquelles ces individus
« ne manqueraient pas de s'exposer. »

On le voit, ces divers avantages sont réels. Le tableau en est-il trop flatteur ? Et la pratique offre-t-elle
l'évidence d'un succès aussi grand que celui sur lequel
semblait compter le langage ministériel ? Voilà seulement la question que l'on peut se poser. Le succès est
certain, mais il pourrait être assurément plus parfait
qu'on ne le suppose (1).

A côté de cet ensemble d'avantages présenté par les
différents ministres de la justice dans leurs circulaires
et reconnus tant de la magistrature que du public, viennent se placer ceux spécialement désignés par M. Bonneville, en 1855, dans son livre sur l'*Amélioration de
la loi pénale*. Ce ne sont, à vrai dire, sous des désigna-
tions plus accusées, plus précises, que les mêmes excellents résultats dont la nomenclature est prédite et donnée par ces circulaires ministérielles. Il convient cependant de les examiner et de voir s'ils existent réellement.

(1) Voir même chapitre, sect. 3, § 2.

« L'institution des casiers judiciaires ne donne que
« des résultats utiles à quelque point de vue que l'on
« veuille se placer, dit M. Bonneville, essayons d'en
« récapituler quelques-uns : 1° Point de vue de la ré-
« pression ;—2° Point de vue de la prévention des cri-
« mes et·de la moralisation sociale ;—3° Point de vue
« de la portée des listes électorales et du jury;—4° Point
« de vue de la garde nationale et de l'armée ;—5° Point
« de vue des fonctions publiques ;—6° Point de vue des
« relations entre citoyens ;—7° Point de vue des rela-
« tions internationales ;—8° Point de vue financier (1). »

En ce qui concerne les premier, troisième, quatrième,
cinquième, sixième points, l'utilité n'est pas douteuse.
Les casiers judiciaires, sans qu'il soit besoin de nouvelle
explication pour le démontrer, offrent, sous ce rapport,
des avantages sérieux ; mais ces avantages nous semblent discutables, quant aux deuxième, septième et huitième points.

En effet, en ce qui touche le deuxième point, bien que
l'institution des casiers judiciaires soit maintenant aussi
vulgarisée que possible, a-t-elle bien amené, par le
seul effet de l'intimidation, une véritable diminution
dans le nombre des crimes et des délits ? Nous croyons,
quant à nous, que non. Si les statistiques de la chancellerie relatent pour les dernières années une diminution assez sensible dans la criminalité en général, il
faut seulement l'attribuer à une augmentation de surveillance de la part de la police judiciaire, à la capacité
plus reconnue, au zèle mieux entendu des agents de

_____

(1) *Amélioration de la loi pénale*, t. 1, p. 713.

cette police, enfin, à la moralisation peut-être plus
grande des masses, mais non d'individualités encore
assez nombreuses qui ne se laissent pas effrayer par la
perspective de voir leurs antécédents mis à jour (1).
« Chaque individu méditant une mauvaise pensée saura
« à l'avance, continue M. Bonneville, que toute con-
« damnation encourue ne pourra plus désormais être
« dissimulée. Il saura, de plus, que l'extrait de cette
« condamnation, subie n'importe où, ira immédiate-
« ment s'inscrire au casier judiciaire de son lieu d'ori-
« gine. Or, on ne peut douter que cette double et re-
« doutable éventualité ne soit de nature à arrêter sur la
« pente du crime tous ceux qui ont encore quelque souci
« de leur nom et de leur avenir. » Eh bien, il est per-

---

(1) Pendant la période quinquennale de 1861 à 1865, le nombre total
des affaires soumises au jury a été de 18,292 affaires concernant
22,752 accusés. Dans la période de 1856 à 1860, il avait été de 20,775 affaires concernant 26,715 accusés. Le nombre des délits jugés par les 369
tribunaux correctionnels de l'Empire de 1861 à 1865 a été de 708,423,
concernant 860,101 prévenus. Il avait été de 1856 à 1860 de 840,556,
concernant 1,037,100 prévenus. C'est là, il est vrai, une diminution
assez sensible dans la criminalité en général, mais si l'on consulte le
tableau spécial des récidivistes, on verra que le nombre des accusés
récidivistes, qui n'avait été de 1856 à 1860 que de 357 par 1,000, a été
de 1861 à 1865 de 380 par 1,000 et que le nombre des prévenus récidivistes, qui n'avait été de 1856 à 1860 que de 201,662, soit 273 par 1,000,
s'est élevé dans la période de 1861 à 1865 à 233,808, soit 312
par 1,000 (*Stat. crim.* 1865). Si, ainsi que le dit M. Bonneville
(*Amélioration de la loi pénale,* tom. ii, p. 64), l'augmentation suc-
cessive des récidives ne peut être le résultat de l'institution des casiers
mais de la difficulté du classement des libérés, il n'en est pas moins
vrai que l'application du système des casiers judiciaires est sans influence sur les récidivistes comme procédé d'intimidation, puisque
leur nombre augmente au lieu de diminuer.

mis de croire au contraire que pour le criminel endurci, le récidiviste, cette connaissance du système des casiers judiciaires n'a pas assez d'influence pour empêcher l'exécution d'un crime ou d'un délit. Quant à ceux qui ont encore quelque souci de leur nom et de leur avenir, l'expérience prouve qu'ils connaissent le mécanisme des casiers judiciaires et, surtout, s'ils sont étrangers à la localité où ils sont jugés, qu'ils n'ont d'autre souci que de se faire condamner sous des noms supposés, qu'on est obligé souvent de leur laisser sur le bulletin n° 1, constatant leur condamnation, faute de pouvoir, après des recherches multipliées de la part des magistrats du parquet, établir leur identité. Le résultat de la vulgarisation de l'institution des casiers judiciaires a donc été beaucoup plutôt, jusqu'à présent, d'inviter les inculpés à cacher leur nom, leur état civil et leur identité, afin d'éviter un classement de bulletins au lieu de leur origine, que de les prévenir dans l'exécution du crime ou du délit conçu et arrêté dans leur esprit. Aussi, s'il est bon que les procureurs impériaux et les greffiers soient familiarisés avec l'institution des casiers judiciaires et rompus à leur mécanisme, est-il d'un effet déplorable de voir ce mécanisme connu de tous les inculpés. Ce mal ne se produirait pas, si certains présidents d'audience, dans un but d'intimidation, n'instruisaient pas, comme à plaisir, les prévenus, en leur rendant compte de la manière dont tous leurs antécédents sont connus. Rien n'est perdu, en effet, pour l'intelligence et l'oreille d'un homme résolu à tirer parti de tout, afin de tromper la justice et se tirer d'embarras.

En ce qui concerne le septième point, les casiers judiciaires n'offrent pas, quant à présent, grand avantage, par l'excellente raison qu'ils ne fonctionnent réellement d'une manière complète qu'en France, en Italie et dans les colonies portugaises. Fussent-ils établis dans tous les Etats de l'Europe, les relations politiques entre chaque gouvernement seront-elles jamais empreintes d'un tel caractère d'accord et d'harmonie qu'on puisse espérer d'être facilement renseigné sur les antécédents des étrangers d'un pays à un autre? Cependant il y a commencement d'entente à cet égard (1).

Enfin, en ce qui concerne le huitième point, tout en reconnaissant le côté productif de l'institution des casiers judiciaires, on ne peut réellement considérer cette institution comme une aussi excellente opération financière que l'annonce M. Bonneville. « Tout extrait délivré aux « particuliers est taxé, dit-il, timbre et enregistrement « compris, à 2 fr. 20 c. (maintenant 2 fr. 40, par suite « de l'augmentation du timbre (L. 7 juillet 1862) et du « double décime). Dès que l'institution sera vulgarisée « et que les particuliers auront pris l'habitude de re- « courir à ces précieux renseignements, on pourra fixer « au moins à 500,000 par an le nombre de ces de- « mandes, soit 1,100,000 fr. Aucune demande d'emploi « adressée au gouvernement ou aux administrations « publiques ne doit être prise en considération qu'autant « que le demandeur aura joint au certificat de bonne « vie et mœurs son extrait du casier judiciaire. Or, on « a calculé qu'il parvient, par année, au gouverne- « ment, plus de 2 millions de ces demandes de diverse

(1) Voir chapitre IV.

« nature. Ce serait 4,400,000 de produit, au total,
« 5,500,000. Ce seul recouvrement serait plus que suf-
« fisant pour couvrir la totalité des frais de justice cri-
« minelle. »

Eh bien, il est vrai de dire, en supposant le chiffre
des bulletins n° 2, délivrés aux particuliers ou demandés
par eux exact, que la base sur laquelle repose le cal-
cul du produit total pour l'État de la délivrance de ces
bulletins est évidemment erronée.

Le prix des bulletins n° 2, délivrés aux simples particuliers, s'élève à 2 fr. 40, se décomposant ainsi qu'il
suit :

Timbre.	0 fr.	50 c.
Droit de rédaction . .	0	25
Droit de recherches. .	0	50
Enregistrement. . . .	1	15
	2 fr.	40 c.

Sur ces quatre droits différents, il n'y a que les droits
de timbre et d'enregistrement qui reviennent à l'État
et dont profite le trésor, les droits de recherche et de
rédaction étant constitués au profit des greffiers. Chaque
bulletin ne rapporte donc que 1 fr. 65 c. au lieu de
2 fr. 40 c., et, par conséquent, 2,500,000 bulletins
4,125,000 francs au lieu de 5,500,000 francs. Les frais
de justice criminelle étant en moyenne de 4,502,823
francs, le produit des bulletins n° 2, délivrés aux simples particuliers, ne saurait, on le voit, les couvrir (1).
Encore faut-il supposer que le chiffre des demandes de

_____

(1) V. *Statistique criminelle* 1865.

ces bulletins n° 2 est aussi considérable que l'indique l'honorable M. Bonneville. Or, les particuliers ne demandent environ, par an et jusqu'à présent, que 36,927 bulletins, 40,000 si l'on veut (1); et s'il arrive annuellement deux millions environ de demandes d'emploi au gouvernement ou aux administrations publiques, il est certain que la jonction d'un bulletin n° 2 à chaque demande n'est pas, en principe, exigée ; loin de là. D'abord il n'y a pas de règle précise à cet égard. Ensuite, dans la pratique, le gouvernement ayant tous les moyens possibles, par les rapports de ses agents, de s'éclairer sur les antécédents, la famille, l'honorabilité des candidats, est suffisamment édifié sans recourir aux casiers judiciaires pour donner aux requêtes la suite qui lui convient. On peut dire encore que l'entrée dans presque toutes les carrières étant précédée d'un surnumérariat quelconque, les différents ministres ont tout le temps, pendant cette époque, de connaître parfaitement le passé des postulants. Ainsi, quand on adresse au gouvernement une demande d'emploi, il n'est pas nécessaire d'y joindre un bulletin n° 2. C'est l'exception et non pas la règle.

On voit donc par les différentes raisons que nous venons d'exposer que l'honorable M. Bonneville est fort au-dessus de la vérité, en portant à près de six millions (5,500,000 fr.) la totalité de la recette que pourrait produire l'institution des casiers judiciaires, et que, par

_____

(1) Ce chiffre de 36,927 est, nous le faisons remarquer, compté largement, car il est obtenu en prenant le quart du nombre des bulletins n° 2, délivrés par an au ministère public et qui est de 147,708.

conséquent, cette institution n'a pas, au point de vue financier, le précieux résultat qu'il veut en tirer. Mais, en somme, le trésor perd peu à l'organisation des casiers judiciaires, car pour 131,100 bulletins n° 1 et 147,708 bulletins n° 2 payés aux greffiers, comme frais de justice criminelle, à raison de 0,25 c. les uns et les autres (1), ce qui fait 69,702 fr. par an, il encaisse, comme on l'a vu, 1 fr. 65 c. sur 36,927, ou si l'on veut 40,000 bulletins n°. 2, délivrés aux simples particuliers, soit 60,929 fr. et même 66,000 fr. La dépense et la recette s'équilibrent à peu près, et encore le département de la justice n'a-t-il pas eu à payer les premiers frais d'installation des casiers judiciaires puisque ces frais ont été entièrement supportés par l'autorité administrative comme dépense départementale (2). Il y a donc, quant à présent, balance, pour l'État, entre la dépense et la recette en ce qui concerne les casiers judiciaires. Mais, en supposant l'institution vulgarisée autant que possible, en admettant que, comme nous le proposons (3), le gouvernement exige la jonction à toute demande d'emploi d'un extrait du casier judiciaire, il sera toujours impossible, nous le croyons, d'arriver à un total de 500,000 demandes de bulletins n° 2, faites par de simples particuliers et de deux millions de requêtes adressées par an au gouvernement.

---

(1) Ces chiffres sont obtenus en prenant le nombre des accusés et prévenus poursuivis et celui des prévenus et accusés condamnés annuellement en moyenne (V. *Statistique criminelle* 1865, p. 13 et 14 du *Rapport*).

(2) V. chapitre II, 1re section, § 2.

(3) V. même chapitre, sect. 3, § 2.

En résumé : donner à tous les membres d'une même nation la faculté de contrôler leur existence individuelle et leur honorabilité réciproque, les uns par les autres, tels étaient la grande utilité proposée, le but à atteindre. L'a-t-il été complétement? Oui et non. Oui, car l'expérience démontre que les heureux résultats, résultats sérieux que nous venons de voir exposés dans les circulaires ministérielles, se sont, en effet, produits et se produisent chaque jour. Non, car à côté d'une base solide sur laquelle repose tout le système des casiers judiciaires, se trouvent des chances d'erreur et des imperfections de détails qui rendent ces résultats moins sûrs et les empêchent de porter de meilleurs fruits que ceux qu'ils donnent. Ce sont ces imperfections et ces erreurs que nous allons examiner.

§ 2 et 3.

II. Erreurs remédiables dans les casiers judiciaires.—Erreurs provenant des greffiers. — Erreurs provenant des accusés. — Faux noms pris par les inculpés. — III. Imperfections et erreurs irrémédiables.

Toute institution humaine a ses lacunes, son côté faible prêtant à la critique et demandant un perfectionnement. L'institution des casiers judiciaires n'est pas plus exempte que les autres de certaines imperfections. Notre devoir est de les signaler, comme nous en avons fait ressortir les avantages, et de proposer le remède s'il est possible.

Il y a deux sortes d'imperfections :

Les unes, erreurs pouvant se glisser dans la pratique,

mais auxquelles une attention soutenue, des recherches consciencieuses peuvent remédier ;

Les autres, que nous désignerons au contraire sous le nom d'*imperfections proprement dites* et qui sont le résultat nécessaire de l'emploi des agents chargés actuellement du service des casiers judiciaires.

§ 2.

Erreurs remédiables pouvant se glisser dans la pratique du système des casiers judiciaires.

Il faut encore, ici, distinguer.

Ces erreurs sont de deux espèces :

A. Les unes sont le fait du greffier;

B. Les autres du prévenu ou de l'accusé.

Nous ne citerons que les plus usuelles :

A. Erreurs provenant du fait des greffiers. — Les erreurs provenant du fait des greffiers peuvent arriver soit par suite d'une lacune dans la rédaction des bulletins n° 1, ou d'une mauvaise rédaction de ces bulletins, par exemple : *nom propre mal orthographié, prénoms mal écrits, omis ou changés, filiation trompeuse par l'omission d'un prénom du père ou de la mère,* etc.; soit par suite de la délivrance d'un bulletin n° 2 erroné, en délivrant un bulletin n° 2 dans lequel la filiation n'est pas exactement semblable à celle indiquée sur la demande ou, ce qui est plus grave, en délivrant un bulletin n° 2 contenant une condamnation lorsqu'il n'y en a pas eu d'encourue, ou bien n'en contenant pas lorsqu'il y en a eu une prononcée, ou en contenant plus que l'inculpé n'en a réellement encouru; ce qui peut arriver par suite d'un mauvais classement des bulletins n° 1 au casier.

L'erreur du premier cas provenant de la mauvaise rédaction du bulletin n° 1, n'a pas et ne peut avoir de conséquences graves, car, avant que les bulletins soient classés aux casiers, l'erreur peut encore disparaître par suite de la double révision qui est faite des bulletins par le procureur impérial et le procureur général. Enfin, si cette double révision n'a pas fait découvrir l'erreur, ce qui peut arriver, lorsqu'il s'agit, non de la partie légale du bulletin, mais du nom, d'un prénom, de la date de naissance, de la filiation, en un mot de l'état civil du condamné, il reste une chance pour qu'elle ne glisse pas inaperçue lors du classement du bulletin au casier. En effet, il n'y aurait pas alors de concordance entre les noms du condamné, sa filiation et ceux de son acte de naissance qui doivent être vérifiés par le greffier. Le bulletin sera donc renvoyé pour que la rectification soit faite (1). Ainsi l'erreur commise dans la rédaction d'un bulletin n° 1 n'est pas dangereuse.

Il n'en est pas de même de celle qui peut s'introduire dans la délivrance d'un bulletin n° 2. Elle est dangereuse en ce sens qu'on n'y peut porter remède que bien plus difficilement. Le ministère public ne peut pas surveiller le travail de la transcription des condamnations sur la feuille qui doit former l'extrait du casier judiciaire. Le temps lui manquerait. D'ailleurs ce tra-

(1) V. chapitre II, sect. 2, § 6.

vail tout mécanique ne le regarde nullement. Il atteste
bien l'authenticité du bulletin n° 2 par sa signature;
mais, en fait, c'est une signature de forme. A moins de
remplacer lui-même le greffier, il ne peut qu'imparfaitement contrôler son travail. Voyons donc et jugeons
de suite les fâcheuses conséquences d'une erreur. Supposons d'abord le cas d'un *prévenu :* le bulletin n° 2 le
concernant ne porte pas de condamnation alors qu'il en a
encouru une ou plusieurs ou en porte un plus ou moins
grand nombre qu'il n'en a encouru. Voilà dès lors la
justice égarée et la perspective inquiétante de la prononciation d'une peine qui ne soit plus en rapport avec les antécédents de cet inculpé. Cette peine ne sera plus proportionnée, par conséquent plus juste, mais pas assez ou
trop sévère. Le bulletin n° 2 porte-t-il une ou deux condamnations quand l'inculpé n'en a jamais encouru,
l'erreur sera encore plus grave et plus fatale. Le prévenu sera condamné sévèrement à raison d'antécédents
qui cependant ne sont pas les siens; s'il nie ces condamnations, il ne sera que faiblement écouté et avec raison
par le président et l'organe du ministère public, car son
intérêt à nier est trop grand pour qu'il ne le fasse pas de
toute manière, et l'on est naturellement amené à croire
qu'il ne nie que pour déguiser de fâcheux antécédents.
Quel moyen de contrôle auront les magistrats de l'audience pour apprécier cette situation? Aucun. On ne
peut sans cesse renvoyer les affaires à une autre audience pour vérification et renvoi des bulletins n° 2,
ce serait augmenter souvent la durée de la détention
préventive et apporter d'interminables lenteurs au cours
de la justice. De plus, si le prévenu n'est pas né dans

l'arrondissement, ce qui permet de recourir immédiatement au casier, et qu'il ne remarque pas de suite que la
filiation indiquée sur le bulletin n° 2 joint à son dossier
n'est pas la sienne, il supportera infailliblement, dans
l'appréciation de la peine qui lui sera infligée, le poids
des condamnations faussement relevées à sa charge.

Mais si une telle erreur est préjudiciable à l'intérêt
d'un prévenu ou d'un accusé, à combien plus forte raison ne le sera-t-elle pas, dans l'hypothèse d'un bulletin n° 2, d'un simple particulier demandé soit par une
administration publique, soit par une administration
particulière, soit par un simple particulier ! Il s'agit ici
non plus d'une peine plus ou moins forte prononcée par
un tribunal, mais de l'avenir tout entier d'un jeune
homme, d'un homme mûr, d'une famille, et encore le
titulaire du bulletin n° 2 n'a-t-il plus là comme l'inculpé, pour se défendre contre les funestes erreurs de
son casier, les interrogatoires de l'instruction, le débat
contradictoire de l'audience. On livre la connaissance
de ses antécédents judiciaires à toute personne qui la
demande et a intérêt à la connaître ; comment sera-t-il
à même de contrôler s'ils sont bien constatés, alors que
le plus souvent le demandeur, qui n'a en vue que
de s'éclairer personnellement, ne lui communiquera
même pas cet extrait du casier judiciaire ? Passons
en revue les espèces les plus usuelles : une personne quelconque demande une place dans un ministère, dans un chemin de fer (administrations publiques);
recherche l'alliance d'une famille, ou bien veut se
mettre en rapport d'affaires avec une maison de commerce. L'administration publique, le négociant, la fa-

mille intéressée demandent son casier. Ce casier est-il
erroné? porte-t-il une seule condamnation alors que
l'impétrant est pur de tout antécédent judiciaire? voilà
son avenir perdu. Il se verra fermé à tout jamais les
portes du ministère, du chemin de fer, l'entrée de la
famille honorable à laquelle il voulait s'allier, ou de la
maison de commerce avec laquelle il pouvait commencer
des affaires qui auraient peut-être amené sa fortune. Si,
au contraire, l'extrait du casier ne porte pas de condamnations, alors que le solliciteur en a été frappé, voilà
un homme flétri, peut-être perdu de mœurs, venant
tromper la confiance de l'administration, du négociant
qui l'emploie, de la famille qui le reçoit dans son sein.
On est vivement touché des conséquences de la plus
petite erreur, soit dans un sens, soit dans l'autre, surtout lorsque l'on sait qu'un greffier même vigilant est
exposé chaque jour à en commettre, car il suffit, pour
la production d'une erreur pareille, du mauvais classement du bulletin n° 1. L'exemple le plus usuel
d'erreur est celui qui peut arriver pour deux frères.
Leur nom de famille est, par exemple, *X*. L'un s'appelle
Alexandre-Jacques, l'autre *Georges-Alexandre*. Le premier
est condamné. L'autre ne l'a jamais été. Ils sont ju-
meaux ou même nés à un an d'intervalle. Le greffier, en
consultant l'acte de naissance au moment du classement,
ne fait pas attention à l'ordre des prénoms, ne voit pas
qu'il y a deux actes de naissance, du même jour, de la
même heure, rédigés de suite. Il fait la cote du bulletin
n° 1 de condamnation au nom de *X Georges-Alexandre*,
au lieu de la faire au nom de *X Alexandre-Jacques*. Il
n'en faut pas plus pour que l'erreur soit commise, car

le bulletin n° 2 constatant la condamnation sera rédigé au nom de *Georges-Alexandre* suivant la cote. Nous ne citerons que cette espèce comme source génératrice d'erreurs, mais il y en a bien d'autres, et encore celle que nous citons peut-elle donner lieu souvent à facile réparation, si les deux frères, demeurant dans le même pays, y sont établis et connus. Les autorités communales, la notoriété et les souvenirs publics sauront bien attribuer la condamnation à celui qui a réellement comparu devant la justice.

Les fâcheuses conséquences d'erreurs se glissant dans la rédaction d'un bulletin n° 1 ou dans la délivrance d'un bulletin n° 2, par le fait d'un greffier, démontrées, nous avons à nous demander si ces erreurs sont matériellement réparables.

Oui, assurément. S'il s'agit d'erreurs faites dans un bulletin n° 1, nous avons vu que les erreurs étaient nécessairement réparées, soit par suite de la double révision à laquelle se livrent le procureur impérial du lieu de la rédaction et le procureur général, soit par suite du classement de ces bulletins aux casiers des lieux de naissance (1). Quant aux bulletins n° 2 erronés, qu'ils soient délivrés au ministère public, aux administrations publiques, aux simples particuliers, il suffit de les rendre aux greffiers des tribunaux de la délivrance pour les faire rectifier ou s'en faire délivrer un autre. Le greffier a toujours intérêt à rectifier une erreur qui doit engager sa responsabilité. En cas de difficultés, il est facile de s'adresser au procureur impérial du siége, qui exami-

_____

(1) V. chapitre II, sect. 2, § **3**, 5, 6.

nera avec attention les réclamations qui lui seront soumises et prendra les mesures nécessaires pour que les erreurs avérées soient rectifiées.

Une question intéressante à examiner, est celle de savoir si, dans le cas où l'erreur se glissant dans un bulletin n° 2, est le fait du greffier et cause un préjudice réel au titulaire de ce bulletin, cet officier public peut être passible de dommages-intérêts.

S'agit-il d'un inculpé, la faute du greffier peut lui préjudicier en lui faisant encourir une peine plus sévère que celle qu'il a réellement méritée. Mais où cette question se recommande à l'attention publique d'une manière toute particulière, c'est dans le cas si digne de pitié, que nous indiquions plus haut, d'un malheureux privé de l'entrée d'une carrière, de son gagne-pain peut-être, par la délivrance d'un extrait du casier judiciaire erroné. Qu'on le remarque, c'est assurément le plus souvent à son insu que l'on prendra les renseignements qui le concernent, bien que maintenant beaucoup d'administrations, entre autres celles des chemins de fer, exigent que l'impétrant joigne lui-même à sa demande son extrait de casier. Comment ce malheureux pourra-t-il se défendre? Son refus d'entrée peut lui être annoncé, sans qu'il ait même le temps d'en prévoir les motifs, puisque, se sachant pur de tout antécédent judiciaire, il ne lui viendra pas même à l'idée que ce soit son passé qui le fasse éconduire. Cette situation ne se présentera pas le plus souvent, dit-on, parce qu'on avertit presque toujours les solliciteurs des motifs du refus, et que, d'ailleurs, ceux-ci se préoccupent assez de la suite que doit recevoir leur demande, pour que, s'ils soupçonnent la moindre défaveur, la moindre ombre jetée sur leur passé, ils s'empressent de les faire disparaître en prouvant qu'ils n'ont jamais été condamnés. L'objection est fondée, mais combien de démarches, de pas inutiles, de difficultés, d'ennuis à surmonter pour les postulants, et dans l'intervalle, la place peut être donnée ! Il suffit que les conséquences fatales d'une erreur de cette nature puissent se produire, pour qu'on soit obligé d'admettre la faculté de les atténuer dans une certaine mesure.

Le remède ne peut donc se rencontrer que dans la voie des dommages-intérêts, ouverte à toute personne qui prouverait qu'elle a été lésée par la délivrance de son bulletin n° 2 erroné. Poser la question en équité, c'est la résoudre affirmativement. En droit, elle ne nous semble pas non plus pouvoir faire de doute. « La responsabilité des greffiers dérive nécessai-« rement de la nature de leurs fonctions, dit M. Dalloz « dans son *Répertoire*. Elle s'étend à tous les actes de « leur ministère, et à défaut d'un texte spécial, elle est « ouverte en vertu du principe général des articles 1382 « et suivants du Code Napoléon. » (Voir *Répertoire alphabétique*, tome XXVI, *Greffiers*, n° 128 ; — tome XXXIX, *Responsabilité*, n° 287). Il découle de là que les greffiers sont soumis à une responsabilité générale et que toutes les fois que cette responsabilité n'est pas mise en jeu par un texte spécial, on peut s'appuyer sur les termes généraux des articles 1382 et suivants du Code Napoléon pour l'en faire ressortir. « Tout fait quelconque « de l'homme qui cause à autrui un dommage, dit cet « article 1382, oblige celui par la faute duquel il est « arrivé à le réparer. » Ces expressions sont aussi

*10

larges que possible. Elles embrassent aussi bien les
officiers publics que tout autre citoyen, et ce n'est pas
assurément le caractère spécial dont sont revêtus les
greffiers, qui pourrait créer une exception en leur faveur,
surtout quand il s'agit d'intérêts aussi gravement lésés
que ceux que nous venons d'indiquer.

*Bien que la question n'ait jamais été soumise aux tribu-
naux, et par conséquent jugée, nous n'hésiterions pas, pour
notre part, à nous attacher au principe que nous venons de
poser, en allouant des dommages-intérêts assez considérables
à un plaideur qui viendrait, armé de la preuve du préjudice
qui lui a été causé, attaquer devant un tribunal civil un
greffier dont la négligence, en matière de casier, lui aurait
été fatale. Un esprit impartial, juste et pénétré des devoirs
du greffier, ne saurait penser autrement, sans pour cela avoir
à craindre de rendre par sa décision les fonctions de ces officiers publics trop pénibles et trop onéreuses.*

**Erreurs provenant du fait des inculpés. — Faux noms
pris par eux.** — Nous avons vu tout ce qui se rapportait aux erreurs provenant du fait des greffiers ; exami-
nons maintenant ce qui embrasse les erreurs provenant
du fait des inculpés et de leurs fausses déclarations.

La part prise par l'inculpé dans le mécanisme des
casiers judiciaires est considérable. C'est sa volonté qui
en est en quelque sorte le point de départ. Sa déclaration est tout. Sans sa déclaration, nul renseignement
à avoir, nul résultat à obtenir. Pour que le casier judiciaire produise son effet, il faut donc que le prévenu,
dans son interrogatoire, s'il y a détention préventive,
ou bien dans le procès-verbal, en cas de citation di-

recte, déclare exactement son état civil (nom, prénoms,
filiation) au magistrat instructeur ou à l'officier de police
judiciaire qui a constaté le délit. Si la déclaration est
sincère, il est facile de connaître son passé. Si elle est
inexacte, il est impossible d'arriver au résultat attendu,
c'est-à-dire que le lieu de naissance demeurant inconnu,
les antécédents le demeurent aussi. Ou alors, il faut
employer tout l'attirail ordinaire des reconnaissances
forcées, faire photographier le prévenu, faire circuler
cette photographie de parquet en parquet, de prison en
prison, jusqu'à ce que l'inculpé soit reconnu. Que de
pertes de temps, d'efforts, de correspondances pour arriver à un résultat le plus souvent négatif! Et cependant,
on ne peut toujours garder une affaire à l'instruction
pour défaut de connaissance de l'identité d'un inculpé.
Alors qu'advient-il? On rend l'ordonnance, et l'affaire
est jugée sans son bulletin n° 2. Quelquefois cet inculpé
est du département, de l'arrondissement voisin, il a
peut-être subi quatre ou cinq condamnations, et l'on
ignore ses antécédents. Il est, en somme, mal jugé (1).
C'est là un écueil d'autant plus déplorable pour la justice que, l'expérience le prouve, les inculpés commen-
çant à être familiarisés avec l'institution des casiers, se
font maintenant condamner en grand nombre sous de
faux noms. Cependant, le mal n'est pas tout à fait sans
remède.

(1) Nous croyons qu'un juge d'instruction qui, après avoir demandé
le bulletin n° 2 d'un inculpé, d'après sa déclaration, ne lui trouve pas
d'acte de naissance applicable au lieu indiqué, et s'est ensuite adressé
au casier central, conformément aux prescriptions des circulaires ministérielles (V. chap. II, sect. 2, § 7, 8), a parfaitement mis, du moins
en général, sa responsabilité à couvert.

Mais où le rencontrer? Notre législation n'offre aucun moyen pratique de résoudre la question. En effet, que l'on ouvre le Code d'instruction criminelle, on n'y trouve pas de dispositions qui puissent donner satisfaction à la nécessité de la reconnaissance de l'erreur et permettre des réparations de cette nature.

Deux chapitres seuls paraissent avoir trait à la matière. Ce sont les chapitres III, titre III, du livre II et le chapitre VI, titre IV du même livre. En les approfondissant, on voit de suite qu'ils ne sont pas applicables aux espèces qui nous occupent.

Les cas de révision (art. 443 et suivants modifiés par la loi du 29 juin 1867) n'ont aucune analogie avec ceux d'individus qui se font condamner sous de faux noms. La révision suppose une véritable erreur, un condamné innocent. Elle ne peut se produire que dans l'hypothèse d'un individu frappé *injustement* par la justice, parce qu'il n'a jamais commis le délit ou le crime pour lequel il est condamné. Tous les témoignages, l'ensemble de la procédure écrite et orale, le représentent comme une autre personne, non civile ou morale, mais physique. Il est pris, matériellement parlant, au point de vue des traits, pour une personne étrangère dont il endosse à tort la responsabilité. L'erreur est grave, car il y a un innocent de frappé. Elle doit être réparée. Mais comme la nécessité si impérieuse de la réparation due à celui qui n'est pas coupable, tient en quelque sorte en échec le principe non moins sérieux du respect dû à l'autorité de la chose jugée, que ce principe ne peut céder que devant une manifestation éclatante d'une erreur judiciaire, la voie de la révision n'est ouverte légalement que lorsque cette erreur peut être établie d'une manière irrécusable. Tels sont les cas prévus par le nouvel article 443 du Code d'instruction criminelle.

Dans l'espèce d'un individu qui s'est fait condamner sous un faux nom, au contraire, l'usurpateur est *justement* frappé et subit par conséquent *justement* sa peine. La justice n'a commis aucune erreur à son égard. Le condamné s'est seulement donné une identité qui n'est pas la sienne et dont l'usurpation constitue un grave préjudice pour le véritable possesseur du nom qui s'en trouve ainsi dépouillé. Ce dernier peut être, en effet, inquiété postérieurement, soit pour l'exécution de la peine, soit pour le paiement des frais du procès. En tout cas, la minute du jugement, ainsi que le bulletin n° 1 classé au casier de son lieu de naissance, laissent à sa charge une condamnation souvent flétrissante.

On voit que, si dans les deux hypothèses, les conséquences des erreurs commises sont les mêmes au point de vue de l'exécution de la peine et de la réputation de la victime d'une usurpation de nom, ces erreurs mêmes sont tout à fait différentes dans leur principe. En cas de révision, les juges ont été trompés. On les a égarés. Il y a erreur véritable et condamnation prononcée à tort, tandis que dans le cas d'un faux nom pris par un inculpé, le coupable, véritable auteur du délit, est atteint réellement et frappé à bon droit par la justice.

La conclusion à tirer de cette différence capitale est que, dans le second cas, il ne doit pas y avoir lieu à une réformation judiciaire au fond. Cette réformation ne peut se produire qu'à l'égard d'un innocent condamné. Or, dans l'espèce de l'usurpation d'un faux nom, ce n'est pas l'innocent, mais le véritable coupable qui est frappé. L'agent du délit n'a trompé les juges que sur son identité sociale, sur sa personne morale et non sur sa personne matérielle. Les cas de révision prévus par les articles 443 et suivants du Code d'instruction criminelle ne sauraient donc s'appliquer à la réparation de l'erreur judiciaire provenant de faux noms pris par les inculpés.

Les articles 518, 519, 520 du même Code ne peuvent pas davantage offrir un moyen de rectification de la minute de l'arrêt ou du jugement concernant l'individu qui s'est fait condamner sous le nom d'un tiers. Ils ne s'appliquent qu'au cas où un condamné justement frappé par la justice s'est évadé et a été repris. C'est non-seulement, afin de bien faire constater l'identité de l'évadé et d'éviter par cela même de réintégrer au bagne ou à la maison centrale un innocent, mais encore, dans le but de faire prononcer régulièrement la peine édictée par la loi pour le fait d'évasion, que le législateur a créé l'obligation après l'arrestation de l'évadé d'une nouvelle comparution devant la Cour qui a condamné. Mais cette sorte de révision, ce second examen, n'ont lieu qu'à raison de la circonstance de la fuite, circonstance qui peut être considérée comme la seule cause d'une nouvelle appréciation de l'identité de l'individu repris.

N'existe-t-il donc aucun moyen de décharger la personne dont le nom a été usurpé par un inculpé devant la justice, de la condamnation intervenue contre cet inculpé et qui cependant entache l'honneur de cette per sonne? Assurément, il en existe. Mais, ce sont des moyens intermédiaires, détournés en quelque sorte, et chaque parquet ne peut arriver à se former un code précis en pareille matière que par la pratique.

Et d'abord comment une erreur de cette nature, provenant du fait d'un inculpé, peut-elle être rectifiée en ce qui touche la minute du jugement? Si l'usurpation de nom s'applique au nom d'une personne déterminée et qu'on lui porte préjudice, l'usurpateur qui a signé ses interrogatoires, peut être poursuivi pour faux en écriture authentique et publique, et, s'il est condamné, mention de la condamnation est faite en marge du jugement qui a frappé l'individu dont le nom est usurpé. Mais la Cour de cassation, n'admettant en pareil cas l'inculpation de faux, que s'il y a eu préjudice porté et intention de nuire, l'emploi par un inculpé d'un nom imaginaire ne constitue ni crime ni délit et reste sans répression (1). Dans cette dernière hypothèse il y aurait lieu, suivant nous, d'adopter l'opinion émise par M. de Neyremand, alors substitut à Strasbourg, dans une affaire *Boegel-Fucsh* qui s'est jugée au tribunal correctionnel de cette ville, en 1866, et d'appliquer habituellement les conclusions de ce magistrat (2). M. de

(1) Voir arrêts de cassation, 29 avril 1826; 1er septembre 1826; 12 avril 1855; 2 juillet 1857; 1er avril 1858; 28 novembre 1860; 11 mai 1865. — Voir également Bonneville, *Amélioration de la loi pénale*, t. II, p. 634. L'honorable magistrat regrette avec raison que dans ces mots *nuire à autrui*, la Cour de cassation ne croit pas devoir admettre également l'être moral, *société*, comme les tiers, les particuliers. De cette manière l'usurpateur d'un nom imaginaire pourrait être condamné pour crime de faux, comme l'usurpateur du nom d'une personne déterminée.

(2) Voir le numéro du journal *le Droit* du 22 juillet 1866.

Neyremand ne pense même pas que l'inculpation de faux puisse peser sur l'usurpateur, quand il a pris le nom d'un tiers déterminé, car ce nom n'a pas été pris pour nuire au tiers, mais dans l'intérêt de l'usurpateur seulement, et alors l'honorable magistrat cherche dans les dispositions combinées de la loi du 6 fructidor an II et de la loi du 28 mai 1858, modifiant l'article 259 du Code pénal, un moyen de faire, en quelque sorte, disparaître le jugement qui frappe la victime de l'usurpation de nom. L'article 3 de la loi du 6 fructidor an II (21 août 1794) sur les usurpations de noms, *punit de six mois d'emprisonnement, et d'une amende égale au quart de ses revenus, toute personne portant ou prenant un autre nom ou prénom que ceux indiqués dans son acte de naissance* (1). La loi du 28 mai 1858 sur les usurpations de titres, de distinctions honorifiques, *laisse la faculté aux tribunaux d'ordonner la mention du jugement de condamnation en marge des actes authentiques dans lesquels le titre aura été indûment pris*. De cette manière, l'individu qui s'est fait condamner sous le nom d'un tiers, étant après la découverte de son usurpation, poursuivi et condamné en vertu de l'article 3 de la loi du 6 fructidor an II, le tribunal devant lequel il sera jugé, pourra ordonner la mention de cette condamnation en marge de l'ordonnance de renvoi et du premier jugement contenant les faux noms pris par l'inculpé. Aucune expédition de ce premier jugement ne pourra être délivrée, sans porter la mention marginale de la rectification, et la personne dont le nom aurait été emprunté se trouverait ainsi,

_____

(1) V. *Bulletin des lois*, n° 44, 1er trimestre, an II.

pour l'avenir, sans équivoque possible, à l'abri de toute
espèce de conséquences fâcheuses à raison du jugement
qui la frappait à tort. Suivant M. de Neyremand et les arguments tirés de l'article 484 du Code pénal, de l'avis du
Conseil d'Etat du 8 février 1812, de la loi de germinal
an xi, la loi du 6 fructidor an ii n'est pas abolie. Si on
admet, comme nous, cette dernière proposition, et quoi
que l'on puisse penser, du reste, de la théorie de M. de
Neyremand, la jurisprudence de la Cour de cassation
admettant l'inculpation de faux contre l'usurpateur du
nom d'une personne déterminée, on peut toujours se
servir avec utilité des seules dispositions de l'article 3
de la loi susénoncée pour poursuivre le simple usage
d'un nom imaginaire. De cette façon, les dissimulations
sous de faux noms pour cacher leurs antécédents de la
part d'inculpés seraient toujours atteintes, que le nom
fût celui d'une personne déterminée ou un nom imaginaire, et la victime de semblables usurpations dans
le premier cas, la société dans le second, protégées,
l'une par la doctrine de la Cour de cassation, l'autre
par l'application de l'article 3 de la loi du 6 fructidor
an ii, seraient à l'abri de manœuvres aussi dangereuses
pour l'honneur des citoyens en particulier que préjudiciables à l'ordre public.

En tout cas, ne vaudrait-il pas mieux, pour parer à
toutes les éventualités résultant de la prise de faux noms
par les inculpés, avoir recours à la création d'un délit
spécial? Les conséquences de pareilles erreurs sur les
personnes sont trop graves et trop préjudiciables aux
victimes, pour qu'elles n'attirent pas toute l'attention
de la magistrature et même du législateur. D'ailleurs,

les magistrats instructeurs et les juges ne peuvent certainement pas voir leur responsabilité engagée par de telles erreurs. Il n'en est pas moins vrai que les justes réclamations des victimes et la réparation de ces erreurs leur enlèvent un temps précieux à l'accomplissement de leurs fonctions. Or, ce temps leur est en somme dérobé par des inculpés reconnus coupables et justement condamnés. Il y a là une situation qui ne doit pas se prolonger.

Nous proposons, quant à nous, d'ajouter au Code pénal un nouvel article, aux termes duquel l'inculpé qui se donnerait l'état civil d'une personne déterminée, serait frappé d'une peine d'un an à cinq ans, et celui qui prendrait un nom imaginaire, d'une peine de six jours à deux années d'emprisonnement. Ces peines seraient prononcées sans circonstances atténuantes. Elles seraient subies après la peine principale. Les articles 365 du Code d'instruction criminelle, 463 du Code pénal, ne pourraient leur être applicables.

Par ce sérieux, mais indispensable et salutaire procédé d'intimidation, on arriverait peut-être à arrêter le nombre croissant des usurpations de noms dans les poursuites criminelles. Puis, ne ferait-on pas cesser au moyen d'une règle fixe et invariable les divergences qui peuvent se produire entre les différents parquets ou autorités judiciaires sur la manière la plus légale et la plus pratique d'arriver à la réparation de ces erreurs causées par les usurpations de noms?

Quant à la procédure de rectification, elle devrait être aussi simple que possible. La victime de l'usurpation de nom présenterait une requête motivée à la Cour ou au tribunal qui a prononcé la condamnation, afin d'être autorisée

à assigner devant lui le condamné qui s'est emparé de son
nom. Elle agirait à titre de partie civile. En cas d'admis-
sion de la requête, la preuve par témoins lui serait offerte
comme en toute autre matière criminelle. Le même jugement
qui admettrait les preuves fournies et statuerait sur la rec-
tification de la minute du jugement de condamnation, pro-
noncerait contre l'usurpateur la peine énoncée plus haut, et
mention de cette nouvelle condamnation serait faite en marge
du jugement où se trouve le faux nom pris par l'inculpé.
Dans le cas où la preuve ne pourrait être que difficilement
administrée, et où une enquête préparatoire serait nécessaire,
la requête serait présentée au procureur impérial du siége
de la condamnation. Ce magistrat, après examen des motifs
invoqués, saisirait le juge d'instruction devant lequel la vic-
time ou partie plaignante serait ainsi constituée partie civile,
conformément à l'article 63 du Code d'instruction crimi-
nelle. Puis le magistrat instructeur, sur les réquisitions du
parquet, rendrait une ordonnance portant qu'il y a ou qu'il
n'y a pas lieu à comparution de l'usurpateur du nom du
plaignant devant la juridiction qui a prononcé, et par con-
séquent à rectification de son identité. En cas de mort du
condamné usurpateur, le nouvel article 446 du Code d'in-
struction criminelle (loi du 29 juin 1867) offre une manière
toute naturelle de procéder. La Cour ou le tribunal auquel
la requête serait présentée, nommerait un curateur à la
mémoire de l'usurpateur, qui serait l'adversaire naturel du
plaignant en usurpation de nom et discuterait les preuves
fournies par lui.

Voilà pour la rectification des jugements de condamnation qui frappent ceux dont les noms sont usurpés.
Comment maintenant fera-t-on disparaître les condam-

tions des casiers ? Cette question a aussi son importance.

Bien qu'un bulletin nº 1 soit un acte authentique, puisqu'il est dressé par l'officier public compétent et revêtu de la signature des magistrats du parquet, il peut cependant être modifié et rectifié, dès qu'il y a erreur prouvée dans sa rédaction. En effet, l'institution du casier judiciaire est une institution essentiellement administrative, établie par de simples circulaires ministérielles, dont la création n'est pas due à une loi et dont, par conséquent la marche et le mécanisme ne sont pas soumis à des règles obligatoires et immuables sans l'assentiment ou la coopération du pouvoir législatif. C'est une institution rentrant exclusivement dans les attributions du ministère de la justice. Le pouvoir judiciaire est donc complétement maître de sa direction absolue. Il peut, par conséquent, ordonner toutes les rectifications qu'il juge nécessaires.

Les erreurs provenant de la condamnation d'inculpés sous de faux noms sont en général signalées au ministère public par les victimes de ces erreurs, lorsqu'elles demandent leur bulletin nº 2. Le ministère public, quelquefois, les découvre aussi lui-même. Enfin, il peut arriver qu'un inculpé, lorsque son bulletin nº 2 est négatif et qu'on a lieu de croire qu'il a été condamné, avoue s'être fait condamner sous de faux noms, ou explique le petit nombre de condamnations contenues dans son bulletin nº 2 par l'existence d'autres condamnations prononcées contre lui sous des noms supposés. Dans ces différents cas, c'est au procureur impérial du tribunal de la condamnation, auquel l'erreur est prouvée, à faire les démarches nécessaires pour arriver à la rectification du ou des bulletins n° 1 rédigés sous de faux noms. *Ce magistrat doit se livrer à une enquête pour établir l'erreur, s'assurer si des bulletins n° 1, au nom de l'individu dont l'inculpé a pris la personnalité, existent au casier du lieu de naissance de cet individu, faire un rapport au procureur général du ressort expliquant les faits qui ont entraîné la condamnation, les causes de l'erreur et attendre ses ordres.* En effet, tout changement, addition, rectification, correction ne peut être apporté dans un bulletin n° 1 que par ordre de l'autorité judiciaire supérieure. Cette autorité est celle des procureurs généraux. Comme le procureur général est le magistrat le plus haut placé qui, dans chaque ressort, a la surveillance des casiers et y certifie en dernier lieu l'authenticité des bulletins de condamnation, c'est aussi lui qui doit ordonner tout ce qui vient confirmer, contredire ou altérer cette authenticité. *Le procureur général, si les erreurs sont prouvées et si les déclarations de l'inculpé sont exactes, ordonne la rédaction du bulletin n° 1 constatant les différentes condamnations non relevées à la charge de l'inculpé qui les reconnaît et les avoue, condamnations dont l'existence est avérée. Ces bulletins viennent retrouver au casier du lieu de naissance de cet inculpé ceux qui le concernent déjà, tandis que ceux qui frappaient l'individu sous les noms duquel il s'était fait condamner, sont enlevés par le même ordre du procureur général, du casier du lieu de naissance de cet individu et anéantis.*

Prenons une espèce : Paul, soit le parent, soit l'ami de Pierre, ou qui même lui est étranger, mais en tout cas connaît parfaitement son état civil, est poursuivi et condamné. Dans ses interrogatoires, à l'instruction et à l'audience, il se donne la filiation, le lieu de naissance de Pierre, signe de son nom et est condamné comme tel. Supposons que plus tard, Pierre soit lui-même poursuivi et comparaisse à son tour en justice, ou que pour une cause quelconque son extrait du casier judiciaire soit demandé, on lui reprochera la condamnation encourue par Paul qui a pris son nom (1). Le bulle-

(1) L'exemple a eu lieu, nous en avons été témoin, à Provins. Un nommé Guillon (Antoine-François), âgé de 45 ans, né le 2 février 1820 à Provins, fils de Nicolas-Antoine et de Marie-Madeleine Mandon, fort honnête serrurier de cette ville, fut très-étonné de se voir, au mois d'août 1866, réclamer par l'administration de l'enregistrement une somme de 80 fr., montant des frais et d'une amende à recouvrer contre lui, par suite d'une condamnation à trois mois d'emprisonnement et 16 fr. d'amende, prononcée le 3 août 1865 par le tribunal de Troyes, pour outrage public à la pudeur. Jamais ce Guillon n'avait été à Troyes. Il n'avait de sa vie quitté Provins. Il se rendit à Troyes et finit par découvrir qu'un ouvrier, son parent éloigné, le connaissant et portant à peu près le même nom que lui (*Guyon* au lieu de *Guillon*), s'était fait condamner sous son nom pour alléger d'autant son casier judiciaire. Ce *Guyon* (Adolphe-Hippolyte), né à Provins le 10 août 1823, et, par conséquent, âgé de 43 ans, fils de *Louis-François* et de *Sophie-Elisabeth Raffier*, s'était donné comme *Guillon* (Antoine-François), né à Provins en janvier 1820. Le greffier de Provins, à raison du rapprochement des mois de naissance (janvier, février), l'avait pris pour le véritable Guillon (Antoine-François), et avait délivré le bulletin n° 2 sous ce nom. Le jugement de Troyes, par suite des déclarations de l'inculpé, confirmées par le bulletin n° 2 délivré, avait donc été rendu contre Guillon (Antoine-François).

Ce jugement ne fut pas rectifié, mais le bulletin n° 1 constatant la condamnation et classé au casier de Provins fut anéanti et remplacé par un autre sous les noms de Guyon (Adolphe-Hippolyte), conformément au mode de rectification que nous venons d'indiquer.

Nous pourrions citer encore bien d'autres espèces. Les condamnations, sous de faux noms, sont malheureusement très-fréquentes. Depuis que nous sommes attaché au tribunal de Reims, nous avons

tin n° 1 constatant cette condamnation est classé au
greffe du lieu de naissance de Pierre, et toutes les
fois qu'on délivrera un bulletin n° 2 le concernant,
cet extrait sera affirmatif. *Si la condamnation est toute
récente, Pierre devra se présenter au procureur impérial
qui a poursuivi et requis, au tribunal qui a prononcé la
condamnation, au gardien de la maison d'arrêt où Paul a*

été à même d'en constater en quelques jours deux de cette nature.

Dans le premier cas, il s'agissait d'un sieur Guérin, ouvrier tonne-
lier, qui n'avait jamais quitté Reims. Voulant s'établir brasseur, il a
dû produire son extrait du casier judiciaire à l'administration des
contributions indirectes. Quel n'a pas été son étonnement, en voyant
qu'il avait été condamné, en 1866, par le tribunal correctionnel de
Versailles, à trois mois d'emprisonnement pour vol! Cet ouvrier
avait perdu, il y a cinq ans, des papiers constatant son état civil. Un
repris de justice les avait trouvés et utilisés à son profit.

Voici les faits de la seconde espèce. Un honorable employé de la régie,
le sieur Jumel (L.-Vic.), demeurant à Amiens, reçut le 6 juin 1869 de
l'administration de l'Enregistrement un avertissement d'avoir à payer
la somme de 88 fr. 70 c., montant des frais d'un jugement rendu le
23 novembre 1867 par le tribunal correctionnel de Reims, le condamnant à trois mois d'emprisonnement pour vol. N'ayant jamais comparu devant la justice, il refusa de déférer à cette invitation et saisit
M. le procureur impérial d'Amiens d'une demande en vérification du
prétendu jugement rendu à Reims contre lui. L'enquête à laquelle il
fut procédé par ce magistrat et M. le procureur général près la Cour
impériale d'Amiens fit, le 7 octobre 1867, connaître que le sieur Jumel avait déposé à la mairie de Broyes, arrondissement de Clermont,
son acte de naissance et son certificat de libération du service militaire,
pour contracter mariage dans cette commune. Un sieur Barbier, âgé
de 18 ans, originaire de Broyes, s'était introduit le même mois, la nuit,
dans la mairie et avait volé l'acte de naissance et le certificat de libération concernant Jumel. Il avait été condamné à raison de ce vol,
ainsi que pour beaucoup d'autres vols qualifiés par la Cour d'assises
de l'Oise, le 11 juin 1868, à quinze ans de travaux forcés, et d'octobre 1867 au jour de son arrestation, il avait pris dans différentes

subi sa peine, pour faire voir qu'il n'est pas la même per-
sonne que ce condamné, que leurs signalements ne concordent
pas. Si Paul n'est plus en prison, il faudra que Pierre re-
présente son acte de naissance, un acte de notoriété, fasse
prendre des renseignements par le parquet de la condamna-
tion au lieu de sa résidence, en un mot prouve son alibi et
qu'il est victime d'une erreur. Le procureur du siége de la
condamnation, qui ne peut s'y refuser, muni de tous les
renseignements qui lui auront été fournis, procédera à une
enquête, et si l'enquête est satisfaisante, ce qui ne peut être
douteux, il en référera au procureur général de son ressort.
Ce magistrat fera annuler le bulletin n° 1 constatant la
condamnation prononcée et en fera dresser un autre à la
charge de Paul, le véritable condamné (1).

circonstances le nom de Jumel, notamment dans la poursuite correctionnelle intentée contre lui par le parquet de Reims, en novembre 1867.

En présence de la perte et du vol de papiers constatant leur état
civil, dans les deux espèces, il a été facile aux sieurs Guérin et Jumel
de prouver qu'ils étaient victimes d'une usurpation de nom et d'obtenir la rectification de leur casier judiciaire ; mais les démonstrations
des erreurs de cette nature ne sont pas toujours aussi simples, et le
plus souvent elles jettent les magistrats auprès desquels on vient se
plaindre dans de grands embarras, parce qu'on ne peut pas arriver à
connaître comment et par suite de quelles circonstances le nom du
réclamant a été pris faussement par un inculpé, récidiviste ou autre.

(1) Ne serait-ce pas le cas où l'emploi de la photographie, dans le
système des casiers judiciaires, trouverait sa plus réelle utilité ? En
photographiant le condamné et annexant ensuite l'épreuve au dos du
bulletin n° 1, on serait ainsi sûr que l'individu à la charge duquel ce
bulletin constate une condamnation serait bien réellement le condamné.
Si le bulletin se rapportait comme nom, prénoms, filiation à un
autre individu, ce tiers n'aurait qu'à réclamer, on verrait de suite
que la condamnation a été prononcée sous de faux noms, et l'erreur
serait immédiatement rectifiée. Mais on peut faire cette objection, et

Il est ainsi impossible que l'erreur provenant des déclarations d'un inculpé et préjudiciable à un tiers ne soit pas toujours rectifiée, quand elle est découverte tôt ou tard (1).

§ 3.

Imperfections irrémédiables.

Ces imperfections résultent du rôle joué par les procureurs impériaux et les greffiers, dans les soins à donner à la rédaction des bulletins n° 1 et à la délivrance des bulletins n° 2.

Les procureurs impériaux, nous l'avons vu, ont à surveiller la rédaction des bulletins n° 1, à revêtir ces bulletins de leur visa, ainsi que les bulletins n° 2, après avoir accordé l'autorisation de la délivrance de ces derniers, à correspondre avec leur procureur général et avec leurs collègues pour le service des casiers comme en toute autre matière, enfin, à opérer une vérification mensuelle du casier de leur tribunal dont ils dressent procès-verbal (2).

Quant aux fonctions des greffiers, elles se divisent en

nous l'acceptons, que les procédés photographiques ne sont pas encore assez pratiques et assez économiques pour en permettre l'emploi sur une si vaste échelle. (Voir même chapitre, sect. III, § 1er.)

(1) Les modes de procéder aux rectifications des bulletins n° 1, par suite de découverte d'erreurs provenant de fausses déclarations, ne sont fondés que sur l'usage et ne sont nullement prévus par les circulaires soit ministérielles, soit du parquet de la Cour de Paris, qui sont muettes à leur égard. Le mode de rectification d'erreur sur la personne que nous venons d'indiquer, est pratiqué par le parquet de la Cour impériale de Paris.

(2) Voir chap. II, sect. 1, § 4; sect. 2, § 3, 4, 8, 10.

deux branches principales : 1° dépouillement des dossiers et rédaction des bulletins n° 1 ; 2° classement des bulletins n° 1 et délivrance des bulletins n° 2 (1).

Eh bien, il faut l'avouer, la surveillance du parquet, telle qu'elle est organisée, est presque illusoire, non pas que les circulaires ministérielles et autres instructions aient négligé de préciser les règles de cette surveillance et d'engager les magistrats du ministère public à l'exercer, bien au contraire, mais en fait, elle est presque impraticable. Le procureur impérial ne peut pas entrer dans tous les détails d'exécution. Ce n'est que lorsque les bulletins lui sont remis pour être signés avant d'être envoyés à la Cour, qu'il lui est facile de vérifier si les mentions exigées sont toutes mises, si le texte de loi est bien cité, le délit bien qualifié. Quant au nombre des bulletins qui sont déposés entre ses mains, il lui est toujours impossible de constater s'il correspond exactement au nombre des condamnés (2). Peut-il aller prendre les dossiers de condamnation un à un et surveiller le travail de rédaction ? Peut-il se rendre au greffe et aller voir si le bulletin n° 2 qu'on lui présente à signer avant de le transmettre, est bien la reproduction fidèle des bulletins n° 1 classés au casier ? Peut-il à la fin de chaque mois aller prendre lui-même tous les bulletins contenus à son casier, les compter, contrôler combien il y en a eu de n° 1 classés, de n° 2 délivrés ? Non, pour tous ces détails d'exécution, il ne peut que s'en rapporter au greffier ou au commis greffier, même dans les petits tribunaux où,

(1) Voir chap. II, sect. 1, § 4 ; sect. 2, § 3, 6, 8.
(2) On répondra qu'un magistrat du parquet pourra toujours s'as-

obligé de tout faire par lui-même à son parquet, il a moins de temps pour la surveillance réelle du greffe (1). Toute surveillance en matière de casier est donc, nous le répétons, illusoire.

Ce manque de contrôle est d'autant plus regrettable que le greffier, de son côté, rencontre dans son service deux écueils dangereux : trop de travail pour l'administration du casier qui lui est confié, partant, pas assez d'attention à y apporter ; ensuite, la possibilité de se trouver placé trop souvent entre son devoir et l'espérance d'un gain parfois considérable.

Ce que le service du casier, dans un tribunal un peu important, demande de détails, d'attention, de temps,

surer si toutes les condamnations prononcées dans la quinzaine sont bien constatées par bulletins, soit par son registre de condamnations soit par d'autres moyens, la simple représentation des minutes des jugements correctionnels, par exemple. Oui certes, la question n'est pas là, mais bien de savoir si le procureur impérial aura le temps de le faire.

Un moyen bien simple de contrôle que nous indiquons ici, serait qu'à chaque audience correctionnelle ou de Cour d'assises, le procureur impérial ou le substitut siégeant qui, en sa qualité de magistrat du parquet, doit être parfaitement au courant des instructions contenues dans les circulaires sur les casiers judiciaires et connaît chaque dossier, marquât sur une petite note, après le jugement de chaque affaire, s'il y a lieu de dresser un bulletin. A la fin de la quinzaine (Voir chap. ii, sect. 2, § 3), il aurait le compte exact des bulletins qui doivent lui être remis par le greffier et pourrait ainsi exercer un contrôle assuré, légitime, sans peine pour lui, sans vexation pour le greffier.

(1) Dans les grands tribunaux, au tribunal de la Seine, par exemple, il y a un personnel spécial pour la rédaction des bulletins n° 1 et la délivrance des bulletins n° 2. Des employés du greffe s'occupent exclusivement du service du casier ; on conçoit que ce service soit alors très-bien fait, mais il ne peut en être de même partout.

d'exactitude, est énorme, quand il faut que le commis-
greffier chargé du service criminel ou correctionnel
exécute tout lui-même. Il doit, d'abord, prendre toutes
les minutes des jugements prononcés pendant chaque
quinzaine, rédiger tous les bulletins n° 1, les extraits
d'acquittement, s'il y a lieu, en ayant soin de ne rien
omettre, ensuite classer tous les bulletins n° 1 arrivés,
après avoir compulsé les actes de naissance, remettre
au parquet pour renvoi ceux concernant des condamnés
auxquels il n'y a pas d'acte de naissance applicable (1);
ensuite, comme travail journalier, pour répondre aux
demandes des bulletins n° 2, compulser les registres de
l'état civil et le répertoire, afin de vérifier si les inculpés
sont bien nés dans l'arrondissement ou si le casier contient des condamnations contre eux, dresser le bulletin n° 2 (2) (ces demandes peuvent ne s'élever qu'à une
ou deux, mais elles peuvent être aussi par jour au nombre
de dix), tenir son répertoire au courant (3); enfin préparer, tous les mois, les éléments de la vérification du
casier et en extraire les bulletins des individus décédés.
Voilà bien des obligations à remplir dans un service
extraordinaire à ajouter au service ordinaire d'un commis greffier déjà assez chargé par la tenue des audiences,
les expéditions à délivrer, et tous les détails multipliés
des travaux intérieurs d'un greffe.

En outre, le greffier peut se trouver placé, nous
l'avons dit, entre son devoir et la réalisation d'un gain

(1) Voir chap. II, sect. 2, § 3 et 6.
(2) Voir chap. II, sect. 2, § 8.
(3) Malgré la difficulté reconnue de tenir ce répertoire alphabétique,
il n'en est pas moins exigé. (Voir chap. II, sect. 2, § 10.)

considérable. En effet, l'individu frappé par la justice,
s'il est obligé, au moment de voir son entrée dans une
carrière se décider, de présenter son casier judiciaire
soit à une administration quelconque, soit à l'État, soit
à un particulier, l'inculpé même, pour éviter les ri-
gueurs d'une peine d'autant plus sévère qu'il a déjà été
frappé par la justice, ne peuvent-ils pas chercher à faire
disparaître de leur casier judiciaire le plus de condamnations possible, et ne feront-ils pas de grands sacrifices
d'argent pour arriver à ce résultat? Si leur tentative de
corruption est facilement écoutée du greffier, quels
moyens n'a pas cet officier public de réaliser secrètement
le désir des corrupteurs, sans se compromettre! Il les a
tous. D'abord, il peut ne pas rédiger le bulletin n° 1 constatant chaque condamnation, ensuite, faire disparaître
tous les bulletins n° 1 classés au casier, enfin, délivrer
un bulletin n° 2 erroné et négatif. Le procureur impérial s'en apercevra-t-il? Nous venons de voir que non.
Ce magistrat constatera d'autant moins ces différentes
fraudes, qu'il ne tient pas et ne peut tenir un compte
exact des bulletins n° 1 qui lui sont adressés pour être
classés au casier de son tribunal, qu'il a parfaitement
confiance dans l'honorabilité du greffier, qu'il est forcé
d'y avoir confiance, sous peine de ne pas avoir un moment à lui, en un mot, qu'il est à la merci du greffier
pour tout ce qui touche le casier. Ainsi, il ne faut se
faire aucune illusion. Tout greffier peut, quand il le
veut, s'il n'est retenu par le respect de la justice et sa
conscience, faire disparaître des bulletins n° 1. On comprend que ce n'est pas une misérable somme de 25 centimes allouée par bulletin, qui peut être une considéra-

tion suffisante pour l'arrêter et le faire reculer devant une tentative de corruption. D'ailleurs, n'a-t-il pas droit également à l'émolument de 25 centimes, quand il délivre un bulletin nº 2 négatif (1)? L'impunité est donc assurée, surtout dans les tribunaux importants où des employés du greffe, se trouvant même souvent par le fait en dehors de la surveillance du greffier en chef, sont seuls maîtres du casier (2).

Quel remède proposer à un tel état de choses? Faudrait-il imposer au ministère public une révision journalière du casier et une immixtion immédiate et incessante dans les fonctions des greffiers? Son temps même n'y suffirait pas, nous ne saurions assez le répéter. Puis, cette manière d'agir aurait pour résultat de faire

(1) Voir Circ. Chanc., 6 nov. 1850, § IV; 23 mai 1853, § II.

(2) Notre intention, on doit bien le comprendre, en accusant un abus heureusement exceptionnel, n'est pas de faire partager une pensée de défiance envers l'honorable corps des greffiers dont le caractère, le zèle, l'honnêteté, sont en général à l'abri de tout reproche et de toute critique ; mais dans une étude du genre de celle à laquelle nous nous livrons, nous devons tout passer en revue, tout examiner, tout contrôler. Il suffit qu'un mal soit possible, pour qu'en le signalant, nous tâchions d'y chercher un remède. Or, cette fraude que nous indiquions de la part des greffiers est réalisable. Un exemple, qui s'est récemment produit dans un de nos plus grand tribunaux de France, a dévoilé de nombreux abus auxquels se livrait journellement un employé du greffe. Une somme de 5 fr. était fixée pour faire disparaître une condamnation. C'était le tarif. Une lettre ouverte par hasard et contenant une demande de cette nature a tout fait découvrir. Si les exemples sont rares, ils n'en sont pas moins à craindre, et il se commet certainement beaucoup de fraudes de cette nature restées impunies, parce qu'elles demeurent cachées. Voilà pourquoi nous signalons ici une lacune, un vice radical, sans nulle pensée d'attaque contre l'honorabilité des greffiers.

naître une défiance immédiate entre les greffiers et les magistrats; or, l'intérêt de conserver intacte l'assistance obligée que ces officiers publics prêtent aux membres du parquet, s'y oppose formellement. Il n'y a donc pas de remède, et cette situation doit subsister malgré le besoin impérieux de modifications, à moins d'une réforme radicale enlevant aux membres du parquet et aux greffiers l'administration et la surveillance des casiers judiciaires.

On ne doit pas trop s'en alarmer, dira-t-on, car, d'un côté, si l'inattention et la négligence apportées à la rédaction des bulletins n° 1 et n° 2 sont redoutables en théorie, elles n'amènent pas, le plus souvent, de conséquences trop fâcheuses dans la pratique. D'un autre côté, si le manque de surveillance du ministère public, manque de surveillance de fait, plutôt que de droit, est à constater en ce qui touche la possibilité pour les greffiers de faire disparaître des bulletins n° 1 des casiers et de délivrer des bulletins n° 2 erronés, du moins, le corps des greffiers est un corps essentiellement honnête, dévoué à ses fonctions et y apportant tout le zèle désirable. On a donc peu, en général, à redouter ses fautes.

Cette objection n'est que spécieuse et n'a aucune valeur. En effet, une institution quelconque doit tirer sa perfection des conditions mêmes de son organisation et non pas du plus ou moins de régularité que sa marche peut rencontrer dans le zèle, l'exactitude, l'intelligence des agents chargés de son administration. En principe, la probité et l'honorabilité ne se supposent-elles pas toujours? Cependant, il n'en est pas moins vrai qu'il serait téméraire d'affirmer qu'on ne peut jamais y manquer.

Ce serait proclamer faussement l'infaillibilité humaine. Il y a donc, dans la situation que nous venons d'exposer, des vices radicaux qui doivent absolument disparaître.

Comment remplacer cette partie du fonctionnement actuel des casiers judiciaires? Nous croyons en avoir trouvé le moyen. Son application rendrait impossibles les chances d'erreurs et les fraudes dans la délivrance des bulletins n° 2, ainsi que les soustractions des bulletins n° 1. Elle offrirait en même temps l'avantage de ne rien changer à la base actuelle du système des casiers judiciaires. Ce moyen, que nous livrons à l'appréciation des magistrats compétents, est présenté dans la section suivante, concernant les perfectionnements à apporter aux casiers judiciaires.

§ 4.

Obstacles apportés au fonctionnement du système des casiers judiciaires par la loi sur les flagrants délits du 20 mai 1863.

L'effet produit par cette loi est peu compatible avec le discernement des moralités et l'appréciation des antécédents et des inculpés, car l'obligation d'en respecter l'esprit et les termes, d'y obéir scrupuleusement, rend l'emploi si utile du casier généralement impossible. Qu'en cas de flagrant délit, un procureur impérial veuille traduire de suite l'inculpé devant le tribunal correctionnel, il ne le peut sans se passer du bulletin n° 2, sauf le cas spécial où le prévenu est né dans l'arrondissement et où il est alors facile de se procurer immédiatement ce bulletin. Mais si l'inculpé est né hors de l'arrondissement du lieu du jugement, on ne peut le citer de suite ou même pour le lendemain du délit, quand le plus bref délai possible pour se procurer un bulletin n° 2 est de trois jours (un pour la demande du bulletin, un pour la rédaction, un pour le renvoi). Quoi que l'on fasse, le bulletin n° 2 arrivera toujours deux jours après l'audience pour laquelle la citation a été donnée. Supposons en outre, ce qui peut arriver, une fausse déclaration de la part de l'inculpé sur son état civil, chacun peut apprécier la difficulté d'appliquer la plupart du temps la loi du 20 mai 1863, en ayant le bulletin n° 2 des prévenus. Cette difficulté est notable et elle n'est pas du reste dissimulée par M. le garde des sceaux Baroche dans une dernière circulaire ministérielle du 8 décembre 1868, § xviii. Son Excellence se plaint que des bulletins n° 2 ne soient pas toujours joints aux procédures dans les affaires de citation directe, et elle s'exprime ainsi : « En « ce qui concerne les affaires de citation directes in- « troduites en vertu de la loi du 20 mai 1863 sur les « flagrants délits, la difficulté de demander le bulletin « n° 2 avant le jour de l'audience est évidente. Cepen- « dant la voie télégraphique pourra être employée si « le prévenu ne doit pas être jugé le jour même. Puis, « si l'extrait du casier judiciaire n'a pu être obtenu « avant l'audience, le ministère public ne devra pas hé- « siter, à moins qu'il n'ait la conviction de l'absence de « tout antécédent, à réclamer l'extrait, même après la « condamnation, afin de s'éclairer sur l'opportunité « d'exercer son droit d'appel et pour préparer les élé- « ments nécessaires à la rédaction de l'état annuel des « récidives. »

Cet envoi tardif du bulletin n° 2 pourra être très-utile. En effet, au point de vue du droit d'appel et de la rédaction de l'état des récidives, mais il ne pourra servir aucunement à la détermination de la peine qui doit être appliquée. C'est cependant là le but principal des casiers judiciaires. D'ailleurs, l'emploi de la voie télégraphique n'est pas toujours si efficace que semble l'indiquer M. le Garde des sceaux. Outre l'encombrement qui peut résulter pour le service des télégraphes d'un trop grand concours de demandes de bulletins n° 2, il y a lieu de considérer que la transmission de la demande est très-simple, mais que celle de la réponse en cas de deux ou trois condamnations seulement ne présente pas souvent la même facilité. Alors le parquet consulté répond simplement par la poste, au lieu de le faire par la voie télégraphique.

Il résulte de ce qui précède que la loi du 20 mai 1863, faite dans un excellent but d'humanité, laisse à désirer en ce sens qu'elle empêche une bonne décision faute de la connaissance acquise par le juge des antécédents du prévenu, et qu'elle n'est réellement applicable qu'en cas de poursuite d'un individu né dans l'arrondissement du tribunal qui doit prononcer. Cette catégorie d'inculpés est la plus nombreuse, dira-t-on, dans les départements agricoles. De plus, la pratique ne prouve-t-elle pas que sur dix délinquants (*flagrants délits*), il y en a au moins six qui sont domiciliés dans l'arrondissement, et avec la facilité de mise en liberté provisoire, avec ou sans caution, donnée par la loi du 14 juillet 1865 (Art. 113 et suivants du Code d'instruction criminelle), on peut plus facilement les laisser en liberté à raison de leur domicile, reculer le jugement, et, par cela même, demander le bulletin n° 2. Cela est vrai, mais alors la loi sur les flagrants délits n'est plus appliquée, et le ministère public, pour un nombre d'inculpés inférieur, mais encore assez important, se trouve placé entre la nécessité de ne pas appliquer la loi ou de faire juger les prévenus sans leur casier.

Il ne faut jamais dépasser le but que l'on se propose en matière de législation, mais surtout en matière de législation pénale. Aussi, malgré l'intérêt sacré de la liberté individuelle, la loi sur les flagrants délits ne nous paraît-elle devoir être appliquée que dans les cas où elle peut se concilier avec une appréciation certaine et équitable des antécédents des prévenus (1).

---

(1) Nous sommes heureux de constater que notre opinion, sur l'effet produit par la loi des flagrants délits en matière de casier judiciaire, est tout à fait consacrée par celle de M. Bonneville. (Voir *Amélioration de la loi pénale*, tome 1864, p. 638).

SECTION III.

PERFECTIONNEMENTS DU SYSTÈME ACTUEL DES CASIERS JUDICIAIRES.

§ Ier. — Perfectionnements proposés par M. Bonneville.
§ II. — Perfectionnements dont est susceptible l'institution des casiers judiciaires.

§ 1er.

Perfectionnements de M. Bonneville.

M. Bonneville, en 1855, dans son livre sur l'*Amélioration de la loi pénale*, proposait plusieurs perfectionnements au système des casiers judiciaires.

Il convient de les examiner.

Ces perfectionnements sont au nombre de cinq :

I. Moyen nouveau de faciliter la constatation du lieu de naissance des inculpés.

II. Nécessité de centraliser à Paris les bulletins concernant tous les étrangers et les individus d'origine inconnue.

III. Utilité de l'adoption du système des casiers judiciaires par les nations étrangères.

IV. Inscription du signalement des condamnés en marge des bulletins.

V. Emploi de la photographie dans la pratique des casiers judiciaires.

Le second de ces vœux est réalisé.

Il n'a pas encore été satisfait aux quatre autres.

I. La première amélioration pour rechercher plus facilement le lieu de naissance des inculpés serait, suivant M. Bonneville, la substitution aux tables décennales de l'état civil par commune, établies en vertu des art. 1, 3, 5, 6, 7, 8, 9 du décret du 20 juillet 1807, d'une table générale décennale par arrondissement. Un exemplaire de cette table resterait toujours déposé au greffe] du tribunal d'arrondissement. Comme il est rare, si l'inculpé ignore son lieu de naissance, ou s'il le cache, qu'on ne sache pas du moins à peu près le département ou même l'arrondissement dont il est originaire, en consultant quatre ou cinq tables d'arrondissement au lieu d'avoir à consulter, dans chaque greffe, les tables décennales des communes de chaque arrondissement du département d'origine, on arriverait à un résultat plus certain avec bien moins de recherches pour retrouver l'acte de naissance (1).

Cette idée est sans doute bonne. Cependant on peut y faire plusieurs objections fondées. Il s'agit encore ici d'une question d'argent. Le budget départemental est-il en général assez riche pour supporter les augmentations de crédit nécessaire afin de faciliter des recherches dont l'utilité n'est peut-être pas suffisamment démontrée? En effet. on peut être aussi bien obligé de recourir aux tables décennales de tous les arrondissements d'un département qu'à celle de l'un d'entre eux. Quand on n'a pas d'indications précises, les recherches sont toujours

(1) *V.* Bonneville, tome 1855, p. 707.

extrêmement difficiles. Ensuite, dans un moment de réformes promptes et radicales comme celui où nous nous trouvons, dans un moment où l'on met sérieusement en doute la nécessité de la circonscription administrative et judiciaire de l'arrondissement, où il a été question un instant de la supprimer et de procéder à un remaniement général des tribunaux de première instance, serait-il bien opportun de faire faire un travail considérable dont la base serait justement cette circonscription critiquée?

Enfin, quand un inculpé ne cherche pas à dissimuler systématiquement le lieu de sa naissance, auquel cas il est impossible avec n'importe quelle table de le découvrir, mais qu'il l'ignore seulement, il est bien rare qu'il ne fournisse pas dans ses déclarations quelque renseignement qui permette à la justice de le trouver (le nom d'un parent, le lieu de célébration de son mariage, par exemple). L'instruction est maintenant aussi plus répandue et la pratique prouve qu'il y a très-peu d'inculpés qui ne sachent, sinon la commune, du moins l'arrondissement dont il sont originaires. Le nombre des bulletins négatifs délivré avec cette mention : *pas d'acte de naissance applicable* est de plus en plus rare. L'utilité de la table décennale d'arrondissement nous paraît donc contestable et surtout elle ne nous semble pas en rapport avec l'augmentation de dépenses dont serait grevé le budget départemental. Aussi cette proposition de l'honorable M. Bonneville n'a-t-elle jamais paru de nature à passer dans la pratique.

II. Le second perfectionnement proposé par M. Bonneville, en 1855, était la nécessité de centraliser à Paris les bulletins concernant les étrangers ou les individus d'origine inconnue (1). Cette idée ne tarda pas à être réalisée, car la même année, le 30 août, la création du casier central était ordonnée par circulaire ministérielle. Le casier central fonctionne toujours, il produit de bons résultats. On évite ainsi avec succès de perdre trace d'un grand nombre de condamnations dont la constatation, soit au greffe du lieu du domicile et de la résidence, soit à celui du lieu de la condamnation, était impraticable. Comment connaître et retrouver ces tribunaux en cas de nouvelles poursuites? Ce serait impossible. La création du casier central a remédié à cette impossibilité d'une heureuse façon (2).

III. La pensée conçue et émise par M. Bonneville en 1855, de voir tous les gouvernements étrangers adopter notre système des casiers judiciaires, de manière que la justice de chaque pays eût à sa disposition des renseignements non-seulement sur les antécédents de ses nationaux, mais encore sur ceux de tout le monde civilisé, amènerait assurément un précieux résultat de la création des casiers judiciaires (3). Étrangers ou nationaux seraient alors bien appréciés au point de vue de leur passé. Mais nous sommes encore loin de voir poindre cette heureuse perspective. Il faudrait, pour la réalisation complète d'une application universelle, plus de concorde, d'union, moins de défiance entre les différentes

(1) V. Bonneville, tome 1855, p. 708, 709.
(2) V. chap. II, sect. 2, § 7.
(3) V. Bonneville, tome 1855, p. 710.

nations européennes. Cependant un tel état de choses peut se produire insensiblement, plusieurs tentatives ont déjà eu lieu avec succès. Le temps fera le reste (1).

IV. Nous ne voulons pas combattre le désir témoigné par M. Bonneville de voir exiger sur les bulletins nᵒ 1 la mention du signalement des condamnés. Aucune circulaire ministérielle ne prescrit cette inscription jusqu'à présent. En pratique on ne le met pas sur les bulletins nᵒ 1. « La loi, dit l'éminent publiciste, l'exige dans les « ordonnances de prise de corps (art. 134 et 232 du Code « d'instruction criminelle), et autant que possible dans « les mandats d'amener, d'arrêt (art. 95, 96 du même « Code) » (2). La mention de ce signalement serait facile pour les condamnés criminels et correctionnels détenus, parce qu'elle existe sur le registre d'écrou, et en cas de citation d'un prévenu libre, il pourrait être pris par le greffier, soit durant l'instruction, soit à la comparution à l'audience ou autrement. Mais si les magistrats qui vivent dans la pratique journalière des poursuites et affaires criminelles, pouvaient se réunir et dire de quelle utilité sont tous les signalements exigés par la loi, on verrait qu'il n'y a pas tant à regretter cette lacune sur les bulletins nᵒ 1 des casiers judiciaires. Quoi de plus vague, de plus incertain, de plus trompeur! Un signalement sert principalement lorsque l'individu auquel il se rapporte présente quelque signe spécial, *difformité*, *défiguration*, *tatouage*. Ce n'est plus alors un signalement proprement

(1) V. chap. iv.
(2) V. Bonneville, tome 1855, p. 712.

dit, mais un signalement particulier dont l'inscription est exigée sur les bulletins n° 1 et n° 2 (1). D'ailleurs, le nombre des condamnés de cette catégorie est relativement peu considérable. Il n'y a donc pas de véritable intérêt à ce que les signalements soient inscrits en marge des bulletins n° 1. Ce sont des renseignements de fantaisie, et nous ne croyons pas, quant à nous, que l'omission de cet élément de reconnaissance ait été, malgré ce qu'en dit l'auteur, un sérieux obstacle au succès de l'institution du casier judiciaire.

V. Quant à l'emploi des procédés photographiques d'une façon générale dans l'institution des casiers judiciaires, ne présente-t-il pas encore à l'heure qu'il est trop de difficultés (2)? Le prix n'en est-il pas encore trop élevé? Il faudrait un appareil photographique dans chaque tribunal. Il serait nécessaire de faire du greffier ou du commis greffier un photographe, ou bien on serait obligé de payer un photographe appelé à fonctionner pendant l'audience ou à la maison d'arrêt, de façon à ne pas oublier un prévenu. Cette manière d'agir est impraticable, du moins maintenant encore. Si l'on songe au nombre des épreuves indispensables, aux soins nécessaires pour les annexer au bulletin n° 1 et les garantir de toute perte, on doit reculer devant l'introduction habituelle de la photographie dans la pratique de l'administration de la justice. D'ailleurs, ce vœu de M. Bonneville s'appliquant surtout aux grands centres de population, aux malfaiteurs dangereux, est rempli dans la mesure du possible.

(1) V. p. 13 et 16.
(2) V. Bonneville, tome 1855, p. 712.

Dès qu'un parquet poursuit un malfaiteur qui refuse de faire connaître son identité, après recherches et contrôle faits mais demeurés infructueux, on le fait photographier et ses traits circulent dans tous les parquets, maisons d'arrêt et centrales de France. Le plus souvent son origine est ainsi découverte. Nous croyons que ce mode de procéder suffit, quant à présent, et qu'il faut attendre, pour employer les procédés photographiques d'une manière générale, leur perfectionnement et leur abaissement de prix.

En résumé, sur les cinq perfectionnements proposés par M. Bonneville, le second seul a été réalisé avec juste raison. Parmi les quatre autres nous ne trouvons que le troisième dont on doive souhaiter l'accomplissement sérieux. Il se produira certainement avec le temps. Quant aux premier, quatrième et cinquième, leur utilité est contestable.

§ 2.

Perfectionnements dont est susceptible l'institution des casiers judiciaires.

I. Le plus grand écueil de la régularité de la marche que nous voudrions voir suivre au succès des casiers judiciaires, consiste, nous l'avons vu, dans les erreurs et les fraudes pouvant se glisser dans la délivrance des bulletins n° 1 de la part des greffiers, ou le manque de surveillance forcé du ministère public dans cette même délivrance. Le remède se rencontrerait donc dans la concentration de cette opération entre les mains d'une seule autorité qui pourrait la contrôler avec soin. Aussi recommandons-nous à l'attention de S. Exc. le ministre de la justice un moyen qui nous paraît réaliser tout le bien désirable. Ce serait la substitution d'un casier unique à tous les casiers partiels de l'empire. Cet immense casier central trouverait naturellement sa place à la chancellerie. On y créerait ou on y réserverait un vaste local avec un personnel suffisant d'employés où l'on réunirait tous les bulletins de tous les casiers de l'empire continental. Chaque arrondissement y conserverait son casier avec le mode de classement des bulletins n° 1 employé dans les greffes des tribunaux de première instance. On ferait en même temps faire une copie de tous les actes de naissance depuis 1800 pour chaque commune de France, et toutes ces copies des actes de naissance de chaque commune classées par année et par arrondissement, comme le dépôt des actes de l'état civil dans chaque greffe, demeureraient annexées à la chancellerie au casier de chaque arrondissement. De cette manière, on aurait le moyen de contrôler la demande par l'examen de l'acte de naissance et de procéder comme l'on procède maintenant (1). Malgré ce que cette idée peut avoir de peu pratique au premier abord, sa mise en exécution présenterait, nous croyons pouvoir le dire, bien des avantages et pas un seul inconvénient. Il est bien entendu que le casier central existant déjà, continuerait à fonctionner à part (2).

(1) Ce serait ici l'occasion de faire faire la table décennale de l'arrondissement, proposée par M. Bonneville, pour la facilité des recherches des actes de naissance, en en faisant supporter, bien entendu, la dépense par l'État. — Voir p. 167.

(2) On avait proposé, avant l'établissement des casiers judiciaires, de créer un immense casier à la chancellerie au moyen de renseigne-

Premier avantage. D'abord cette réforme ne change-
rait rien au mode de fonctionnement actuel du casier

ments que l'on avait déjà par la copie du registre de l'art. 600 du
Code d'instruction criminelle, en prescrivant aux greffiers d'insérer sur
ces registres de nouveaux renseignements, c'est-à-dire toutes les condamnations dont la mention est prescrite au casier, l'état civil de
chaque condamné et de continuer l'envoi de la copie du registre dans
les trois mois à la chancellerie. Ce projet aurait eu cela de bon : 1° que
la magistrature eût été complétement indépendante de la police ; elle
n'eût plus eu besoin d'avoir recours aux sommiers judiciaires, parce
qu'elle aurait eu les mêmes renseignements; 2° que les magistrats eussent
été plus complétement éclairés qu'avec les sommiers, puisque la mention
complète de l'état civil aurait été faite sur les extraits délivrés par la
chancellerie. Ils auraient peut-être même été renseignés d'une manière
plus exacte que par les indications émanant des casiers judiciaires actuels. En effet, la rédaction des articles du registre de l'art. 600 est moins
précipitée que celle des bulletins n° 1. Il n'y aurait plus eu de chance de
perte de ces bulletins n° 1, dans les différentes transmissions, aux
parquets des Cours et de ces parquets à ceux du lieu de naissance.
Mais, d'un autre côté, le projet était inapplicable en ce sens qu'il ne
s'appuyait pas sur la base principale du système du casier judiciaire et
manquait, par l'absence de constatation de l'acte et du lieu de naissance,
d'une sanction quelconque de la régularité de la demande et de la dé·
livrance du bulletin n° 2. L'état civil aurait toujours été un renseignement
problématique. Or, dans le système des casiers, c'est la pierre de touche,
la pierre angulaire : (pas *d'acte de naissance*, pas *d'acte de naissance
applicable*, pas de *renseignements ou bien renseignements exception-
nels*, c'est-à-dire fournis par le casier central). Aussi, est-ce pour cette
raison que l'idée de M. Bonneville a été si fertile. C'est que le système
proposé par lui, avait une base qui permettait d'éviter au moins autant
que possible les chances d'erreurs. D'ailleurs ce casier central existait
presque avant 1850. Une copie du registre des condamnations de l'article 600 était adressée à la chancellerie et y demeurait. Mais l'accumulation de ces renseignements et leur désordre empêchaient de s'en
servir (V. chap. I). Aussi, dès 1833, la préfecture de police avait-
elle inventé les tables mobiles alphabétiques pour pouvoir s'y reconnaître. C'est là l'origine des sommiers judiciaires. (V. chapitre II,
sect. 3, *des sommiers judiciaires*).

judiciaire, en grande partie du moins. La rédaction du bulletin n° 1, la surveillance des procureurs impériaux en ce qui touche cette rédaction, la transmission aux parquets des Cours, la surveillance des procureurs généraux resteraient les mêmes. Il n'y aurait innovation que dans le classement des bulletins n° 1 qui seraient tous déposés à la chancellerie après y avoir été adressés par les parquets des Cours, et dans le mode de délivrance des bulletins n° 2. Pas de difficultés à cet égard. On procède bien ainsi pour le casier central !

Deuxième avantage. Un second avantage serait une plus grande célérité apportée à la délivrance des bulletins n° 2. Tous les renseignements possibles étant concentrés au ministère de la justice (bulletins n° 1 de condamnés d'origine connue, inconnue, étrangers et nés aux colonies), les recherches seraient moins longues, moins diffciles. Si l'on ne trouvait pas dans la première catégorie, on trouverait infailliblement, de suite, sans dérangement, dans l'ancien casier central (condamnés d'origine inconnue, étrangers, nés aux colonies). Maintenant, au contraire, en cas de réponse négative du greffe du lieu de la naissance, le procureur impérial de la demande, s'il y a doute, doit s'adresser au casier central, ce qui entraîne des pertes de temps et des correspondances infinies. Enfin, on n'aurait plus de difficultés de recherches comme dans le temps où la copie du registre de l'article 600 du Code d'instruction criminelle, avant 1850, était envoyée à la chancellerie, car tous les renseignements étant divisés par casiers, les condamnations constatées par bulletins rangés, conservant l'ordre alphabétique, il serait toujours facile d'arriver promp-

**11

tement à découvrir les éléments du bulletin n° 2 demandé.

Troisième avantage. Les magistrats, tout en ayant leurs renseignements réunis en un seul casier, continueraient à jouir de ces renseignements sans être obligés d'avoir recours à l'intermédiaire de l'Administration de la police. Cette source de renseignements serait plus exacte, plus complète, meilleure enfin que celle qui est offerte par le système actuel du casier judiciaire, et le tribunal pourrait alors définitivement se passer des extraits des sommiers. La Préfecture de police met toujours une grande complaisance à satisfaire aux demandes des magistrats, mais il est bon que l'autorité judiciaire ne relève que d'elle-même et n'ait pas besoin de secours étrangers pour obtenir des renseignements sur les inculpés poursuivis. Les renseignements du casier judiciaire se concentrant directement à la Chancellerie, restant ainsi secrets en dehors de toute espèce d'influence, le casier central que nous proposons serait un vaste dépôt réservé spécialement au service de la magistrature, dont le chef aurait la direction, et à l'usage de ceux dont l'intérêt à être instruits de certaines condamnations serait reconnu sincère et véritable.

Quatrième avantage. Un quatrième avantage serait la disparition de la crainte de l'encombrement des casiers, crainte devenue si sérieuse en ce moment. En effet, alors qu'il n'y aurait plus qu'un casier à la chancellerie, les maires de toutes les communes de France et les greffiers des tribunaux de première instance, dès qu'un acte de décès serait rédigé, ne seraient plus embarrassés pour en donner avis au lieu de naissance, une copie de tous les actes de naissance existant au ministère de la justice. Pourvu que le lieu de naissance du décédé *fût à peu près* indiqué dans l'acte de décès, avis du décès étant donné à la chancellerie, les employés du bureau de la statistique retrouveraient facilement les condamnations du décédé et les feraient disparaître (1).

Enfin cette réforme proposée, bien simple dans son application, suffirait à elle seule pour rendre plus grand le succès de l'institution, le compléter en quelque sorte, puisque ce serait enlever la délivrance des bulletins n° 2 aux greffiers, séquestrer cette délivrance, en rendre la surveillance plus précise, plus directe, plus sévère et par conséquent diminuer d'autant la chance soit d'erreurs, soit de fraudes. Les verrait-on disparaître tout à fait? Ce n'est pas là notre prétention assurément. Mais tout le monde doit reconnaître que moins il y a d'agents ou employés, moins il y a possibilité de fraudes ou d'erreurs et plus il y a de surveillance. Puis, des employés rompus à un service, s'en occupant exclusivement, le font bien en général et mieux que tout autre employé fatigué de la variété de ses occupations. Ainsi, pas de changement dans la rédaction des bulletins n° 1, diminution de travail pour les greffiers, abolition de surveillance de la part des procureurs impériaux, surveillance presque impraticable à l'heure qu'il est, plus d'enlèvements possibles de bulletins n° 1 et d'erreurs nuisibles dans la délivrance des bulletins n° 2, une plus grande célérité dans cette délivrance, une précieuse source de renseignements profitant exclusivement à la magistrature, l'encombrement des casiers que l'on n'aurait plus à re-

(1) V. chap. ii, sect. 2, § 10.

12

douter, tels seraient les excellents résultats incontestablement acquis.

La création de ce casier unique ne serait pas sans
soulever de nombreuses objections, nous le reconnais-
sons, mais leur examen prouvera qu'aucune n'est réellement fondée.

Première objection.—Difficulté de trouver un local. Nous
ne nous y arrêtons pas sérieusement. Il faudrait assurément un bâtiment de vaste dimension, mais cependant
pas dans des proportions tellement grandes qu'il fût
soit introuvable, soit impossible à créer et à aménager.
Le casier central existant maintenant à la chancellerie
renferme près de 300,000 bulletins, et la pièce dans
laquelle il est installé est plutôt de petite que de grande
dimension.

Deuxième objection. — *Surcroît de dépense considérable
pour le budget de la justice, occasionnée par la création du
bâtiment nécessaire au casier central, son aménagement en
autant de casiers que d'arrondissements, le prix de la copie
de tous les actes de naissance de l'empire continental depuis
1800 jusqu'à 1869, celui des actes de naissance annuels, enfin le traitement des employés augmentant le personnel au
ministère de la justice du bureau de la statistique* (1). Certainement la dépense nécessitée par cette nouvelle
organisation serait considérable et hors de proportion
avec ce que coûte l'organisation actuelle. Mais qu'importe si, en ayant un système de casier infaillible, on
voit encore les frais d'organisation couverts par les

---

(1) Le service des casiers judiciaires ressort maintenant du 3ᵉ bureau de la direction des affaires criminelles au ministère de la justice
(bureau de la statistique).

sommes que rapporte à l'État le recouvrement des amendes et des frais de justice criminelle. C'est seulement ce qu'il s'agit de prouver.

Eh bien ! la dépense annuelle des casiers pour l'État dans l'organisation actuelle est de :

1° 131,000, bulletins n° 1 payés aux greffiers à raison de 0 fr. 25 c., soit. . .   32,750 fr.

. 2° 147,708, bulletins n° 2 demandés par le ministère public, et payés aux greffiers à raison de 0 fr. 25 c. soit.. . . . .   36,927 fr.

TOTAL. . .   69,677 fr.

De laquelle somme de 69,677 fr., il convient de retrancher 1 fr. 65 c. × par 40,000 , représentant les droits de timbre et d'enregistrement dont bénéficie l'État dans la délivrance des bulletins n° 2 aux particuliers, (1), soit . . . . .   66,000 fr.

La dépense restant à la charge de l'État est donc actuellement de. . . . .   3,677 fr.

Or il y a en France 965,167 naissances par an (2). En mettant la copie de chaque acte de naissance sur papier libre à 0 fr. 30 c., le plus bas prix fixé par l'art. 1 du décret du 12 juillet 1807 sur les droits à percevoir par les officiers de l'état civil pour la délivrance des actes,

(1) V. chapitre III, sect. 2, § 1, p. 135 et 136.
(2) V *Annuaire du bureau des longitudes* (1868), p. 223.

on aurait : 1° une dépense annuelle de
965,167 actes × par 0 fr. 30 c., soit..   289,550 fr.

2° Ensuite l'intérêt à 5 %, de la somme
de 19,978,950 fr., produit de 289,550 fr.
× 69 années, représentant le prix des
actes de naissance de 1800 à 1869, soit
une dépense de . . . .   998,945 fr.

3° Le traitement à 2,000 fr., en
moyenne de 6 nouveaux employés au
bureau de la statistique, nombre suffisant pour le classement des bulletins
n° 1 et la délivrance des bulletins n° 2 ;
dépense de. . . . .   12,000 fr.

4° L'intérêt de 5 %, du prix de l'aménagement intérieur et matériel du casier,
ce prix ne devant pas dépasser 10,000 fr.,
soit une dépense annuelle de. . . . . .   500 fr.
                                        _____
                  TOTAL. . .   1,300,995 fr.

La dépense totale annuelle dans le
système proposé serait donc de. . . . . 1,300,995 fr.
                           plus. . . . .   3,677 fr.
                                        _____
                  Soit. . . . . 1,304,672 fr.

au lieu de 3,677 fr., dépense actuelle.
Ce chiffre peut paraître effrayant, mais
il est délivré par an 40,000 bulletins
n° 2 aux simples particuliers (1), et
l'on n'a pas oublié que le prix de chaque
bulletin est de 2 fr. 40 c.

(1) V. chapitre III, sect. 2, § 1.

Savoir :
$$\begin{cases} \text{Timbre} . . . \ 0 \text{ fr. } 50 \text{ c.} \\ \text{Enregist.} . . \ 1 \text{ fr. } 15 \text{ c.} \\ \text{Rédaction} . . \ 0 \text{ fr. } 25 \text{ c.} \\ \text{Recherches.} . \ 0 \text{ fr. } 50 \text{ c.} \end{cases}$$

TOTAL. . . . . . 2 fr. 40 c. (1),

dont 1 fr. 65 c. pour l'État et 75 c. comme émoluments dus aux greffiers pour la délivrance. La chancellerie délivrant elle-même désormais tous les bulletins n° 2, les greffiers de première instance ne devraient plus à juste titre percevoir le droit de 0 fr. 75 c. qu'on pourrait attribuer comme droit total de recherche et de rédaction au ministère de la justice et qui serait perçu par lui. Le prix des émoluments du ministère de la justice sur la délivrance des bulletins n° 2 aux simples particuliers donnerait donc déjà un produit annuel de 40,000 bulletins × 75 c., soit.

30,000 fr.

On aurait encore une économie considérable sur les frais de justice provenant de ce que les greffiers ne délivrant plus les bulletins n° 2 au ministère public, n'auraient plus également droit à l'émolument de 25 c., prix de ces bulletins, soit pour 147,708 bulletins n° 2 délivrés par an au ministère public, 147,708 × 25 c.. . . . .

36,927 fr.

Ce qui ferait déjà une somme de

66,927 fr.

(1) V. chapitre II, sect. 2, § 9.

à retrancher de la dépense générale, 1,304,672 fr.

66,927 fr.

Il n'en reste pas moins, dira-t-on, 1,237,745 fr.
de dépense annuelle pour les casiers judiciaires.
Sans doute, mais la somme des amendes et des frais
de justice recouvrés est environ, chaque année, de
6,469,352 fr. (1), celle des frais de justice avancés
de 4,487,232 fr. La différence constituant une recette
productive au profit du département de la justice de
1,982,120 fr. qu'il faut encore réduire à peu près d'un
tiers par suite de l'abolition de la contrainte par corps
(L. 22 juillet 1867), pour le recouvrement des frais
de justice, il reste néanmoins 1,321,413 fr. 32 c. dont le
budget de l'État s'enrichit chaque année. Ne pourrait-on
pas affecter cette somme au département de la justice,
puisque c'est lui qui la procure à l'État, et en distraire
1,237,745 fr. pour la dépense du casier central que
nous proposons ? Quand chaque jour des sommes bien
plus considérables figurent au budget pour des subven-
tions théâtrales et des travaux publics qui ont, il est
vrai, leur utilité, mais ne peuvent contribuer, comme
le fait l'administration d'une sage justice, à l'œuvre
moralisatrice d'une grande nation, on se demande
comment le département de la justice est si pauvrement
partagé et n'a que la moindre part dans les deniers de
l'État, impuissant, de cette manière, à réaliser les perfectionnements qui peuvent lui être proposés, tels que :
la révision du tarif du 18 juin 1811, l'augmentation
des émoluments des officiers ministériels en matière

_____

(1) V. *Statistique criminelle*, 1867, p. xxvii et 289.

criminelle, et bien d'autres encore. Et cependant, il ne faut jamais oublier, dans l'intérêt de tous, que la justice n'est pas seulement un besoin, c'est une nécessité imposée au législateur, aussi bien par la loi matérielle que par les solutions toujours difficiles à donner aux problèmes de la vie sociale. Pour terminer en un mot une aride question de chiffres, la dépense exigée par la création du nouveau casier proposé, le traitement des employés dont l'adjonction serait nécessaire au bureau de la statistique, le prix de la copie des actes de naissance de chaque année, les intérêts du prix des copies des actes de naissance de 1800 à 1869, serait encore plus que couverte par le produit des bulletins n° 2, la diminution des frais de justice résultant de la cessation de la délivrance par les greffiers au ministère public ainsi qu'aux administrations publiques des bulletins n° 2 et enfin par les secours provenant du produit des amendes, soit 1,982,120 fr. réduits même d'un tiers, si l'on veut.

Troisième objection. — Obligation de s'adresser à Paris de toutes les parties de l'Empire, et, par suite, retard considérable dans la marche des procédures criminelles et dans le prononcé des jugements. C'est là une erreur. La facilité et la rapidité des communications postales sont si grandes, grâce au réseau considérable des voies ferrées dont est pourvu l'empire français, qu'il ne faut pas plus de cinq jours, au plus, pour la demande d'un bulletin n° 2 et sa réception d'un bout de la France à l'autre. S'il y a instruction, on demande le bulletin n° 2 dès le début de la procédure. Il n'y a pas d'instruction qui ne dure au moins cinq jours. Si le prévenu est cité directement devant le tribunal, le ministère public prépare ses citations et ses affaires au moins huit jours avant l'audience. Il a donc le temps de demander et de recevoir le bulletin n° 2 de Paris, quelque éloigné qu'il en soit. Mais en cas de flagrant délit, dira-t-on, il sera impossible d'avoir le bulletin, puisqu'il faut faire juger le prévenu de suite. Nous avons démontré qu'en l'état de choses existant, la situation est la même, et qu'en cas de flagrant délit, on ne peut avoir le bulletin des prévenus que s'ils sont nés dans l'arrondissement. Dans cette hypothèse, comme ils sont presque toujours domiciliés dans ce même arrondissement, on les laisse en liberté et il n'y a pas d'inconvénients à retarder le jugement (1).

Quatrième objection. — *Injustice qu'il y aurait à priver les greffiers de l'émolument de 75 c. provenant de la délivrance des bulletins n° 2 aux simples particuliers et de celui de 25 c. provenant de la délivrance de ces mêmes bulletins au ministère public et aux administrations publiques.* Cette objection n'est pas plus fondée que les autres. M. le garde des sceaux Rouher déclare qu'au moment de l'établissement des casiers judiciaires, les greffiers étaient menacés de la perte des extraits de jugements transmis aux procureurs généraux en vertu de l'article 198 du Code d'instruction criminelle et qui leur étaient payés chacun 0 fr. 60 c. (2). Ces extraits étaient devenus, en effet, tout à fait inutiles. Si les casiers judiciaires n'eussent pas été créés, les greffiers perdaient le prix des extraits,

(1) V. Même chapitre, sect. 2, § 4.
(2) V. Circ. minist., 30 décembre 1850 et chap. ii, sect. 2, § 9.

sans que cet émolument fût remplacé par aucun acte. Ils ont maintenant et auraient toujours, en supposant que la délivrance des bulletins n° 2 leur fût ôtée, 0 fr. 25 c. pour la rédaction de chaque bulletin n° 1. Leur situation serait donc de toute manière préférable à ce qu'elle eût été, sans la création des casiers judiciaires. D'ailleurs, ayant beaucoup moins de travail puisqu'ils n'auraient plus à s'occuper de la délivrance des bulletins n° 2, ils auraient moins d'émoluments. Ce ne serait là qu'une juste diminution dans leurs droits rémunérateurs.

Cinquième objection. — *La création d'un casier unique attaque le principe de la localisation des renseignements base et succès des casiers judiciaires.* Cette objection est la plus grave de toutes. Mais elle repose aussi sur une erreur. La force du principe des casiers judiciaires ne réside pas dans la localisation au lieu de naissance, mais dans ce fait que tous les bulletins concernant un même individu viennent se concentrer en un *lieu fixe* et *déterminé.* Ce lieu est celui de la naissance. Il n'a d'importance que parce qu'on trouve au greffe du tribunal de l'arrondissement *l'acte de naissance,* contrôle de l'existence et de l'identité du condamné. Les actes de naissance, d'après le projet de réforme, étant classés à la chancellerie à côté des bulletins n° 1, on pourrait toujours les consulter pour voir si les déclarations de l'inculpé seraient exactes et si les condamnations le concernant se trouveraient exactement classées. Les déclarations sont-elles fausses, rien n'empêche de renvoyer les bulletins aux fins de nouvelles recherches au parquet du jugement et de la rédaction. Ce parquet doit se livrer à un nouveau travail(1). Le principe fondamental du casier, la base fixe nécessaire pour établir l'identité des condamnés ne sont donc pas détruits et le casier unique créé à la chancellerie offrirait une sécurité de la plus haute importance pour l'exactitude des renseignements donnés dans le bulletin n° 2.

Sixième objection. — *La réunion en un seul centre de tous les renseignements sur les antécédents judiciaires offre plus de risques d'anéantissement que leur répartition en un grand nombre de dépôts.* Il n'y a pas lieu non plus de s'arrêter devant un pareil danger. On a à redouter, il est vrai, les accidents, un incendie, un pillage en temps de révolution. Mais ce n'est là qu'un cas fortuit, et il en est de même de tous les dépôts intéressants ou ayant une valeur considérable à un titre quelconque (bibliothèques, musées, archives). On ne peut guère céder à l'argumentation d'un obstacle de cette nature quand il s'agit d'une amélioration réelle à espérer. D'ailleurs les casiers ne seraient pas, en cas de sinistre, totalement anéantis, car on pourrait en reconstituer le fond et les principales condamnations au moyen des renseignements fournis à la préfecture de police par les sommiers judiciaires.

En résumé, *rapidité, sûreté, exactitude* dans la délivrance des bulletins n° 2 au ministère public, aux administrations publiques et aux simples particuliers, sans inconvénient d'aucun genre, tels sont les importants points de vue auxquels se recommande la réforme proposée.

II. Nous avons vu que les conséquences de la créa-

(1) V. chapitre II, section 2, § 6.

tion des casiers judiciaires avaient été la suppression de l'envoi au ministère de la justice de la copie du registre des condamnations tenu par les greffiers en vertu de l'article 600 du Code d'instruction criminelle, et la cessation de l'envoi aux procureurs généraux des extraits de condamnation, prescrit par l'article 198 du même Code (1). Cette double réforme entraîne nécessairement la modification de ce dernier article ainsi que celle du titre VII, chapitre I, du Code d'instruction criminelle, modifications qui n'ont pas encore été faites parce qu'en reconnaissant toute l'utilité des casiers judiciaires, on n'a pas revêtu cette institution de la sanction légale dont elle semble aujourd'hui digne à juste titre. Cette institution, on le sait déjà, n'a pour principe et pour appui que les instructions ministérielles du département de la justice, c'est-à-dire un principe mobile qui peut disparaître avec un changement dans la direction du ministère (2). Un ministre n'est pas, en effet, tenu par les errements de son prédécesseur. Il a le droit, malgré leur régularité, de modifier les institutions précédentes appartenant à d'autres exercices que le sien et par cela même l'application du système des casiers judiciaires peut, d'un jour à l'autre, être sérieusement menacée. Aujourd'hui que l'utilité et la nécessité de cette institution sont reconnues, il semble que le moment soit venu de lui donner le caractère de solidité et de fixité qui lui manque, sinon par la sanction législative, du moins par un décret portant règlement d'administration publique (3).

(1) V. chap. II, sect. 3 et sect. 2, § 1.
(2) V. chap. I, p. 4.
(3) Jusqu'à présent l'existence légale des casiers judiciaires n'a été

Il y aurait donc lieu, à notre avis, de la part du Gouvernement, de proposer à la prochaine session législative le projet de loi dont les termes suivent :

Article unique.

Les articles 198, 601, 602 du Code d'instruction criminelle sont modifiés ainsi qu'il suit :

Art. 198. Le procureur impérial sera tenu, dans les quinze jours qui suivront la prononciation des jugements d'acquittement et d'incompétence, d'en envoyer un extrait au procureur général près la Cour impériale.

Art. 601. Tous les trois mois, les greffiers enverront, sous peine de 100 fr. d'amende, copie du registre prescrit par l'article 600 du même Code, au ministre de l'intérieur.

Ce ministre fera tenir dans la même forme un registre général composé de ces diverses copies.

Art. 602. L'envoi de la copie du registre au ministre de la justice, prescrit par l'article 601 du Code d'instruction criminelle, est supprimé et remplacé par l'institution des casiers judiciaires.

Un règlement d'administration publique déterminera l'établissement et le fonctionnement de cette institution.

Puis immédiatement après le projet de loi et conformément aux dispositions du nouvel article 602, paraîtrait en forme de décret le règlement sur l'établissement des casiers judiciaires. Ce règlement doit naturellement reposer sur les principales dispositions des circulaires émanant du ministre de la justice et ayant organisé la

---

affirmée et consacrée que *par la Cour de cassation. Un seul* arrêt rendu le 4 février 1860 par la chambre criminelle, sur le pourvoi d'un sieur Barroist, condamné le 16 novembre 1859 par la Cour impériale de Bordeaux à 3 mois de prison pour abus de confiance et habitude d'usure, pose en principe que *l'état de récidive d'un prévenu est suffisamment constaté par la production d'un extrait de son casier judiciaire et son aveu* (V. *Bulletin criminel*, Cour de cassation, 1860).

marche de l'institution jusqu'à ce jour. Il est de toute nécessité qu'il les reproduise en ce qu'elles ont d'utile. Voici un projet dans lequel nous faisons figurer la réforme capitale que nous avons proposée et qui consiste dans la substitution d'un casier unique à tous les casiers de l'empire.

Projet de décret portant règlement sur l'institution du casier judiciaire dans l'Empire français.

CHAPITRE Ier.

ÉLÉMENTS DU CASIER JUDICIAIRE.

Art. 1er. Il est créé au ministère de la justice un dépôt central dans lequel seront reçues les condamnations prononcées par les juridictions répressives de l'Empire.

Art. 2. Le dépôt se compose d'autant de casiers particuliers que de tribunaux d'arrondissement de l'Empire français continental (370). Chacun de ces casiers est divisé en autant de compartiments réguliers que de lettres de l'alphabet. Chaque compartiment contient toutes les condamnations concernant les condamnés dont le nom commence par la lettre à laquelle est affecté ce compartiment.

Art. 3. A chaque casier d'arrondissement, est annexée une copie des actes de naissance constatés dans cet arrondissement, d'abord depuis 1800 jusqu'à 1869, ensuite, chaque année, à partir de 1869.

Art. 4. Les condamnations sont constatées au moyen de bulletins, ayant la forme et la dimension d'une feuille de papier timbré de 50 c. Il y a en matière de casier deux sortes de bulletins : le bulletin n° 1 et le bulletin n° 2. Le bulletin n° 1 constate une condamnation. Le bulletin n° 2, ou extrait du casier judiciaire, consiste dans le relevé de toutes les condamnations constatées par tous les bulletins n° 1, concernant un même individu.

Art. 5. La dépense nécessaire à l'aménagement matériel du dépôt des condamnations à la chancellerie et à celui de la rédaction des actes de naissance annexés à chaque casier d'arrondissement, tant pour la période rétrospective (1800-1869), que pour celle à venir, est imputée sur le budget du ministère de la justice à titre de frais de justice criminelle.

CHAPITRE II.

RÈGLES EN VERTU DESQUELLES FONCTIONNE LE CASIER JUDICIAIRE.

SECT. 1re. — *Des condamnations constatées. — De leur constatation et de leur centralisation.*

Art. 6. Doivent être constatés au casier :

1° Les condamnations définitives prononcées par des jugements et arrêts correctionnels et criminels ;

2° Les condamnations définitives prononcées par le jugement des conseils de guerre et maritimes ;

3° Les jugements déclaratifs de faillite ;

4° Les décisions disciplinaires concernant les avocats, les officiers publics et ministériels émanant des tribunaux ordinaires et approuvées s'il y a lieu, par le ministre de la justice ;

5° Les condamnations prononcées par la haute cour de justice ;

6° Toute réhabilitation, criminelle, correctionnelle ou commerciale.

Art. 7. Tous les quinze jours, les greffiers des tribunaux correctionnels, cours d'assises, tribunaux de commerce, conseils de guerre maritimes, constatent, au moyen des bulletins n° 1, les condamnations intervenues dans la quinzaine précédente et devenues définitives.

Art. 8. Ces bulletins sont remis aux procureurs impériaux, qui les examinent au point de vue de la forme et du fond (qualification légale, articles des lois appliquées), et sont ensuite adressés immédiatement par eux au procureur général de leur ressort.

Art. 9. Il est procédé par les procureurs généraux à une nouvelle révision des bulletins n° 1. Ces magistrats peuvent et doivent, si ces bulletins sont mal rédigés au point de vue du fond ou de la forme, les renvoyer à leurs substituts afin de les faire rectifier. Dans la quinzaine au plus tard de leur réception, les bulletins sont envoyés par le parquet de chaque cour à la chancellerie.

Art. 10. Chaque bulletin parvenu à la chancellerie, est classé dans le casier de l'arrondissement, correspondant à la commune de naissance du condamné. Dans le cas où il n'est trouvé aucun acte de naissance applicable au condamné dans la commune indiquée comme celle de la naissance, le bulletin est renvoyé au ministère public près le tribunal de la condamnation, afin que de nouvelles recherches soient faites sur le lieu d'origine du condamné.

Sect. 2. — *Condamnations concernant les étrangers, les individus d'origine inconnue et nés aux colonies.*

Art. 11. Tous les bulletins n° 1, concernant : 1° les étrangers, 2° les individus nés en France, présumés Français, mais dont il a été impossible de constater l'identité et de trouver le lieu d'origine et l'acte de naissance, 3° les individus nés aux colonies, sont classés dans un seul et même casier particulier, comprenant ces trois divisions.

Art. 12. Chaque tribunal des colonies est pourvu au greffe d'un casier particulier, correspondant à sa circonscription, casier dont les renseignements sont destinés au seul service de la colonie (1).

Art. 13. Les greffiers, rédacteurs des bulletins n° 1, concernant des individus nés aux colonies, dressent chaque bulletin en double. L'un de ces bulletins est classé à la chancellerie, ainsi qu'il est dit à l'article 11, l'autre est expédié par les soins du ministre de la marine dans les colonies au tribunal du lieu de naissance du condamné.

Sect. 3. — *Prix des bulletins n° 1.*

Art. 14. Le prix de tous les bulletins n° 1, rédigés par les greffiers des cours d'assises, des tribunaux correctionnels, des conseils de guerre maritimes, des tribunaux de commerce, est fixé à 0,25 c. Ces émoluments leur sont payés par l'administration de l'enregistrement à titre de frais de justice criminelle.

(1) Il existe, à Alger, un casier central pour toutes les condamnations prononcées en Algérie et pour le service spécial de cette colonie, afin d'éviter les demandes de bulletins n° 2 en France.

SECT. 4. — *Communication des renseignements fournis par le casier judiciaire. — Délivrance des bulletins n° 2. — Prix de ces bulletins.*

Art. 15. Le casier judiciaire étant établi dans un intérêt public et privé, toute personne a le droit d'en demander communication soit en ce qui la concerne personnellement, soit en ce qui concerne une autre personne.

Les demandes de cette nature doivent être adressées au ministre de la justice. Si elles concernent un tiers, le ministre apprécie les motifs de la requête et refuse ou accorde la communication.

Art. 16. La communication des renseignements fournis par le casier judiciaire se fait sous forme de bulletins n° 2 ou extraits du casier judiciaire.

Art. 17. Suivant la qualité du demandeur, l'intérêt et le but de sa demande,

L'extrait du casier judiciaire est délivré :

Au ministère public,
Aux administrations publiques,
Aux simples particuliers.

Il est délivré au ministère public gratuitement (service de la justice), — aux administrations publiques à raison de 0,25 c.,—aux simples particuliers à raison de 2 fr. 40 c., dont 1 fr. 65 c. pour l'État et 0,75 c. pour le budget du ministère de la justice, plus les frais de poste s'il y a lieu. — La somme de 1 fr. 65 c. se compose de :

Pour droit d'enregistrement. . . .	1 fr. 15 c.
Ponr droit de timbre.	0 fr. 50 c.
Total. . . .	1 fr. 65 c.

Celle de 0,75 c. de :

Pour droit de recherche.	0 fr. 50 c.
Pour droit de rédaction	0 fr. 25 c.

Art. 18. Chaque tribunal des colonies étant pourvu d'un casier spécial (art. 12), le ministère public et les greffiers près ces tribunaux pourront l'un accorder, les autres opérer la délivrance des

renseignements fournis par ces casiers, soit dans l'intérêt de la justice, soit dans l'intérêt privé, mais seulement sur demande provenant de la colonie, et ce suivant les conditions de prix énoncées dans l'article précédent.

CHAPITRE III.

EXÉCUTION DES DISPOSITIONS SPÉCIALES.

Art. 19. L'exécution des dispositions édictées par le présent décret demeure confiée à la surveillance et à la direction de notre ministre de la justice, qui donne à ses procureurs généraux et à leurs substituts toutes les instructions qu'il croit utiles pour le fonctionnement et prend au besoin lui-même les mesures nécessaires pour l'amélioration de l'institution.

Art. 20. A partir du 1er janvier 1870, toute demande d'emploi ou d'une faveur quelconque devra être accompagnée de l'extrait du casier judiciaire du pétitionnaire.

———

Un décret rendu sur les bases que nous venons d'indiquer serait le complément indispensable de l'institution des casiers judiciaires. Cette institution a conquis après dix-neuf ans d'expérience tous les suffrages des magistrats et des esprits compétents. De l'aveu général, elle a quitté la période de l'essai pour s'imposer comme une nécessité de premier ordre dans l'administration de la justice française. Pourquoi tarder plus longtemps à assurer officiellement sa régularité et à lui donner la seule force qui lui manque, plutôt du reste dans la forme que dans le fond, celle que tout progrès utile tire de l'inattaquable approbation légale?

———

13

CHAPITRE IV.

INSTITUTION DES CASIERS JUDICIAIRES DANS LES LÉGISLATIONS ÉTRANGÈRES.

AUTRICHE (1).

L'Autriche s'est contentée jusqu'à ce jour et depuis 1857, d'un échange de bulletins de condamnations avec le gouvernement impérial français, comme avec la plupart des gouvernements allemands, échange dont elle a pris, du reste, l'initiative (2). Mais elle ne possède pas, à proprement parler, l'institution des casiers judiciaires. Les renseignements pouvant servir à établir les antécédents des condamnés restent sans profit au greffe même du lieu des condamnations et ne sont pas rassemblés en un endroit fixe où l'on puisse facilement les consulter.

Les listes des condamnés dressées dans chaque greffe sont donc à peu près inutiles. Les officiers du ministère public sont, il est vrai, tenus d'envoyer un extrait de chaque condamnation au greffe du tribunal du

(1) Nous donnons ici, d'après des documents authentiques, les renseignements qu'il nous a été possible de recueillir sur l'état de l'institution des casiers judiciaires dans chaque pays de l'Europe en 1869.

(2) V. Bonneville, tome 1864, p. 633, et *Statistique criminelle*, 1865, p. xxviii.

domicile du condamné(1), mais cette prescription n'est pas, paraît-il, toujours exécutée avec une grande exactitude, et d'ailleurs, le domicile étant, ainsi que nous l'avons vu, un foyer de concentration imparfait à raison de sa variabilité, le zèle même des parquets autrichiens ne parviendrait pas à produire de bons résultats par la réunion dans le lieu de la résidence des extraits de condamnation concernant chaque condamné (2). Il est, en conséquence, impossible d'admettre avec les hommes d'État d'Autriche que les moyens employés jusqu'à ce jour dans la monarchie autrichienne, soient suffisants pour recueillir et connaître les antécédents des repris de justice, et il est vivement à souhaiter qu'on y établisse le plus tôt possible notre institution des casiers judiciaires (3). Cet établissement présenterait d'autant moins de difficultés que l'organisation judiciaire de l'Autriche est absolument la même que celle de la France. (Il existe une Cour de cassation à Vienne, des tribunaux de première instance, ainsi que des Cours d'appel, dans les provinces.)

BADE (GRAND-DUCHÉ).

Le grand-duché de Bade suit l'exemple de l'Autriche et de la Bavière. Le gouvernement de ce pays, de sa propre initiative et à deux ou trois reprises différentes,

---

(1) V. Bonneville, tome 1864, p. 633. Note (1).

(2) V. Chap. III, sect. 1.

(3) Lettre du ministre des affaires étrangères d'Autriche au baron de Hubner, ambassadeur à Paris, pour proposer au gouvernement français l'échange de bulletins de condamnation entre les deux pays (27 janvier 1857).

a envoyé depuis quelques années au gouvernement français des bulletins de condamnations relatifs à des Français, mais cette transmission ne se reproduit pas périodiquement, et il faudra, en tout cas, pour la rendre régulière, une convention internationnale de la nature de celle qui a été conclue le 25 avril 1857 avec l'Autriche. Le gouvernement impérial français ne peut, ce nous semble, user de réciprocité que sur demande expresse arrivée par la voie diplomatique.

L'institution des casiers judiciaires n'existe pas dans le grand-duché. Il est simplement d'usage, dans le pays de Bade, de déposer au chef-lieu du bailliage dans lequel est domicilié l'individu qui a subi une condamnation judiciaire le dossier de son affaire. Une liste de ces dossiers, exactement tenue, permet de retrouver les noms et les antécédents judiciaires de toute personne traduite devant un tribunal correctionnel ou une Cour d'assises. Cette simple organisation, qui n'est d'ailleurs réglée par aucune loi, a paru jusqu'à ce jour suffisante dans un petit pays où ce genre de recherche peut s'opérer avec la plus grande facilité, et il n'y est pas question de donner une plus grande extension à l'institution des casiers judiciaires (1).

La recherche des antécédents des condamnés dans le grand-duché de Bade est donc encore moins garantie qu'en Autriche, puisqu'il n'y a pas même d'extraits des condamnations prononcées envoyés au greffe du tribunal du domicile des condamnés; et si cette simple

(1) Extrait de renseignements authentiques recueillis au ministère de la justice à Carlsruhe et transmis à l'auteur par la légation de France, le 10 sept. 1868.

inscription des condamnations au greffe du tribunal du chef-lieu du bailliage qui a statué, peut présenter quelque efficacité, c'est uniquement à raison du peu d'étendue de l'État badois et du petit nombre de ses habitants. Ce pays témoigne, en général, en ce qui touche sa législation pénale, d'idées neuves et sagement progressives. Il est, en effet, le premier qui ait fait l'essai du système pénitentiaire cellulaire (maison centrale de Bruchsal) et qui ait pu de cette manière constater les heureux effets de son application, aujourd'hui si gravement, mais si injustement contestés, à notre avis. Il ne peut donc tarder à adopter notre système des casiers, que ses conditions de territoire, le nombre restreint de ses tribunaux et de ses condamnés lui permettraient d'établir et de faire fonctionner avec la plus grande facilité.

BAVIÈRE.

Presque en même temps que l'Autriche, c'est-à-dire en 1858, la Bavière organisait avec la France une communication des condamnations concernant les nationaux respectifs des deux pays, et depuis cette époque, l'échange des bulletins de condamnation a lieu régulièrement (1). Quant à l'institution des casiers judi-

(1) V. *Statistique criminelle*, 1865, p. xxviii.

Nous avons eu l'occasion de constater la régularité de ces échanges par l'envoi récent au parquet de Chartres, pour être classé au casier judiciaire de ce tribunal, d'un bulletin de condamnation à 6 jours de prison pour coups, prononcée en Bavière contre un nommé Falkenberg (Guillaume), typographe, né à Chartres.

ciaires proprement dite, elle est encore inconnue dans
ce pays. Il existe seulement dans les parquets bavarois,
ainsi que dans les bureaux de police, un registre où sont
inscrits avec les noms des condamnés tous les renseignements relatifs à leur vie, leurs antécédents, leur famille, et aux condamnations qui les ont frappés. Ces
registres ne peuvent être consultés que d'office, sur une
permission des autorités compétentes (1).

Ce que nous avons dit de la recherche des antécédents
des condamnés dans le grand-duché de Bade s'applique au même sujet en Bavière. L'impossibilité de se
servir utilement des foyers de concentration des renseignements, qui sont les parquets et les bureaux de
police, frappe de stérilité tous les avantages qu'on pourrait en recueillir. Il est donc téméraire d'affirmer que la
Bavière possède une institution analogue à celle de nos
casiers judiciaires, et ce pays, comme l'Autriche et le
grand-duché de Bade, se trouve dans la même situation
que la France avant 1850, c'est-à-dire en présence de
sources de renseignements des plus difficiles à consulter, par conséquent dépouillées de toute efficacité.

BELGIQUE.

La Belgique est, assurément, le pays où l'institution
des casiers judiciaires prendrait le plus facilement
racine. En effet, non-seulement cet État possède notre

(1) Extrait de renseignements recueillis au ministère de la justice, à
Munich, et transmis à l'auteur par la légation de France, le 23 septembre 1868.

organisation judiciaire complète, mais encore le Code Napoléon y est en vigueur, et le Code pénal belge présente peu de différences avec le Code pénal français. L'unité de législation s'unit donc dans les deux pays à l'unité d'organisation judiciaire, comme pour ainsi dire l'unité de mœurs à l'unité de langue. Il convient d'ajouter que le voisinage de la France a établi entre les deux nations certaines vues communes, au point de vue de l'extradition réciproque des malfaiteurs et des poursuites à exercer contre eux. Cet accord, nécessité, il faut le dire, par l'extrême facilité avec laquelle, en quelques heures et sur la frontière en quelques minutes, les malfaiteurs des deux pays peuvent se réfugier sur le territoire de la Belgique et de la France, s'exerce heureusement d'une façon très-large, tout en suivant les limites tracées par le nouveau traité d'extradition conclu le 29 avril 1869(1). Ainsi, si, aux termes de l'art. 5 de ce décret, l'extradition n'est accordée que sur la production de l'arrêt de condamnation, de l'arrêt de la chambre des mises en accusation ou de l'acte de procédure criminelle émanant d'un juge compétent et ordonnant le renvoi devant la juridiction répressive, aux termes de l'art. 6 de ce même décret l'arrestation préventive a lieu sur simple extrait d'un mandat d'arrêt et même sur simple avis de l'existence du mandat transmis par la poste ou le télégraphe. Dans la pratique, ces conditions reçoivent encore une certaine atténuation, si elles ne sont tout à fait effacées. Il arrive quelquefois que chacun des deux gouvernements et surtout le gouvernement belge, par une mesure de protec-

(1) V. *Bulletin des lois*, n° 1706 (1869).

tion nationale efficace, pour éviter l'invasion du pays par des nuées de malfaiteurs, permet aux agents de police belges ou français de pénétrer sur son territoire et de procéder à l'arrestation immédiate, quand le crime ou le délit (pour lequel il n'y a pas cas d'extradition) est en quelque sorte flagrant et que le malfaiteur venant de se réfugier sur le territoire étranger, la police suit pour ainsi dire sa trace. L'agent doit être muni d'un mandat d'un juge d'instruction ou tout au moins de pouvoirs réguliers attestant son identité et l'objet de sa mission, mais il n'est dans tous les cas fait aucun obstacle à ce qu'il emmène immédiatement l'inculpé. Il existe encore un autre mode de purger chaque territoire de Français ou de Belges dont la présence dans chacun des deux pays est un embarras et un danger, à raison de leurs antécédents et de la cause qui les a engagés à se soustraire aux poursuites de la justice soit en France, soit en Belgique. On procède par voie d'expulsion. Les polices belge ou française se préviennent réciproquement qu'à tel jour, à telle heure, tel individu sera reconduit à tel point de la frontière, et sans qu'il soit trahi réellement, le malfaiteur tombe, en rentrant dans son pays, entre les mains de la police de sa nation qui a intérêt à tenir compte de l'avertissement qui lui est donné. Enfin, les parquets de France communiquent, dans la pratique, journellement et par l'intermédiaire du parquet de Valenciennes, avec la plupart des parquets belges qui se font un devoir de répondre à leur demande de renseignements. Il est donc impossible de trouver plus de causes de rapprochements sur le terrain de la répression pénale entre deux pays qu'entre la France et la Belgique, et l'on est légitimement étonné, en présence d'une situation si favorable, de ne pas même voir l'échange de bulletins de condamnations réciproques exister entre les deux gouvernements. Une telle lacune s'explique cependant naturellement. C'est que la Belgique ne possède même pas les stériles sources de renseignements d'antécédents judiciaires des condamnés établis en Autriche, en Bavière et dans plusieurs autres pays. Tout se ressent, dans les institutions de ce petit État, de la nouveauté de son indépendance, qui datant de quarante ans à peine, n'a pu prêter à l'affermissement de son individualité le secours et le prestige de vieilles lois et de vieilles coutumes. Dans l'organisation judiciaire, comme en toute autre matière, chaque élément a donc été à créer en Belgique depuis 1830 : aussi s'explique-t-on que la constatation des condamnations simplement faite au greffe de chaque tribunal de condamnation ait été encore si négligée. Les seuls documents que possède la justice belge sur les antécédents des prévenus consistent, aujourd'hui encore, dans les renseignements de la police et les notes recueillies par un procureur du roi de Bruxelles pendant son exercice. Encore, ces notes ne sont-elles à la disposition que des magistrats du parquet de cette ville. Elles ne s'appliquent, d'ailleurs, qu'à un très-petit nombre d'individus, et les dossiers criminels n'en conservent pas la moindre trace.

La justice belge n'a donc pas même, actuellement, les éléments d'un échange de bulletins de condamnations avec la France, bien que l'on conçoive si facilement l'institution des casiers judiciaires chez nos voisins.

La magistrature belge cependant s'est préoccupée

à juste titre de cette pénurie de renseignements sur les antécédents des inculpés, et en l'absence de tout casier réel, il a été question, il y a sept ou huit ans, sous le ministère de M. Tesch, de créer cette institution. Mais, au moment de prendre une détermination sérieuse à cet égard, cet esprit éminent quittait le ministère. Puis, quand le projet qui lui avait été soumis fut repris et étudié à nouveau, on rencontra de nouvelles difficultés dans la question pécuniaire. Depuis ce temps plusieurs changements de ministères se sont encore produits, et si l'on joint à cette circonstance le manque d'initiative inhérent à l'esprit de toute administration en Belgique en général, notre casier judiciaire français, qui avait beaucoup séduit à l'origine, n'a pas abouti et n'a pu être mis à exécution (1). Il est non-seulement à croire, mais encore à espérer qu'on reprendra ce projet ; mais, quant à présent, la Belgique ne possède absolument rien d'analogue à l'institution dont nous constatons l'utilité, depuis près de vingt ans, en France. Les deux pays ont trop de liens communs pour la recherche des antécé-

---

(1) Un magistrat français, de l'obligeance duquel nous tenons ces détails, et qui a été à même de connaître cette situation, a eu l'idée d'introduire dans ce pays notre système des casiers judiciaires. Il a eu à cet égard, sous le ministère de M. Tesch, plusieurs conférences avec le directeur général de la police, M. Verhegue ; mais malheureusement, en présence du départ de M. Tesch du ministère de la justice belge, ce haut fonctionnaire, voyant lui-même approcher l'heure de sa retraite, n'a pu, bien qu'il eût approuvé l'idée de la création du casier, donner aux propositions qui lui étaient faites la suite désirable. Le magistrat français a donc dû renoncer à tenter en vain des efforts dignes d'un meilleur succès. Ce magistrat est M. Thierry, aujourd'hui procureur impérial à Provins.

dents des condamnés, pour que, nous le répétons, d'ici
à peu de temps une pratique uniforme du casier ne
s'établisse entre eux. Un terrain complétement neuf,
l'absence entière de toute ancienne tradition en usage à
cet égard, l'adoption simple de notre système actuel de
casiers judiciaires dont l'épreuve est faite, semblent
appeler et assurer le succès de l'entreprise. Le gouvernement belge a moins à faire, sous ce rapport, que tout
autre pays. Puisse-t-il le comprendre, et, par la mise
en vigueur chez lui de nos casiers judiciaires, rendre
excellente l'action de sa justice parfaitement éclairée
sur les antécédents des individus qu'elle est appelée à
juger !

DANEMARK.

L'institution des casiers judiciaires n'existe pas en
Danemark. Ce pays ne paraît posséder d'ailleurs aucune institution analogue.

EMPIRE OTTOMAN.

Ce que nous venons de dire du Danemark s'appli-
à l'empire ottoman.

ESPAGNE.

L'institution des casiers judiciaires n'existe pas non
plus en Espagne. Pour connaître les antécédents judiciaires d'un individu quelconque, dans ce pays, il est

indispensable d'avoir recours aux autorités civiles et judiciaires du lieu de naissance de cet individu. Ces autorités ordonnent la vérification des registres des greffes des prisons et de la police et font connaître la nature des poursuites criminelles exercées contre l'individu sur lequel on demande des renseignements, le délit qu'il a commis et la peine qui a été prononcée contre lui. C'est la seule voie établie en Espagne pour être éclairé sur le passé moral et judiciaire soit d'un inculpé, soit d'un citoyen (1). Nous n'avons pas besoin de faire remarquer tout ce qu'elle a de défectueux. Le lieu de naissance est bien pris comme la base et le point de départ des renseignements à demander; mais si son utilité est grande dans notre système de casiers, c'est parce que, d'avance et avant toute demande préalable des antécédents, on est sûr d'y voir réunis et par conséquent d'y retrouver toujours tous les renseignements concernant chaque individu né dans la circonscription judiciaire comprenant ce lieu de naissance. En Espagne, cet avantage n'existe pas. Aucun renseignement n'est concentré en principe au lieu de naissance de chaque inculpé poursuivi, et si l'on s'adresse aux autorités civiles et judiciaires de ce lieu, chargées de recueillir les renseignements dans tous les greffes des tribunaux, des prisons et dans les bureaux de police de l'Espagne, c'est uniquement parce qu'on suppose que tous les inculpés ou les citoyens dont on a à rechercher le passé, n'ont pas quitté leur lieu de naissance et y sont restés

(1) Extrait de renseignements authentiques pris au ministère de la justice, à Madrid, et communiqués à l'auteur par l'ambassade française en Espagne, le 30 septembre 1868.

domiciliés. C'est là un point de départ erroné qu'il est inutile de démontrer. On comprend encore combien le moyen employé pour s'éclairer sur les antécédents des inculpés constitue de charges pour les autorités du lieu de naissance, entraîne de pertes de temps pour les magistrats chargés de la poursuite et du jugement et, enfin, offre peu de chances d'une exactitude et d'une précision même ordinaires, lorsqu'on est obligé de chercher sans base certaine des renseignements à des sources disséminées sur toute la surface de l'Espagne.

ÉTATS ROMAINS.

Sans jouir comme la France de l'institution des casiers judiciaires, les États romains sont cependant en possession d'un moyen assez simple de connaître les antécédents judiciaires de leurs inculpés ou des nationaux. Leur système à cet égard répond au même but que les casiers judiciaires, sans en avoir la perfection. Il peut être assimilé, comme mécanisme et comme résultat, à ce que sont en France nos sommiers de la préfecture de police.

Les greffes de tous les tribunaux des États romains sont tenus de transmettre à Rome, à la *Direzione generali delle carceri e casa di condamna* (Direction générale des prisons et des maisons de détention) (1), un bulletin après chaque condamnation prononcée, soit contre un sujet romain, soit contre un étranger. Ces bulletins sont inscrits au fur et à mesure sur un registre tenu par

(1) Cette direction est une dépendance du ministère de la justice.

ordre alphabétique, et lorsqu'on a intérêt à connaître
les antécédents judiciaires d'une personne, on s'adresse
à la Direction des prisons susmentionnée, qui délivre un
extrait de son registre renfermant les condamnations prononcées dans tous les tribunaux de l'État. L'envoi de tous
ces extraits de condamnation à Rome a lieu avec la plus
grande ponctualité (1). Aussi, de cette manière, nul ne
peut échapper à la vigilance de la justice, et la société
et les familles romaines trouvent dans cette organisation
toutes les garanties désirables. En effet, un individu
qui, s'étant toujours bien conduit dans son pays natal,
a commis des délits dans une autre circonscription judiciaire, ne peut, avec le système de concentration établi,
espérer de passer pour un homme de bien et de tromper sur ses antécédents, même en obtenant un certificat de bonne conduite de l'autorité judiciaire de son
pays natal. Cette organisation, nous devons le reconnaître, est suffisante pour un pays aussi peu étendu, ou
plutôt aussi réduit que le sont maintenant les États de
l'Église ; mais dans un État plus important on rencontrerait dans ce mode de concentration les mêmes inconvénients, les mêmes difficultés de recherches qui,
même avec les sources de renseignements fournis par
les sommiers judiciaires de la préfecture de police, ont
fait adopter et prévaloir en France l'institution des
casiers judiciaires (2).

Néanmoins, le mode de constatation des antécédents

_____

(1) Extraits de renseignements officiels pris au ministère de la justice romain et transmis à l'auteur par l'ambassade française, le 31
août 1868.

(2) Chap. 1er, sect. 3. Sommiers judiciaires.

des inculpés dans les États romains, nous met à même de pouvoir faire remarquer que l'esprit de ses législateurs n'est pas aussi arriéré qu'on semble, en général, l'indiquer, et qu'en fait de progrès à réaliser, le gouvernement papal, accusé journellement par une certaine presse de favoriser dans un but politique le brigandage et les excès, de s'endormir dans un *statu quo* systématique, ne le cède à aucun autre pour adopter, en matière de législation criminelle, des mesures aussi excellentes que peu répandues dans les autres États.

Une preuve de cette tendance élevée se trouve encore dans les lois pénales romaines. Les étrangers jouissent, dans les États romains, d'une sorte de faveur qui leur est pour ainsi dire accordé à titre d'*hospitalité*. Lorsqu'un étranger s'est rendu coupable d'un crime ou d'un délit commis sur le territoire romain, la justice locale, en le condamnant, lui applique la moyenne de la peine entre le minimum de celle édictée par la loi de son propre pays et le minimum de celle en vigueur dans les États pontificaux. Pas un Code pénal européen ne peut, nous le croyons, fournir l'exemple d'une disposition aussi libérale, aussi indulgente et aussi compatible avec le respect dû au droit des gens.

Toutes les condamnations prononcées dans les États pontificaux, soit contre des nationaux, soit contre des Français étant facilement constatées et concentrées ensuite à Rome, qui empêcherait le gouvernement romain de prendre l'initiative d'un échange avec le gouvernement français de bulletins de condamnation concernant les nationaux des deux pays, ainsi que cet excellent usage s'observe déjà avec l'Autriche, la Bavière et l'Italie (1)?

Nous appelons de tous nos vœux la rapide exécution de ce traité international qui ne peut qu'asseoir plus solidement les garanties qu'à ce moment de notre civilisation avancée l'intérêt social européen est en droit de réclamer.

GRANDE-BRETAGNE.

Non-seulement l'institution des casiers judiciaires n'existe pas en Angleterre, mais ce grand État ne possède aucune institution semblable ou analogue. C'est seulement par les témoignages que l'on établit la situation des accusés dans la Grande-Bretagne (2). Il ne faut pas, du reste, s'attendre à voir l'Angleterre suivre les progrès que nous pouvons lui offrir en matière d'organisation judiciaire ou de législation pénale. Les exemples d'appropriation de ses lois et de ses institutions judiciaires, que par une sorte d'aveugle esprit d'imitation nous lui donnons depuis longtemps déjà, même dans ce que ces institutions peuvent avoir de moins conciliable avec nos mœurs, auraient déjà suffi pour rendre une nation moins persuadée de sa supériorité, orgueilleuse au point de dénier aux autres toute amélioration utile et progressive. Il semble, à entendre certains publicistes pour qui cette thèse est toujours un prétexte à la critique la plus amère de notre caractère, de nos mœurs, de nos

(1) Voir pour ces trois pays, p. 195, 198, 211.
(2) Extraits de documents authentiques fournis à l'auteur par l'ambassade d'Angleterre, le 9 juin 1868.

institutions légales surtout, que l'Angleterre est le seul
pays où le respect de la liberté individuelle, la briè-
veté de la détention préventive, les conditions d'une
justice criminelle éclairée, sage et rapide, se rencontrent
sans discussion possible. Et cependant, que dire d'un
État que nous avons vu, malgré les termes formels d'un
traité d'extradition (1) qui excluait toute idée politique
créer, sous le prétexte du respect du droit d'asile et de la
liberté humaine, tant de difficultés et d'embarras, en
présence de justes réclamations qu'il aurait dû accueillir,
que ce traité n'a jamais pu être exécuté qu'une seule
fois et par hasard en vingt-trois ans? Un État où les
intérêts et la nécessité de la défense sociale, lien commun à tous les peuples, quelles que soient leurs ambi-
tions et leurs aspirations, se trouvent étouffés par le
respect du formalisme le plus ridicule et le plus exa-
géré, ne peut laisser espérer qu'on le voie adopter une
institution étrangère dont il sent à peine le besoin, et
à plus forte raison s'enrôler dans une ligue européenne contre l'invasion des malfaiteurs, en s'associant
à un échange général de condamnations internationales.
Du reste, il faut le reconnaître, l'organisation judiciaire
anglaise, au point de vue criminel, semble peu se prêter
à une adoption facile de notre système des casiers judiciaires. Nos voisins d'outre-Manche auront donc
toujours les meilleures raisons pour se soustraire à
l'adoption d'une des mesures les plus sagement efficaces
de notre système pénal français.

_____

(1) Voir *Traité d'extradition*, 13 fév. 1843. Ce traité a été heureusement dénoncé le 4 décembre 1865. Cependant, depuis cette dé-

GRÈCE.

L'institution des casiers judiciaires n'existe pas en Grèce et n'est remplacée par aucune institution analogue, de nature à faciliter la recherche des antécédents des inculpés. La législation grecque est complétement muette sur ce point (1).

ITALIE.

L'Italie, comme l'Autriche, possède absolument la même organisation judiciaire que la nôtre. Il était donc facile de songer à y établir l'institution des casiers judiciaires. Aussi, dès 1862, le jurisconsulte Filippo Ambrosoli, procureur du roi à Milan, publiait-il un

---

nonciation, l'Angleterre paraît être revenue de ses anciens errements. Elle a accordé quelques extraditions en 1866. Encourageant cette heureuse disposition, la France a reculé l'époque qui devait voir périmer la convention de 1843 et une commission nommée en Angleterre le 19 mars 1868, s'est livrée à une enquête dont les conclusions doivent être soumises à l'approbation des deux chambres anglaises sous forme de bill. Cette commission s'est prononcée hautement en faveur du principe de l'extradition et de son application régulière et facile. Une fois le bill adopté, le gouvernement anglais aurait le droit de conclure sur les bases qui y sont renfermées tous les traités d'extradition possible avec les puissances étrangères. (Voir à cet égard l'intéressant rapport fait par M. Picot, juge suppléant au tribunal de la Seine, à la Société française de la législation comparée. *Bulletin*, mai 1869.)

(1) Extraits de documents authentiques fournis à l'auteur par la légation de France à Athènes, le 14 sept. 1868.

mémoire adressé au ministère de la justice à Turin, sur la nécessité d'introduire l'institution française des casiers judiciaires dans le nouveau royaume d'Italie. Le ministre de la justice, M. Pisanelli, appréciant toute l'importance de cette communication, pria ce magistrat de lui préparer un projet d'organisation des casiers.

Ce projet fut communiqué au ministre, en décembre 1862 (1). Devenu l'objet d'une sérieuse étude, il a heureusement abouti et, par décret du 6 décembre 1865, les casiers judiciaires ont été établis dans le royaume d'Italie (2).

Voici les textes : 1° du rapport qui a précédé le décret et qui a été adressé au roi par le garde des sceaux italien ; 2° de ce décret lui-même ; 3° du règlement d'administration publique qui l'accompagne, avec les modèles différents de bulletins, certificats, etc., édictés par ce règlement ; 4° enfin, de la circulaire adressée, le 26 décembre 1865, par le ministre de la justice italien, aux procureurs généraux et procureurs du roi du royaume, sur l'institution des casiers judiciaires.

1° *Rapport du ministre garde des sceaux italien adressé à Sa Majesté en audience publique du 6 décembre 1865, sur l'institution d'un casier judiciaire pour la recherche et la preuve des antécédents judiciaires des accusés et la constatation de leur état de récidiviste.*

Sire,

« Le gouvernement de Votre Majesté, dans le but de consolider « l'unification du royaume, a introduit dans toutes les provinces les

(1) V. Bonneville, *Amélioration de la loi pénale*, 1864, p. 632, 633.
(2) V. *Statistique criminelle*, 1865. Note, p. xxviii.

« mêmes lois civiles et pénales et peut maintenant, au moyen de prin-
« cipes judiciaires mieux entendus, de règles nouvelles bien appliquées,
« procéder avec plus de succès à la bonne administration de la justice.
« Le moment semble donc venu à votre ministre de la justice de pro-
« poser à Votre Majesté l'établissement d'une institution réclamée au-
« trefois avec instance et dont l'utilité doit contribuer puissamment,
« quoique d'une manière indirecte, à la saine application de nos lois.

« Il faut pour que la répression pénale puisse atteindre son but,
« qu'elle soit non-seulement proportionnée à la gravité de la faute
« commise, mais encore à l'état plus ou moins grand de perversité du
« coupable. Et il serait aussi dangereux, même en présence d'une na-
« ture corrompue, d'appliquer le maximum de la peine à l'accusé
« qui en est à son premier délit qu'il serait injuste, en ne tenant pas
« compte de leur passé, d'user d'indulgence à l'égard de criminels en-
« durcis et déjà flétris par la justice. Voilà pourquoi chaque Code pé-
« nal contient des dispositions de sévérité spéciales concernant les
« récidivistes, dispositions dont l'efficacité ne saurait être mise en doute
« si l'on peut user d'un moyen sûr et rapide de connaître leurs con-
« damnations antérieures et les accusations dont ils ont été déjà l'objet.

« La promptitude des recherches et la précision dans la connais-
« sance de ces antécédents sont, en pareille matière, des conditions
« indispensables de bonne justice.

« Or, il faut le reconnaître, les procédés actuellement en vigueur
« dans les diverses provinces du royaume pour connaître les condam-
« nations antérieures des accusés, sont en général, très-insuffisants dans
« leurs résultats. Celui qui fut introduit en 1858 avec quelque succès
« dans les provinces méridionales, et dont on a fait usage jusqu'à
« présent, était en partie fondé sur celui que j'ai l'honneur de présen-
« ter à Votre Majesté, mais il n'en offrait pas tous les avantages.

« Dans le reste du royaume les condamnations judiciaires sont in-
« scrites sur des registres qui restent classés dans les archives des tri-
« bunaux qui ont prononcé et ces registres ne sont pas communiqués
« d'une manière régulière aux autorités supérieures et aux agents de
« la sûreté publique. Toujours est-il que pour s'assurer de ces con-
« damnations, il est nécessaire que l'autorité compétente qui désire
« les connaître, soit au courant du lieu du domicile de l'accusé afin
« qu'elle puisse réclamer à chaque tribunal respectif le certificat d'an-
« técédents judiciaires, certificat qui lui est indispensable pour établir
« si le prévenu est, oui ou non, en état de récidive. Mais ces renseigne-

« ments mêmes obtenus manquent de précision, et le plus souvent
« les accusés sont à même de cacher leur situation passée. Ils peu-
« vent le faire facilement au milieu du mouvement des affaires pu-
« bliques. Avec la mulplicité et la rapidité actuelle des communications,
« il n'est pas rare d'en voir aussitôt après un crime commis et leur peine
« subie, se transporter dans les provinces éloignées et pour éviter les
« peines de la récidive en célant leur condamnation, envelopper de
« mystère le nom du lieu qui fut témoin de leur première honte.

« La difficulté de connaître les antécédents des accusés, est bien
« plus grande encore quand la justice a devant elle des vagabonds, des
« oisifs sans profession qui peuvent, en changeant continuellement de
« pays, commettre à chaque instant de nouveaux méfaits. L'impunité
« leur est presque assurée en présence du mystère qui enveloppe leur
« passé, aussi la persistance dans le crime peut-elle être souvent jugée
« comme le premier écart d'une vie restée jusqu'alors irréprochable.

« A ce vice radical de l'incertitude de la connaissance des antécé-
« dents des accusés vient s'en joindre un autre. Les tribunaux ne
« peuvent procéder à une recherche sur leurs registres qu'avec une ex-
« trême lenteur. De là, retard forcé dans les réponses aux autorités qui
« demandent les renseignements et prolongation sensible par ce seul
« motif de beaucoup de détentions préventives.

« Les tribunaux français possèdent déjà depuis 15 ans, sur la pro-
« position de l'illustre écrivain et magistrat Bonneville, une institution
« connue sous le nom de *casier judiciaire*. Cette institution fondée sur
« l'idée bien simple et bien logique de localiser les extraits des sentences
« pénales dans un centre connu, pour les consulter avec facilité au be-
« soin, a fait radicalement disparaître le manque de précision dont
« était entachée la connaissance des antécédents des inculpés. Elle sup-
« prime également la lenteur dans les recherches à opérer sur les re-
« gistres des tribunaux. Il paraissait naturel d'établir le centre où doi-
« vent se localiser et se réunir toutes les condamnations, non dans le
« tribunal de l'arrondissement où le crime a été commis et où le cri-
« minel est domicilié, mais dans celui du lieu où il est né. Dès qu'une
« condamnation est prononcée, un extrait de la sentence est envoyé
« au tribunal de l'arrondissement du lieu de naissance de l'accusé, et
« les extraits des jugements successivement prononcés contre lui, re-
« cueillis de tous les côtés, sont classés en un seul endroit.

« Il est évident qu'au moyen de ce mécanisme, l'autorité qui désire
« connaître les antécédents d'une personne, n'a qu'à adresser sa de-

« mande au tribunal de l'arrondissement de naissance où sont notifiées,
« sans exception, toutes les condamnations concernant cette personne,
« quelle que soit la juridiction d'où elles émanent.

« Les dispositions de cette institution ont aussi pour résultat de faire
« affluer en un même centre, jusqu'aux condamnations prononcées à
« l'étranger contre les sujets italiens. La réciprocité des communica-
« tions étant ainsi établie, le concours international pour la répression
« des coupables devient possible et est exactement exécuté.

« Telle est la base fondamentale de la nouvelle institution que j'ai
« l'honneur de présenter à Votre Majesté, en y joignant certaines pre-
« scriptions réglementaires destinées à parer à différentes éventualités,
« comme par exemple la qualité d'étranger de l'accusé, l'ignorance de
« son lieu de naissance et de son origine, sa condamnation sous un
« faux nom.

« Mais à côté de ces dispositions fondamentales qui sont le principe
« réglant la concentration des condamnations judiciaires, il en existe
« d'autres en France, relatives à la forme extérieure de l'institution et
« destinées à en assurer les bons effets. Si l'on s'était contenté de con-
« centrer les mentions des condamnations, sans changer en même temps
« le mode de transcription de ces condamnations sur des registres et
« de leur réunion en volumes, on aurait plutôt augmenté que diminué
« les inconvénients du système actuel de recherches.

« En effet, l'inscription de plusieurs centaines de noms sur des re-
« gistres ordinaires crée l'impossibilité de conserver à chaque inscrip-
« tion un ordre rigoureusement alphabétique, et l'obligation pour
« rechercher les noms, de compulser les registres, en remontant pres-
« que jusqu'aux premières années des accusés, amènerait nécessaire-
« ment des lenteurs et un manque d'exactitude malheureusement trop
« fréquent dans les renseignements fournis par les certificats. Enfin, il
« s'ensuit un regrettable encombrement dans les greffes où ces gros
« et nombreux volumes devraient être conservés pendant de longues
« années pour la facilité des recherches.

« Tous ces inconvénients vont disparaître avec la méthode déjà
« mise en vigueur en France. Elle consiste à inscrire les extraits de
« condamnation, non sur des registres, mais sur des feuilles détachées,
« d'une assez forte consistance, de forme et de dimension réglées, pour
« les réunir en ordre exactement alphabétique, dans de petites cases
« mobiles. De cette manière, les condamnations prononcées dans toutes
« les parties du royaume contre le même individu, sont classées par

« feuilles, les unes à côté des autres, et quel que soit le temps qui les
« sépare, il suffit de quelques instants pour savoir combien de fois,
« comment, où, un inculpé a déjà été condamné.

« Ce mode d'inscription, spécialement en usage dans les biblio-
« thèques et les musées, et qui vient d'être adopté avec un règlement
« approuvé par Votre Majesté, dans la tenue des registres de l'état
« civil, mais pas dans les mêmes formes, bien entendu, doit être en-
« touré de beaucoup de soin et de contrôle. Il n'a été présenté contre
« son application qu'une seule objection sérieuse. Elle émane juste-
« ment de l'autorité qui l'a examinée, et était appelée à donner son
« avis sur sa mise en pratique. N'y a-t-il pas à craindre des pertes,
« des soustractions, des détournements de bulletins? En France, cet
« inconvénient ne s'est jamais fait sentir depuis que l'institution a
« commencé à fonctionner. Votre ministre s'est, en tout cas, appliqué
« à trouver des moyens de contrôle qui pouvaient assurer sa parfaite
« régularité, et il ne craint pas d'affirmer qu'en prescrivant l'emploi
« d'un *Prontuario chronologique* et d'un *répertoire nominatif*, au
« moyen desquels les bulletins seront enregistrés, non-seulement on
« n'aura plus de détournement à redouter, mais encore on sera toujours
« à même de renouveler sûrement et sur l'heure les bulletins qui man-
« queraient. Ce perfectionnement, ainsi que d'autres, relatifs à la ma-
« nière de dresser les bulletins et d'y faire les mentions, perfectionne-
« ments contenus dans un règlement annexé au présent rapport, auto-
« risent à fonder de grandes espérances sur l'institution, sans parler
« de la question d'économie. Cette question, déjà tranchée en France,
« produira encore chez nous de bien meilleurs résultats.

« Les avantages de l'institution du casier judiciaire ne se feront pas
« seulement sentir dans l'administration de la justice. D'autres dépar-
« tements ministériels, d'autres administrations, pourront aussi en
« profiter, puisque la connaissance exacte des antécédents judiciaires
« peut servir à l'amélioration des autres branches du service public.
« Le gouvernement et l'administration y trouveront de même un vé-
« ritable intérêt pour la formation des listes électorales, des listes du
« jury, pour l'exclusion ou l'admission des remplaçants militaires,
« l'entrée dans les emplois publics, la concession de licences donnant
« droit à l'exercice d'un office public, enfin, pour tout emploi ou pro-
« fession pour lesquels il est nécessaire de connaître le degré de con-
« fiance que l'on peut accorder au candidat. En outre, en permettant
« aux simples particuliers d'user des renseignements fournis par le

« casier judiciaire, on leur rendra un immense service, tant au point
« de vue des contrats civils qu'ils sont appelés chaque jour à con-
« clure, qu'au point de vue de leurs affaires privées.

« Les dispositions relatives au fonctionnement de la nouvelle insti-
« tution, ressortent spontanément de sa propre nature. Aussi le règle-
« ment ci-annexé ne fait-il que développer, dans des articles particu-
« liers, le principe consacré par le décret proposé à la sanction de
« Votre Majesté. Tel est, par exemple, la transformation des registres
« actuels en bulletins, au moins pour une certaine période de temps.
« Un changement de cette nature est indispensable, puisque sans lui,
« on perpétuerait les inconvénients actuels. On les aggraverait même
« par la coexistence des deux systèmes, l'*ancien* et le *nouveau*. La
« dépense nécessaire à la rédaction des bulletins, dépense d'office en-
« tièrement à la charge du Trésor, sera couverte en peu de temps
« par la perception de la taxe relative à la délivrance des certificats
« judiciaires ou certificats de pénalité. L'usage de demander ces cer-
« tificats se généralisera assez pour pouvoir espérer avec le temps d'en
« tirer un revenu. Quant à la dépense nécessaire à l'acquisition du
« mobilier d'installation, elle sera supportée par les communes, par
« analogie avec les prescriptions de la loi en pareil cas.

« En résumé, les principaux avantages à retirer de la nouvelle in-
« stitution des casiers judiciaires sont les suivants : plus grande ac-
« tivité dans l'instruction des procédures criminelles, notable abré-
« viation de la détention préventive ; ces avantages méritent une sé-
« rieuse considération.

« En conséquence, votre ministre ne doute pas que Votre Majesté,
« qui a tant à cœur de voir l'administration de la justice suivre une
« voie droite, rapide et humaine, daignera apposer sa signature au
« bas du décret ci-joint destiné à produire les plus heureux résultats.
« L'institution du casier judiciaire, en effet, qui peut être considérée
« par sa nature comme un puissant auxiliaire de l'application du droit
« pénal public et privé, et comme une des garanties de bonne admi-
« nistration des états, n'est-elle pas appelée à devenir une nécessité
« de premier ordre chez tous les gouvernements civilisés ? »

2° Décret royal sur l'institution d'un casier judiciaire ayant pour but la recherche et la démonstration des antécédents des accusés et de leur état de récidive.

6 décembre 1865.

Victor-Emmanuel II, par la grâce de Dieu et la volonté nationale, roi d'Italie ;

Sur la proposition de notre ministre garde des sceaux, secrétaire d'État pour les affaires de grâce, de justice et des cultes, avons décrété et décrétons :

Art. 1er. Un casier judiciaire est institué dans chaque tribunal correctionnel. Ce casier contiendra par extraits, à l'effet de servir de renseignements, toutes les fois qu'on voudra y recourir, toutes les décisions suivantes ayant acquis un caractère définitif et concernant les personnes nées dans la circonscription du tribunal où sont déposés les extraits :

1° Les jugements portant *peine criminelle, correctionnelle,* qu'ils soient rendus par la justice ordinaire ou qu'ils émanent de la justice militaire ou maritime. Il suffit que le délit soit prévu par le Code pénal. Les jugements par contumace et par défaut doivent être constatés comme les jugements contradictoires, à l'exception cependant de ceux qui ont été frappés d'opposition.

2° Les *ordonnances et décisions de non-lieu,* à l'exception de celles qui ont été rendues parce que le fait incriminé ne pouvait pas être prouvé, ne constituait pas de crime, et de celles intervenues dans le cas prévu par l'article 604 du Code d'instruction criminelle.

3° Les décisions des Cours et tribunaux concernant les mineurs de 14 ans qui ont commis sans discernement un crime ou un délit.

4° Les décrets de remise, commutation, diminution de peines criminelles ou correctionnelles par grâce souveraine, et aussi par amnistie et indulgence, seulement quand une personne déterminée en sera l'objet.

5° Les décrets de réhabilitation obtenue par les condamnés.

Art. 2. Il est institué au ministère de la justice un casier central dans lequel seront conservées toutes les décisions de la nature de celles énoncées dans l'article précédent, relatives aux personnes étrangères ou d'origine inconnue. Les renseignements qu'il contient peuvent être consultés.

Art. 3. Le règlement ci-joint est approuvé par notre ordre. Notre ministre garde des sceaux est chargé de l'exécution du présent décret.

Art. 4. La dépense nécessaire à l'établissement et au fonctionnement des casiers judiciaires et du casier central sera supportée par les fonds affectés à l'autorité judiciaire comme dépenses de greffe sur le budget du ministère de grâce, de justice et des cultes.

Dispositions spéciales pour la Toscane.

Art. 5. La constatation et la recherche des décisions prononcées d'après le Code pénal toscan du 20 juin 1853, se feront conformément aux règles d'informations indiquées par l'article 12 du décret royal, rendu le 30 novembre dernier (n° 2607).

Art. 6. Le présent décret sera exécuté à dater du 1er janvier 1866.

Nous ordonnons que le présent décret, muni du sceau de l'État, soit inséré au recueil officiel des lois et décrets du royaume d'Italie, avec recommandation à chacun de l'observer et de le faire observer.

Donné à Florence, le 6 décembre 1865.

VICTOR-EMMANUEL.

Enregistré à la Cour des comptes, le 19 décembre 1865.

Registre 34 des actes du gouvernement,

AYRES.

Contre-signé, le garde des sceaux,

CORTESE.

3° *Casier judiciaire.* — *Règlement pour l'exécution du décret royal du 6 décembre 1865, sur l'institution du casier judiciaire.*

Art. 1. Le casier est composé de bulletins ayant la forme et la dimension indiquées dans le modèle n° 1 ci-joint. On mentionne sur ces bulletins aussi lisiblement et clairement que possible :

1° Les prénoms, nom et surnom, s'il y en a, de la personne à laquelle le bulletin est applicable ;

2° Le nom du père, ses prénoms, le nom de la mère (indiquer s'ils sont morts ou vivants) ;

3° Le jour, le mois et l'année de la naissance ;

4° Le lieu précis de la naissance (nom de la commune, de l'arrondissement et de la province) ;

5° L'état civil du condamné, s'il est célibataire, marié (dans ce cas, avec qui) ou veuf ;

6° Le lieu de son dernier domicile ;

7° Sa profession ;

8° Les signes principaux et marques caractéristiques de sa personne ;

9° L'extrait de la décision ou sentence, avec la qualification du crime ; la désignation de la peine et toute autre indication essentielle suivant les cas ; le nom du tribunal ou de l'autorité qui a prononcé ; la date du jugement et le numéro du registre général de condamnation.

L'acte de naissance et autres documents nécessaires pour confirmer l'authenticité de tous les renseignements sus-énoncés seront demandés d'office et resteront joints à la procédure, lorsque les précédents certificats de pénalité du condamné ou autres pièces n'apporteront aucune lumière sur sa filiation, son lieu de naissance, etc.

Art. 2. Les bulletins sont classés verticalement dans des boîtes ou petites caisses de forme quadriangulaire, solidement établies et ouvertes dans leur partie supérieure, de manière qu'en les tirant, on puisse facilement lire le nom du condamné et l'année de la condamnation écrite en gros caractère, au haut du bulletin. Les bulletins sont rangés dans ces boîtes par ordre alphabétique, non-seulement quant à la lettre initiale du nom du condamné, mais encore quant à celles qui composent le reste du nom et les prénoms. Les boîtes ne doivent pas avoir plus de 30 centimètres de long. Elles sont aussi disposées par lettres alphabétiques et même par syllabes initiales, et renfermées dans des cartons marqués chacun de la même lettre alphabétique ou syllabe initiale que la boîte qu'ils contiennent.

Art. 3. Les boîtes portent extérieurement l'indication des lettres et des syllabes initiales des noms des condamnés dont les bulletins y sont renfermés. Elles sont aménagées dans leur ordre alphabétique par le greffier du tribunal, dans une armoire affectée à cet usage, fermée à clef et située dans un endroit interdit au public. La garde du casier et les opérations inhérentes à son aménagement pourront cependant être données à un autre employé de confiance.

Art. 4. Les femmes mariées ou veuves sont inscrites au casier sous leur nom de fille, leur nom de naissance. Néanmoins on dressera un bulletin de rappel à la lettre correspondante au nom du mari. Les noms doubles ou composés de plusieurs mots s'inscrivent sous celui dont la prononciation est la plus usitée dans la province. Mais on dressera également un bulletin de rappel aux lettres originaires des autres noms. La même précaution aura lieu à l'égard des condamnés qui prennent un pseudonyme et en font un usage habituel.

Art. 5. Si, dans le lieu indiqué par l'accusé comme celui de sa naissance, on ne trouve aucun acte qui lui soit applicable et que les recherches opérées postérieurement ne permettent pas de découvrir son origine, il est nécessaire de dresser le bulletin de condamnation en triple, l'un pour le tribunal correctionnel de l'arrondissement dans lequel le jugement a été prononcé par une des autorités désignées dans l'art. 1er du décret royal du 6 décembre 1865, l'autre pour le tribunal correctionnel dans la circonscription judiciaire duquel l'accusé dit être né et le troisième pour le casier central. Dans chacun de ces trois casiers, on tiendra note, au moyen d'une brève indication, de la circonstance de la triple rédaction et du motif en vertu duquel elle a été faite.

Art. 6. Si l'accusé ne veut ou ne peut donner aucun renseignement sur son lieu d'origine ou s'il est étranger, mais naturalisé Italien, on devra encore rédiger le bulletin de condamnation en trois exemplaires dont l'un, dans le premier cas, sera expédié au tribunal de son dernier domicile ordinaire et dans le second au tribunal où il devra prêter serment. Quant aux deux autres exemplaires, ils seront expédiés comme l'indique le précédent article, au casier central et au casier du tribunal de la condamnation.

Art. 7. La même règle sera suivie relativement aux étrangers. Un des exemplaires du triple bulletin sera transmis au ministère de grâce et de justice qui le communiquera au gouvernement étranger d'après les conventions existantes.

Art. 8. Le casier central, à raison de l'exécution des dispositions des art. 5, 6 et 7, se divise en 2 sections, l'une pour les étrangers, l'autre pour les condamnés d'origine inconnue.

Art. 9. Les enfants trouvés doivent être considérés jusqu'à preuve contraire, comme originaires de la commune où ils ont été abandonnés et de l'hospice où ils ont été exposés. Le véritable lieu de leur naissance découvert, on procédera, selon les circonstances, aux rectifications nécessaires en ce qui concerne les bulletins et leur classement dans le casier.

Art. 10. Chaque bulletin doit être rédigé au plus tard dans les quinze jours qui suivent l'irrévocabilité des décisions énoncées par l'art. 1ᵉʳ du décret royal du 6 décembre 1865. C'est le greffier du tribunal de la condamnation qui est ordinairement chargé de la rédaction du bulletin. Quant aux bulletins relatant des décrets de grâce et de réhabilitation, ils sont dressés par le greffier qui a fait sur la minute du jugement, les annotations prescrites par le Code d'instruction criminelle, et ceux relatifs à des décrets d'amnistie ou d'indulgence sont rédigés par le greffier de la Cour qui a déclaré que le condamné pouvait en bénéficier.

Art. 11. Si le jugement comprend plusieurs condamnés, on doit dresser pour chacun d'eux un bulletin séparé et l'on mentionnera sur chaque bulletin le nom des autres condamnés en indiquant le lieu de leur naissance.

La rédaction de chaque bulletin donne droit au greffier rédacteur à un émolument de 0,50 c. Ce droit est supporté par le condamné.

Art. 12. Le bulletin une fois rédigé selon le modèle n° 1 ci-annexé, d'après les renseignements fournis par la procédure, le greffier en fait mention en marge de la minute du jugement ou décision judiciaire. Puis il appose sur le bulletin la date de sa délivrance....... au greffe de..... avec mention : *pour extrait conforme*, et le revêt de sa signature. Il indique en même temps, en caractères visibles, à droite, à la partie supérieure du bulletin, l'année où a été prononcée la sentence, et, s'il s'agit d'une personne déjà condamnée, il ajoute au-dessous le mot *récidiviste*. Ces différentes formalités accomplies, il remet alors le bulletin au ministère public de son siége.

Art. 13. Quand le ministère public a reconnu et affirmé par son visa que le bulletin a été dressé avec régularité, il l'expédie au procureur du roi, dans la circonscription duquel se trouve le lieu de naissance du condamné, ou bien, s'il y a lieu, au casier central.

On fait usage, pour cette transmission et pour toutes celles prévues par le présent règlement, du modèle n° 2 ci-annexé. Cette note d'envoi, signée du magistrat qui la reçoit, est renvoyée par lui au siége expéditeur et réunie au dossier de condamnation.

Art. 14. Le bulletin étant parvenu au procureur du roi du lieu de la naissance, ce magistrat fait mention de sa réception dans un *Prontuario* chronologique ou registre d'arrivée conforme au modèle n° 3 ci-annexé. Il y appose ensuite son visa et le remet au greffier du tribunal pour qu'il le classe définitivement au casier.

Art. 15. Le greffier enregistre d'abord le bulletin sur un répertoire alphabétique de contrôle, en y mentionnant les nom et prénoms de la personne condamnée, le nom du père, les prénoms et le nom de la mère, le lieu de naissance, la désignation de la juridiction qui a rendu le jugement, sa date et son numéro (voir le modèle n° 4 ci-annexé). Il fait ensuite les recherches nécessaires pour remplir régulièrement les colonnes 2 et 3.

Ces premiers soins remplis, le greffier classe le bulletin dans la boîte correspondante au nom du condamné, juste à l'endroit exigé par l'ordre alphabétique des lettres de ce nom. Le condamné est-il récidiviste, il réunit le bulletin à ceux déjà classés sous le même nom et inscrits sur le répertoire. Le classement de tous les bulletins concernant le même individu se fait par leur introduction dans une même chemise de papier de couleur (voir le modèle n° 5 ci-annexé).

En observant l'ordre chronologique des condamnations, chaque bulletin reçoit un numéro d'ordre suivant la date du jugement. On écrit sur la chemise les nom et prénoms du condamné. S'il n'est pas récidiviste, l'unique bulletin reçoit le n° 1.

Art. 16. Les dispositions des art. 14 et 15 s'appliquent aussi au classement des bulletins dans le casier central établi au ministère de grâce et de justice, excepté en ce qui touche les instructions spéciales réglant son aménagement.

Art. 17. Toute autorité publique qui a intérêt, pour raison de service, à connaître les antécédents judiciaires d'une personne quelconque, doit adresser sa demande de renseignement au procureur du roi du tribunal du lieu de la naissance. Pour éviter toute difficulté, le procureur du roi ordonne par lui-même au greffier du tribunal de délivrer le certificat de pénalité. Le greffier, après avoir fait les recherches nécessaires au casier à l'aide du répertoire de contrôle, rédige le certificat demandé, conformément au modèle n° 6 ci-annexé, en observant l'ordre exactement chronologique de toutes les condamnations et décisions judiciaires. Il contrôle l'existence des condamnations à relever au moyen des annotations du répertoire. Enfin, il indique sur le certificat, à l'aide du registre prescrit par l'art. 20, si une autre autorité a déjà demandé le certificat de pénalité concernant la même personne et quelle est cette autorité.

Les juges d'instruction attachés au tribunal du lieu de la naissance peuvent s'adresser directement au greffier de ce tribunal, pour avoir les certificats nécessaires dans les procédures qu'ils sont chargés d'instruire. S'il arrive que plusieurs autorités et plusieurs juges d'instruction demandent en même temps le certificat de pénalité d'un individu contre lequel ils sont tous à la fois saisis, ils doivent se mettre en communication à l'effet de savoir s'il n'y aurait pas lieu de réunir toutes les procédures, ou tout au moins pour en connaître les résultats et aviser ainsi à une saine direction de leur propre instruction.

L'expédition des certificats de pénalité doit se faire avec le plus grand soin, et ne jamais dépasser trois jours, à partir de celui où la demande est parvenue au greffier.

Art. 18. Les simples particuliers peuvent, soit en leur propre nom, soit au nom d'un tiers, obtenir, pour des motifs plausibles et sérieux, la délivrance des certificats de pénalité. Leur demande motivée est adressée au procureur du roi près le tribunal du lieu de naissance de la personne au nom de laquelle le certificat doit être délivré. Les dispositions du paragraphe 1er de l'art. 17 s'appliquent à ces sortes de demandes. Elles doivent être faites sur une feuille de papier timbré à laquelle on joint une seconde feuille blanche de même nature destinée à la rédaction du certificat.

Art. 19. Dans les cas prévus par les art. 5, 6 et 7, les demandes de certificats émanant des autorités publiques désignées dans l'art. 17, seront directement adressées au casier central du ministère de grâce et de justice. Quant aux demandes des particuliers, à l'exception de celles qui concernent des individus dont le lieu de naissance est connu (art. 18), elles devront être adressées, toujours motivées, au procureur du roi du domicile du demandeur. Ce magistrat, s'il reconnaît la demande fondée, la transmet lui-même au casier central. Ce casier lui expédie le certificat réclamé pour qu'il soit remis par ses soins à la partie intéressée.

Art. 20. Les greffiers des tribunaux et le fonctionnaire chargé du service du casier central, tiennent un registre des certificats délivrés, soit sur la demande du parquet, soit sur celle des parties intéressées. Ce registre est conforme au modèle n° 7, ci-annexé.

Art. 21. Si, en rédigeant des bulletins, des certificats de pénalité, ou bien d'une manière quelconque, on découvre qu'un individu figure déjà au casier sous un nom différent, le greffier procède de suite aux rectifications nécessaires. Il mentionne ces rectifications sur le répertoire du contrôle, et classe le bulletin rectifié à la case correspondante au véritable nom du condamné. Il conservera, cependant, un bulletin rappelant son nom primitif.

Art. 22. Les bulletins des personnes décédées doivent être détruits au fur et à mesure que leur décès est connu. En effet, les directeurs des établissements pénitentiaires et des maisons de correction sont obligés de notifier aux procureurs du roi des lieux de naissance, ou au casier central, selon les cas, la mort des condamnés subissant leur peine. Les familles mêmes des condamnés, si elles craignent de voir leur réputation entachée par l'existence, aux casiers de bulletins concernant leurs parents, peuvent en demander la destruction en faisant connaître leur mort. On ne fera pas cependant disparaître du répertoire de contrôle le nom des condamnés décédés, mais on se bornera à écrire en regard de leur nom dans la colonne des observations le mot *décédé*, avec le visa du procureur du roi.

Art. 23. Les bulletins relatifs aux accusations prévues par l'art. 604 du Code d'instruction criminelle, doivent de même être anéantis, ainsi que ceux des condamnations annulées en cas de révision des procès.

Les greffiers des Cours et tribunaux exécutent, à cet égard, dans les cas indiqués ci-dessus, les transmissions établies par le présent règlement.

Art. 24. Le procureur du roi doit procéder à l'improviste, chaque trimestre et même plus souvent, à un examen minutieux du casier.

A l'aide du registre d'arrivée (*prontuario* chronologique) et du répertoire de contrôle, il lui sera facile de constater si ce casier est tenu d'une manière régulière. Il notera chaque inexactitude ou irrégularité dans le procès-verbal qu'il doit rédiger à la suite de chaque visite, et en ordonnera en même temps la correction. Il indiquera aussi sur le procès-verbal, après avoir vu le registre prescrit par l'art. 20 susénoncé, combien de demandes de certificats ont été faites depuis la dernière visite, et si la réponse a été donnée dans le délai voulu. Le procès-verbal de vérification devra être adressé dans le plus bref délai au procureur général, avec un rapport sur l'état du casier.

Quant aux inspections du casier central, elles dépendent directement du garde des sceaux ou de l'un de ses délégués.

Art. 25. La transformation des registres alphabétiques actuels en bulletins devra avoir lieu dans chaque tribunal, pour toutes les condamnations, crimes ou délits remontant jusqu'au 1er janvier 1856, à l'exception de celles prononcées en matière de simple police. Cependant, avant de dresser les bulletins, on commencera par s'assurer si les condamnés ne sont pas morts. On sera guidé dans cette recherche par leur âge et par des renseignements qui seront demandés, soit aux

15

maires, soit aux curés, au moyen de lettres conformes au modèle n° 8 ci-annexé. La réponse sera mise au bas de ces lettres et renvoyée avec elles. Si elle est dubitative, le condamné sera considéré comme vivant.

Dans tous les cas, on ne dressera pas de bulletins concernant les personnes qui auront atteint l'âge de 70 ans.

Quant à toutes les autres condamnations ou décisions appartenant à la catégorie de celles indiquées par l'art. 1er du décret royal du 6 décembre 1865 et qui ne figureraient pas sur les registres antérieurs, il sera inutile de les relever, et on ne dressera et ne classera de bulletins dans les casiers que pour les condamnations et décisions de ce genre intervenues à partir du 1er janvier 1866.

Art. 26. La conversion des registres en bulletins se fera de la manière suivante :

Chaque condamnation inscrite sur les registres devra faire l'objet d'un bulletin séparé, quand bien même plusieurs d'entre elles s'appliqueraient au même individu.

On observera, autant que possible, dans cette rédaction de bulletins, les dispositions de l'art. 1er du présent règlement et on omettra le nom des condamnés décédés. Chaque bulletin devra indiquer à son verso le volume et la feuille d'où les renseignements qu'il contient sont tirés. Les bulletins ainsi rédigés seront transmis par les procureurs du roi tous les huit jours, conformément à l'art. 13 susénoncé, au siège auquel ils sont destinés.

Le dépouillement des registres et la rédaction des bulletins devront se faire avec la plus grande célérité et un soin excessif, sous la surveillance des procureurs généraux.

Dispositions transitoires,

Les règles actuellement en vigueur dans chaque province du royaume, relativement aux demandes de délivrance de certificats de pénalité et de mandats de perquisition, continueront à recevoir leur exécution en ce qui concerne les décisions antérieures au 1er janvier 1856. Il en sera de même à l'égard de celles rendues postérieurement à cette époque, jusqu'à nouvel avis ministériel, donné par la gazette officielle, et jusqu'à l'accomplissement des opérations prescrites par les art. 25 et 26 susénoncés.

Les demandes et la délivrance des certificats relatifs aux décisions énoncées dans le décret du 6 décembre 1865, seront faites suivant les règles fixées par le présent règlement.

Les règles jusqu'ici en vigueur continueront de même d'être observées à l'avenir, relativement à toute matière non comprise dans les termes du décret ci-dessus cité.

Vu par ordre de Sa Majesté,

Le Ministre, P. CORTESE.

Art. 1, 11, 12 du Règl.

BULLETIN POUR LE CASIER.

PRÉNOMS, NOM ET SURNOM.		Année.
		Récidiviste.
		N° d'ordre pour le même nom.
NOM DU PÈRE.		EXTRAIT DE LA CONDAMNATION.
PRÉNOMS ET NOM de la mère.		
DATE ET LIEU DE NAISSANCE. Année. Mois. Jour. Commune. Arrondissement. Province.		
PRÉNOMS ET NOM du conjoint.		
DERNIER DOMICILE.		
PROFESSION.		
SIGNALEMENT. — Taille. Cheveux. Yeux. Nez. Bouche. Teint. Signes particuliers.		

Hauteur, 24 cent.

Marge, 1 cent.

Largeur, 17 cent.

N°

Le

Le soussigné transmet pour être classé au casier
d'après les dispositions de l'article
13 du Règlement du 6 décembre 1865,
Bulletin
au nom de

Le

A M. le

    A

_____

J'ai reçu le   susdit
bulletin

(La date)

Le

A M. le

    A

MODÈLE N° 3.

Art. 14 du Règl.

PRONTUARIO CHRONOLOGIQUE.

N° d'ordre.	JOUR où le bulletin est arrivé.	PARQUET qui l'a transmis.	PRÉNOMS, NOM et filiation de la personne à laquelle se rapporte le bulletin.	OBSER-VATIONS

MODÈLE N° 4.
—
Art. 45 du Règl.

RÉPERTOIRE DE CONTRÔLE.

JOUR où le bulletin est arrivé.	NUMÉROS d'ordre des bulletins du même nom.	MENTION de la dernière annotation concernant le même nom.	NOM, PRÉNOMS de la personne à laquelle se rapporte le bulletin.	NOM du père.	PRÉNOMS, NOM de la mère.	LIEU de naissance.	ANNÉE de naissance.	JURIDICTION qui a prononcé la condamnation.	DATE et numéro de la condamnation.	OBSERVATIONS.

N. B. Ce répertoire est alphabétique. Ses pages correspondent aux lettres de l'alphabet avec les syllabes initiales.

Modèle n° 5.

Art. 45 du Règl.

PRÉNOMS

NOM

FILIATION

TABLE DES BULLETINS CONTENUS

PAR ORDRE DE DATE.

1

2

3

4

5

6

7

8

9

10

Modèle n° 6.

Art. 47 du Règl.

TRIBUNAL CORRECTIONNEL D

CERTIFICAT DE PÉNALITÉ.

Le soussigné demande au Greffier du Tribunal de délivrer sur la présente feuille le certificat de pénalité concernant le nommé

fils de

né à   âgé de   de profession.

Ce

Le

CERTIFICAT.

Le Greffier du Tribunal de   atteste que les plus actives recherches ont été faites au casier judiciaire à l'aide du répertoire de contrôle. Il en résulte :

Le

Le Greffier,

N. B. Le présent Certificat doit être délivré sur papier légèrement coloré.

Modèle n° 7.

Art. 20 du Règl.

REGISTRE DES CERTIFICATS.

N° d'ordre.	DATE de la demande.	NOM du demandeur.	NOM, PRÉNOMS, Filiation de la personne sur laquelle la demande est faite et le certificat délivré.	DATE de l'expédition du certificat.

MODÈLE N° 8.

Art. 22 et 25 du Règl.

RECHERCHE DES CONDAMNÉS NON DÉCÉDÉS.

TRIBUNAL CORRECTIONNEL

    d

Conformément aux dispositions de l'article 25 du Règlement annexé au décret royal du 6 décembre 1865, sur le casier judiciaire, le soussigné prie Votre Illustris. Seign. de vouloir bien rechercher avec soin, en lui renvoyant la présente lettre, si le nommé

fils de

et de

né à

âgé de   qui

a été condamné   dans l'année

A l'Illustris. Seign.   à la peine de

pour crime de

est encore vivant.

Ce

Le

Le

déclare que le nommé

est

Ce

Le

4° ROYAUME D'ITALIE.   Florence, le 26 décembre 1865.

MINISTÈRE
de
GRACE ET JUSTICE.

7ᵉ division , 1ʳᵉ section.

N° 66,926.

*Institution
des casiers judiciaires.*

*A MM. les Procureurs Généraux et Premiers
Présidents, Procureurs du Roi et Présidents des Tribunaux.*

CIRCULAIRE.

Un décret royal en date du 6 du présent mois, auquel sont joints
un rapport et un règlement du même jour, vient d'introduire dans
l'administration de la justice une nouvelle manière de connaître d'une
façon aussi sûre que rapide l'état de récidive des inculpés et leurs
antécédents.

Cette institution, en faveur de laquelle Vos Seigneuries ont même
eu l'occasion de se prononcer presque unanimement, a reçu le nom
de casier judiciaire, comme étant celui qui en désigne le mieux la
nature. Elle se fonde sur la concentration au tribunal du lieu de naissance de toutes les décisions qui ont frappé les prévenus jugés dans
le royaume. Il est inutile d'entrer dans beaucoup de détails pour démontrer l'importance de cette institution à toute personne qu'une
longue expérience a habituée à connaître quelle lacune, quelles imperfections et quelles lenteurs entraînaient les modes de recherche des
antécédents judiciaires généralement en vigueur dans les diverses provinces. Le meilleur de tous, adopté dans les provinces méridionales
à la fin de l'année 1858, ne présentait pas une partie des avantages
de celui qui vient d'être mis en vigueur.

Cependant ces avantages, qui se résument dans la célérité des recherches et dans la précision des résultats obtenus, dépendront principalement de la manière avec laquelle l'autorité judiciaire mettra en
pratique la nouvelle institution. Si, par exemple, les greffiers n'apportaient pas la plus scrupuleuse exactitude dans le classement des
bulletins, dans l'aménagement de leur casier, dans la tenue de leur
répertoire de contrôle et dans le soin matériel à donner à ces précieuses sources de renseignements, tout le système des casiers judiciaires demeurerait stérile. Il en est de cette institution comme de

tout nouvel essai , on ne peut attendre de bons résultats que du plus grand soin et de la coopération continuelle de ceux qui sont appelés à la faire fonctionner.

Or, bien que les dispositions du règlement soient claires et précises, et que j'aie toute confiance dans le bon vouloir et le sage jugement des fonctionnaires chargés de l'appliquer, je crois utile de donner dans une instruction spéciale quelques éclaircissements sur son esprit :

1° La première opération à faire est celle de la formation des éléments des casiers. Cette opération comprend deux périodes : la période rétrospective antérieure au 1er janvier 1866, et celle postérieure à cette époque. Néanmoins, l'envoi des bulletins concernant les décisions judiciaires de 1865, passées en force de choses jugées avant le 1er janvier 1866, devra se faire dès le commencement de l'année prochaine, bien que ces décisions soient intervenues antérieurement à cette année et cela indépendamment de la conversion en bulletins des condamnations appartenant à la période rétrospective. En fait, ces deux opérations sont distinctes l'une de l'autre, mais peuvent s'exécuter en même temps. Quant à la transcription sur bulletins des condamnations appartenant à la période rétrospective, elle s'accomplira avec plus ou moins de rapidité selon les tribunaux et suivant que ce travail demandera plus ou moins de dépense. Le crédit nécessaire pourra pour cette raison être réparti en plusieurs périodes.

Cependant Vos Seigneuries permettront que les modèles joints au règlement soient immédiatement imprimés. Quand à ceux indiqués sous les n°ˢ 1, 2, 5, 8 dudit règlement, c'est mon ministère qui pour le moment les fournira directement à raison du grand nombre dont les tribunaux ont besoin et de la précision qu'ils doivent avoir au point de vue de la qualité du papier et de sa dimension. Cette précision dans les proportions de ces modèles est indispensable, parce que les bulletins sont destinés non-seulement à rester au casier du tribunal qui a prononcé la condamnation, si le condamné est né dans la circonscription judiciaire de ce tribunal, mais aussi à venir se classer dans les casiers de tous les tribunaux du royaume, selon les différents lieux de naissance, et que là ils doivent être rangés par ordre alphabétique dans les cases qui leur sont destinées avec des bulletins provenant d'autres tribunaux. L'un des avantages des casiers judiciaires sera de se prêter facilement, soit à la séparation d'un seul casier en plusieurs, soit à la réunion de plusieurs en un seul, ce qui peut arriver par la division d'un tribunal ou la réunion de plusieurs tribunaux en un seul et unique. Dans un pareil cas, les casiers pourront toujours facilement se reformer. En effet, les bulletins devant être de forme et de dimensions parfaitement égales, il est facile de les réunir ou de les séparer.

Mon département a traité avec la typographie Eredi Botta, de Florence, pour la fourniture générale des modèles sus-énoncés. J'ai pensé que plus l'entreprise serait importante pour une seule typographie, plus aussi les conditions d'achat seraient peu élevées. En effet, il semble que les prix établis par la typographie Botta, atteignent les dernières limites du bon marché. Je vous envoie avec la présente circulaire les quatre modèles indiqués sous les numéros relatés dans l'alinéa précédent. Le paiement de ces imprimés et de ceux dont on aura ensuite besoin, est considéré comme dépense d'office. Les demandes d'envois successifs de ces mêmes imprimés devront être adressées à la typographie Botta.

Quant aux autres modèles dont les proportions n'ont pas besoin d'être aussi exactes, le registre d'arrivée ou *prontuario*, porté sous le nᵒ 3, le répertoire porté sous le nᵘ 4, le registre des certificats porté sous le nᵒ 7, il me suffit d'une seule recommandation à leur égard. Il faut que ces registres soient d'un maniement facile et commode. Dans ce but et pour éviter le plus de travail possible, j'ai prescrit des annotations qui ne doivent occuper qu'une seule ligne par chaque condamné. Un volume de moyenne grosseur pourra suffire pour plus d'un millier de noms. Dans le répertoire alphabétique, les détails des rubriques en syllabes initiales faciliteront les recherches.

Il est à remarquer que le modèle nᵒ 2 peut servir à plusieurs bulletins en même temps, pourvu que ces bulletins s'appliquent à des condamnés compris dans le même procès et nés dans le même arrondissement.

Il est inutile d'ajouter que dans leurs transmissions les bulletins ne devront jamais être pliés ou froissés, mais au contraire bien étendus dans des enveloppes d'une dimension convenable.

2ᵒ Indépendamment de la création de ces modèles, on devra procéder à la confection de cases ou petites boîtes dont la fourniture sera faite par les communes, puisque cette dépense est à leur charge comme celle des armoires ou casiers qui plus tard leur seront demandés en temps opportun conformément aux art. 268, 269 de la loi d'ordre judiciaire du 6 déc. 1865, nᵒ 2626. Ces cases seront solides, c'est-à-dire en gros carton ou en bois. Leur largeur sera un peu plus grande que celle des bulletins pour qu'on puisse facilement les en ôter et les y remettre. Leur hauteur au contraire pourra être un peu plus petite de quelques centimètres afin de pouvoir y rechercher les bulletins demandés et de les en enlever commodément. Enfin leur longueur ne devra pas dépasser 30 c. pour quelles ne soient pas trop lourdes quand elles seront pleines.

J'ai calculé que chaque millimètre de longueur équivalant à la place de cinq bulletins, chaque case en contiendrait environ 1,500, et par conséquent 30 cases (chaque lettre de l'alphabet ne devant pas certainement en demander plus d'une) pourrait renfermer environ 45,000 de ces bulletins. Il est facile de juger d'après ces chiffres que chaque casier pourra être établi dans un espace assez restreint.

Le nombre des cases ou petites boîtes nécessaires ne pourra être connu qu'après l'opération du dépouillement des registres et de leur conversion en bulletins. C'est à cette époque seulement qu'on pourra fixer le chiffre moyen des bulletins afférent à chaque année et la quantité des boîtes nécessaires. Les dimensions de chaque armoire à construire seront donc basées sur cette dernière opération et c'est seulement après sa réalisation que la demande en sera faite aux communes. Provisoirement, les boîtes seront placées dans une autre armoire convenable et disponible existant déjà au greffe, sauf plus tard à consacrer définitivement cette armoire à l'usage du casier, si le besoin d'une autre ne se fait pas indispensablement sentir. L'armoire devra être un peu plus profonde que la longueur des boîtes et sera divisée en plusieurs rayons où un homme puisse facilement atteindre. Sa partie inférieure sera destinée à la garde des répertoires, modèles et imprimés, et boîtes de rechange. Elle sera munie de portes fermées avec de grosses clés et ne sera ouverte qu'en présence de l'employé chargé de la garder.

3° Le dépouillement des registres et leur conversion en bulletins seront confiés à des employés sûrs et intelligents qui travailleront sous la direction du greffier. Quand l'opération indiquée par l'art. 25 du règlement aura été exécutée pour chaque condamné par l'intermédiaire des lettres de renseignements relatées sous le modèle n° 8 du règlement, on fera en marge du registre un signe de convention. Une fois la conversion en bulletins de toutes les condamnations portées sur les registres et concernant chaque individu opérée, on mettra également en marge en face de la dernière condamnation la mention : *Transcrit.* Cette mention remédiera au danger d'omissions dans la confection des bulletins ou à celui de les voir créés en double et sera d'une grande utilité pour le bon aménagement du casier qui n'est appelé à se former qu'en passant de main en main.

Les procureurs du roi veilleront personnellement à l'exécution de cette importante opération.

Au reste, il est bien évident que l'emploi du registre d'arrivée (*prontuario* chronologique), n'est pas nécessaire et ne peut être exigé pour les condamnations extraites des registres. Il ne servirait à rien. Il ne commencera donc à fonctionner que pour les bulletins relatifs aux décisions devenues irrévocables depuis le 1er janvier 1866 et immédiatement avant cette époque.

Il est, au contraire, indispensable que tous les bulletins, même ceux qui constatent les condamnations antérieures au 1er janvier 1866, extraites des registres, soient mentionnés sur le répertoire de contrôle, à l'exception, bien entendu, de ceux concernant des condamnés nés dans la circonscription judiciaire d'un autre tribunal. Ceux-là, en effet, doivent, d'après l'art. 13 du règlement, être expédiés aux siéges respectifs des lieux de naissance.

L'opération préliminaire de la conversion des registres en bulletins se distingue en outre de la rédaction ordinaire des bulletins, en ce sens que les premiers concernant les condamnations extraites des registres ne sont pas assujettis comme prix à la règle tracée dans la seconde partie de l'art. 11 du règlement.

Enfin, en ce qui concerne les condamnés antérieurs au 1er janvier 1866, j'aurai à m'entendre avec MM. les ministres de la marine et de l'intérieur pour les engager à prescrire aux directeurs des maisons de détention d'avoir à envoyer, eux-mêmes, aux siéges respectifs des lieux de naissance, les bulletins dressés au moyen de renseignements pris dans leurs établissements. Cette manière de procéder évitera ainsi au greffier un travail inutile.

· 4° La conservation des casiers judiciaires est d'une grande importance. Les employés qui en auront la charge mettront tout leur soin à entretenir les casiers et les répertoires de contrôle en parfaite harmonie. Ils devront, dans ce but, faire de fréquentes vérifications, bien qu'il soit peu probable, si les art. 2, 3 et 17 du règlement sont bien observés, que des erreurs puissent se glisser dans les bulletins. Il est facile d'y apporter un prompt remède en rédigeant un double bulletin d'après les indications du répertoire, et surtout celles de ses colonnes 2 et 3. Néanmoins, il vaut mieux prévenir toute erreur, en multipliant les inspections, indépendamment de celles du parquet prescrites par l'art. 24, et en cherchant à se convaincre par tous les moyens possibles que les bulletins sont classés au casier dans un ordre parfait. Pour arrêter, autant que possible, l'accroissement rapide du nombre des bulletins et éviter ainsi l'encombrement des casiers, encombrement qui en rendrait l'aménagement difficile, il ne faudra pas seulement attendre les renseignements sur la mort des condamnés, soit des directeurs des maisons de détention ou des familles elles-mêmes. Les greffiers devront de temps en temps parcourir leur répertoire, en tenant compte de l'âge des personnes qui y sont désignées (c'est dans ce but qu'il est prescrit d'indiquer dans la 8e colonne de ce répertoire l'année de la naissance des condamnés), et expédier avec le visa du procureur du roi les demandes d'avis constituant le modèle n° 8, aux directeurs des maisons centrales, maires, curés, suivant les cas, tant pour la période antérieure au 1er janvier 1866 que pour celle postérieure à cette époque.

Je ne négligerai pas, quant à moi, de m'adresser à mes collègues de l'intérieur et de la marine, afin que des instructions soient données aux directeurs des bagnes et des maisons centrales, à l'effet de notifier au parquet des lieux de naissance le décès des condamnés.

Il me reste une dernière observation à faire relativement à la rédaction des bulletins à classer dans les différents casiers. Je ne saurais trop recommander la plus grande promptitude dans l'exécution des art. 10 et 15 du règlement. Cette rapidité est d'autant plus indispensable, qu'en supposant même un léger retard, un individu condamné, soit à une peine de courte durée, soit à une peine pécuniaire, peut être l'objet d'une autre poursuite avant que le bulletin de la précédente condamnation ait été classé au casier, et obtient ainsi faussement un certificat négatif de pénalité. Aussi, en présence de négligences et de retards constatés lors des visites périodiques faites par les procureurs du roi, les procureurs généraux sur les rapports de ces derniers ou même d'office aux termes de l'art. 24, peuvent-ils provoquer des mesures disciplinaires contre les greffiers responsables.

5° Enfin, je dois faire remarquer, en ce qui concerne la délivrance des certificats de pénalité, que, puisque l'un des avantages du nouveau système des casiers judiciaires est principalement d'épargner un temps précieux et des recherches fatigantes à ceux qui étaient chargés d'opérer cette délivrance, il est juste qu'on exige des greffiers, non-seulement la plus grande précision, mais encore la plus grande

16

célérité. Le règlement ordonne pour cette raison que les certificats de pénalité soient rédigés et expédiés avant l'expiration des trois jours au plus de la communication de la demande au greffier. Les procureurs du roi apporteront aussi les soins les plus minutieux aux visites qui leur sont prescrites par l'art. 24, et feront une attention spéciale au rapport des juges d'instruction sur les casiers. Il est aussi d'une grande importance que les registres de délivrance des certificats de pénalité soient bien tenus. Pour atteindre ce but, il sera nécessaire de joindre à ce registre une table alphabétique des noms qui y seront contenus, afin que toutes les poursuites pendantes à la fois contre un même individu soient plus promptement connues des juges d'instruction, et que ces magistrats puissent ainsi, par cela même, mieux savoir ce qu'ils ont à faire.

En cas de demande de certificats de pénalité provenant de simples particuliers, on pourra exiger, pour éviter toute erreur, que les demandeurs justifient du lieu de naissance des condamnés.

Telles sont les principales instructions que j'ai cru utile de vous adresser, mais je me fie encore plus à la sagesse et au zèle de Vos Seigneuries pour être convaincu qu'elles prendront à cœur une aussi utile innovation que celle des casiers judiciaires.

En ce qui touche les dispositions transitoires du règlement, vous me ferez connaître de mois en mois, à partir du 1er mars prochain, les nouvelles mesures que MM. les procureurs généraux auront cru devoir prendre pour l'exécution du décret royal, du règlement et de la présente circulaire.

Je vous prie de vouloir bien communiquer cette circulaire aux juges d'instruction, greffiers, secrétaires du parquet de votre siége, et de m'en accuser réception ainsi que des modèles ci-annexés.

Vos Seigneuries sont aussi averties que toutes les correspondances relatives à la question des casiers judiciaires doivent être adressées à la division 7, section 1re de mon ministère (affaires pénales et de grâce).   Pour le ministre,

                                        EULA.

La lecture des quatre documents que nous venons de porter à la connaissance des magistrats français, prouve que le gouvernement italien s'est heureusement inspiré de notre initiative et a su tirer de la communication qui lui a été faite des règles concernant notre système des casiers judiciaires la plus heureuse application. Il faut même l'avouer, le règlement italien est tellement complet, prévoit tellement toutes les difficultés, toutes les hypothèses, entoure la rédaction et le classement des bulletins n° 1, ainsi que la délivrance des bulletins n° 2 de tant de garanties, que l'on peut se demander si le décret et le règlement qui nous manquent en France et qui nous sont nécessaires, soit pour faire prendre à l'institution une base plus solide, soit pour résumer en un seul texte toutes les circulaires de nos différents ministères, ne devraient pas être entièrement copiés sur le décret et le règlement publiés en Italie le 6 décembre 1865.

Quant au décret, il est remarquable par sa concision, et il nous dévoile même dans son article 1er (§ 2 et 4) une véritable supériorité du système italien sur le système français. Nous voulons parler de la reproduction faite par les casiers italiens des ordonnances de non-lieu et des remises de peines soit par grâce, soit par amnistie, dont les inculpés ou condamnés peuvent avoir été l'objet. Ces renseignements ne sont pas fournis en France par nos casiers. Nos sommiers judiciaires seuls ne donnent les premiers qu'en ce qui touche le tribunal de la Seine (1).

On ne doit pas encore oublier qu'il est suffisamment indiqué par l'article 7 du règlement que les bulletins concernant les étrangers doivent être communiqués au gouvernement d'origine, s'il y a convention diplomatique à cet égard. C'est là une idée salutaire et dont

(1) Voir chapitre II, section III, p. 115.

l'application ne contribuera pas peu à la création d'une ligue internationale contre les associations de malfaiteurs, associations qui ont maintenant des ramifications dans presque tous les pays. Cette application ne s'est pas fait longtemps attendre. Il était à désirer, en effet, que l'échange des condamnations concernant nos nationaux et les Italiens s'établît avec la France le plus tôt possible, car le nombre des Italiens résidant dans l'Empire devient de jour en jour plus considérable. Aux termes d'une récente convention diplomatique, ces échanges sont admis et réglés, et l'Italie, prenant l'initiative, a fait dans les derniers jours de 1868, au ministère de la justice français, un premier envoi de bulletins concernant nos nationaux (1).

Les précautions minutieuses prises par le règlement pour assurer le fonctionnement parfait des casiers judiciaires, ne sauraient non plus échapper à un examen un peu attentif. Ainsi : 1° dans la transmission des bulletins n° 1, par le parquet du lieu de la condamnation à celui du lieu de la naissance, la lettre d'envoi est renvoyée par ce dernier parquet avec une annotation faisant connaître que les bulletins transmis ont été reçus (art. 13 du règlement et modèle n° 2) (2). 2° Chaque parquet doit faire

_____

(1) Une des preuves du fonctionnement régulier de ces échanges, est la recommandation faite dernièrement aux procureurs impériaux du ressort de la Cour de Paris par une circulaire du parquet de cette Cour, en date du 21 juin 1869, de veiller à ce que les bulletins n° 1 concernant les Italiens fassent connaître autant que possible non-seulement la commune d'origine, mais aussi la province, afin de faciliter le classement de ces bulletins dans les casiers judiciaires d'Italie.

(2) Il est à remarquer que les parquets des lieux de la condamnation transmettent directement les bulletins n° 1 aux lieux de nais-

usage d'un *prontuario* chronologique ou *registre d'arrivée*
sur lequel il inscrit tous les bulletins qui lui sont adressés pour être classés au casier de son tribunal (art. 14
du règlement, modèle n° 3). 3° Tous les greffiers doivent
tenir un registre spécial sur lequel ils notent les certificats de pénalité ou extraits des casiers judiciaires délivrés par eux. L'intérêt de la tenue de ce registre est de
pouvoir signaler les demandes toutes récentes qui sont
parvenues au greffe concernant un individu et de mettre
par cela même plusieurs magistrats chargés de poursuites différentes contre le même inculpé, en position
de communiquer entre eux et de régulariser leur procédure, s'il y a lieu (art. 20 du règlement, modèle n° 7).
En France, les greffiers ne tiennent note des bulletins
n° 2 délivrés par eux, qu'au point de vue des émoluments qu'ils en tirent et qu'ils doivent comprendre dans
leurs mémoires d'indemnités payées à titre de frais de
justice criminelle. La tenue d'un registre d'arrivée des
bulletins n° 1 dans les parquets et l'usage d'accuser réception des bulletins n° 1 transmis, n'existent pas non
plus en France. L'exécution de cette première obligation
n'est pas dépourvue d'intérêt. C'est un élément de contrôle pour les procureurs du roi, quand ils procèdent à
l'inspection de leur casier. Ils savent de cette manière si
les bulletins n° 1 qu'ils remettent aux greffiers sont exactement classés. 4° Enfin, le répertoire alphabétique im-
posé aux greffiers est beaucoup plus détaillé qu'en

sance, sans les envoyer, comme en France, aux parquets des Cours.
Cette rapidité de transmission a ses avantages, mais toute surveillance
des procureurs généraux sur la rédaction des bulletins n° 1, est par
cela même supprimée.

France et joue un rôle considérable dans l'aménagement des casiers (article 15 du règlement, modèle
n° 4). En France, au contraire, ce répertoire, bien
qu'exigé, est, en fait, mal tenu et même abandonné par
presque tous les greffiers (V. chapitre II, section II, § x).

Des différences se font remarquer également entre
les instructions françaises et italiennes au point de vue
du prix des bulletins et de la vérification des casiers. En
France, le prix des bulletins n°s 1 et 2 est de 0,25 c.
(Voir chapitre II, section II, § IX). En Italie, chaque
bulletin n° 1 est payé aux greffes 0,50 c. (article 11 du
règlement). Les vérifications faites par les magistrats
français sont *mensuelles* (Circ. chanc., 6 novembre
1850, § x, — 1er juillet 1856, G., § XXVII). En Italie,
les parquets ne sont dans l'obligation de visiter les
casiers que tous les trois mois. Mais aussi les procureurs du roi sont-ils invités à faire des vérifications plus
fréquentes (article 24 du règlement).

L'institution des casiers judiciaires fonctionne donc
en Italie depuis quatre ans, mais pas cependant d'une
manière uniforme. Indépendamment de l'exception
créée par l'article 5 du décret royal du 6 décembre
1865, les provinces vénitiennes, par exemple, dans
lesquelles le Code pénal autrichien est toujours en vigueur depuis 1866, n'ont pas encore la méthode italienne des casiers judiciaires. Cette méthode, on l'es-
père, sera probablement inaugurée le 1er juillet 1870.
Jusque-là, les procédés de recherche des antécédents
des inculpés continuent à être ceux de l'Autriche (1).

(1) Voir p. 196.

L'honorable M. Yvernès, chef de bureau de la statistique au ministère de la justice, qui avait été envoyé par M. le garde des sceaux au congrès de statistique de Florence en 1867, a pu se convaincre des efforts intelligents et éclairés de l'administration italienne pour lutter contre les difficultés inévitables que rencontre à son début toute importante institution. Ces efforts, si l'on en juge par la nature des instructions données aux magistrats italiens dès 1865, doivent être maintenant couronnés d'un plein succès.

PAYS-BAS.

L'institution du casier judiciaire n'existe pas dans les Pays-Bas. Cet État ne paraît posséder aucune institution de nature à constater les antécédents des inculpés et des repris de justice.

PORTUGAL.

Le Portugal est le premier État, le seul, pour ainsi dire, avec l'Italie, qui ait adopté l'idée de notre système des casiers judiciaires. En comprenant toute l'importance et toute l'utilité, le gouvernement du roi Dom Luiz Ier inscrivit dès 1862, dans le projet d'un nouveau Code pénal portugais, un art. 59 ainsi conçu : « Pour faciliter et « rendre efficace la répression de la récidive, le gouver- « nement devra pourvoir à l'organisation du registre « criminel (casier judiciaire des Français). » Malheureusement, et sans doute par suite, soit de nouvelles modifications apportées au projet, soit de difficultés

qui nous sont inconnues, le nouveau Code pénal n'est
pas promulgué. Il est encore soumis à la discussion,
à l'approbation ou au vote des Cortès et n'a pas commencé à recevoir d'exécution. Par conséquent, l'article 59 est lettre morte et le casier judiciaire français
n'a pu prendre racine, comme institution, sur le sol
continental portugais (1). Mais, si nos casiers ne fonctionnent pas encore en Portugal, ils sont du moins en
plein exercice, depuis le 1ᵉʳ janvier 1864, dans les nombreuses colonies de cet État européen. C'est le fruit d'une
sage initiative. Le roi Dom Luiz, sans attendre l'adoption du nouveau projet de la loi pénale par les Cortès,
rendait, le 24 août 1863, un décret daté du palais de
Mafra, contre-signé par M. José da Silva Mendèz Léal,
ministre de la marine, et ordonnant l'établissement
des casiers judiciaires français dans les colonies portugaises. Nous donnons ici les considérants et le texte de
ce décret, dont les dispositions sont empruntées à l'esprit des circulaires ministérielles françaises, mais dont
les détails sont tellement étudiés et soignés qu'il nous a
paru indispensable de le présenter comme un document légal très-intéressant (2). Ce décret a paru au *Moniteur* du Portugal le 28 août 1863.

(1) Une partie de ce nouveau Code portugais a été votée par les
Cortès. Où en est l'autre partie? C'est ce qu'il est difficile de connaître
maintenant. M. Jordao, jurisconsulte portugais, rédacteur de la totalité du projet, guidé par les inspirations de M. Bonneville, à qui est
dû le plan général de cette œuvre importante, paraît ne pas avoir
persévéré depuis deux ans dans la voie qu'il s'était si utilement
tracée pour l'établissement complet de l'institution.

(2) M. Bonneville, dans son *Amélioration de la loi pénale* (1864,
p. 642) retrace bien les considérants du décret, mais n'en donne pas le

Décret du roi Dom Luiz 1er, du 24 août 1863, sur l'établissement
du casier judiciaire dans les colonies portugaises.

Département de la marine et des colonies.

« Nous, etc.

« Considérant que la justice humaine n'est légitime que parce qu'elle
« est le reflet de la justice divine et, qu'à ce titre, il est essentiel
« qu'elle traite chacun selon ses œuvres ;

« Considérant que la peine ne pouvant être efficace que par le dis-
« cernement des moralités, il importe dans ce but, non-seulement
« d'apprécier la gravité intrinsèque de l'infraction, mais de propor-
« tionner la peine au degré relatif de perversité et d'incorrigibilité du
« coupable ;

« Considérant qu'au premier rang des circonstances qui peuvent
« aggraver la criminalité, sont le caractère du délinquant, ses habi-
« tudes d'infraction, ses antécédents judiciaires, en un mot son état
« de récidive ;

« Considérant que l'aggravation spéciale de peine édictée, dans ce
« cas, par la loi, deviendrait complétement illusoire, si l'état de réci-
« dive ne pouvait être connu et constaté avec sûreté et prompti-
« tude ;

« Considérant que pour satisfaire aux diverses nécessités de la ré-
« pression, le mode généralement suivi en Europe consistait à inscrire,
« dans les livres ou registres alphabétiques de chaque tribunal, les
« décisions par lui rendues, ledit mode correspondant à ce qu'on ap-
« pelle en Portugal le livre des coupables (*livro dos culpados*) ;

« Considérant que si, au moyen de ces registres et des certificats,
« qualifiés, parmi nous, feuilles courantes (*follias corridas*), en Piémont
« *certificats de criminalité*, dans la Lombardie, *fedina criminale*,
« et en Toscane, *specchietto*, chaque tribunal peut effectivement sa-
« voir s'il a précédemment condamné l'individu qu'on lui défère de-
« rechef, il ne peut toutefois, à l'aide de ce moyen, connaître tous
« les antécédents criminels du prévenu, ni vérifier exactement, au

texte. Si nous reproduisons ici ces considérants en même temps que
nous les faisons suivre du texte du décret précité, c'est afin de présenter l'ensemble complet de la législation portugaise sur la matière
qui nous occupe.

« point de vue des peines , la statistique de sa vie morale , puisque
« souvent il arrive qu'un même individu a encouru diverses condam-
« nations dans des tribunaux différents ;

« Considérant que, frappé de l'insuffisance d'un tel système. le lé-
« gislateur français s'est , dès le commencement de ce siècle , efforcé
« de le corriger, et qu'il n'a pu y parvenir ni par les dispositions des
« art. 600 et suivants du Code d'instruction criminelle, qui prescri-
« vent le dépôt, aux ministères de la justice et de l'intérieur du
« double de toutes les condamnations prononcées par tous les tri-
« bunaux de l'Empire, ni même par le système des *tables mobiles*
« *perpétuelles*, ingénieuse combinaison employée à la préfecture de
« police de Paris depuis 1833 ;

« Considérant qu'en effet le vice radical de ce système consiste,
« non dans la forme du registre (d'ailleurs très-avantageusement per-
« fectionnée par la méthode précédemment signalée), mais dans l'*abso-
« lue centralisation* des notices concernant chaque criminel, comme
« l'a si justement démontré, depuis 1848, l'éminent magistrat crimi-
« naliste Bonneville de Marsangy , sur la proposition duquel le gou-
« vernement français a remplacé cette centralisation par la *localisa-
« tion des extraits des jugements*, c'est-à-dire, *par leur classement*
« *au greffe du lieu de naissance de chaque condamné* ;

« Considérant que ce nouveau système de *registres criminels*, ap-
« prouvé à l'unanimité par le conseil général de Seine-et-Oise, en sep-
« tembre 1849, et vulgairement appelé *casiers judiciaires*, a été défi-
« nitivement adopté par la circulaire du Ministre de la justice Rouher,
« du 6 novembre 1850, et qu'il n'a cessé depuis lors de fonctionner
« en donnant d'admirables résultats pratiques et notamment depuis
« que, grâce aux indications de l'auteur et à celles de l'expérience,
« on y a introduit certains perfectionnements , ordonnés par les cir-
« culaires des 30 décembre 1850, 4 juin et 1er juillet 1851 , 23 mai
« 1853, 30 août 1855, 1er juillet 1856 et 20 mai 1862 ;

« Considérant que cette institution des casiers judiciaires a reçu
« l'approbation des jurisconsultes les plus distingués de tous les pays ;
« qu'elle a déjà été adoptée par d'autres nations et récemment par le
« royaume d'Italie, sous le nom de *Casellario giudiciale* , sur la pro-
« position du savant Filippo Ambrosoli, procureur du roi de Milan ;

« Considérant que ce système produit les plus précieuses consé-
« quences pour la juste et efficace répression des crimes et délits, en
« ce qu'il procure le *moyen certain* de connaître si un coupable a déjà

« enfreint la loi et reçu de la justice une correction antérieure ; et
« aussi en permettant au juge de proportionner la peine au degré
« relatif de dépravation des délinquants ; qu'enfin il pare aux incon-
« vénients et aux dangers qui pourraient résulter, pour la société, de
« l'ignorance de ces précédents juridiques ;

« Considérant que ces conséquences ne sont pas moins impor-
« tantes en ce qui touche la pureté du recensement (*dos recensea-*
« *mentos*), car nul ne pouvant avoir la qualité d'électeur ou d'éligible,
« ni être juré, ni entrer dans l'armée ou dans la marine, ni participer
« à un titre quelconque à l'exercice de l'autorité, si par une condam-
« nation il a encouru l'indignité civique, le nouveau système offre le
« moyen certain de connaître tous ceux qui, par leurs précédentes
« condamnations, ont encouru la suspension ou la privation de leurs
« droits politiques ;

« Considérant que les conséquences de ladite mesure concourent
« également à l'amélioration de l'ordre social, en offrant le moyen
« certain d'éviter qu'un malfaiteur puisse, au scandale et au dommage
« de la société, usurper les droits de l'homme réellement honorable ;
« ce qui est absolument indispensable au succès d'un régime libéral,
« dont la plus solide base est la vertu, dont la principale sauvegarde
« est l'honorabilité (*respeitabilidade*) des délégataires de l'autorité ;
« qu'elles concourent également au bien de la sécurité et de la morale,
« en empêchant que jamais un repris de justice ne puisse, trompant
« les citoyens ou les pouvoirs publics, obtenir des uns ou des autres
« les témoignages de considération et de confiance, et les charges et
« récompenses réservées exclusivement à la probité, à la bonne con-
« duite et aux honnêtes services ;

« Considérant aussi l'utilité d'un tel système, dûment conçu et or-
« ganisé, pour le service de la statistique criminelle ;

« Considérant, de plus, les avantages internationaux qui doivent ré-
« sulter de la généralisation de ces mesures, alors qu'elles auront été
« successivement adoptées par les divers États civilisés ;

« Considérant, enfin, que ces graves nécessités sociales provoquent
« aujourd'hui toute la sollicitude des gouvernements chez les peuples
« éclairés ;

« Avons arrêté et décrété les dispositions ci-après : »

Décret.

CHAPITRE PREMIER.

DU CASIER CRIMINEL ET DE SON OBJET.

Art. 1er. Le casier criminel a pour objet de fournir les antécédents judiciaires de toute personne, soit afin de pouvoir lui appliquer justement la peine qu'elle a méritée, soit pour l'empêcher d'exercer ses droits civils et politiques, si elle en est complétement privée, ou bien si l'interdiction de ces droits a été prononcée contre elle temporairement.

Art. 2. Le casier criminel des provinces des colonies fonctionnera à partir du 1er janvier 1864.

Art. 3. Le casier criminel est local ou central.

Le casier local sera établi dans les parquets des procureurs du roi, et comprendra les individus nés dans la circonscription judiciaire de chaque tribunal.

Le casier central sera établi au ministère de la marine et des colonies, et comprendra les individus non compris parmi ceux désignés à l'alinéa précédent, ainsi que ceux désignés au chapitre III, ci-après.

Art. 4. L'adjudant du procureur général de la Couronne près le ministère de la marine et des colonies est le chef supérieur du casier judiciaire, et en cette qualité il enverra aux membres du ministère public des provinces des colonies les instructions et les ordres nécessaires pour la bonne exécution du présent décret.

CHAPITRE II.

DU CASIER LOCAL ET DE SON ORGANISATION.

Art. 5. On établira dans les bureaux de chaque parquet des rayons en nombre nécessaire pour y placer le casier judiciaire. Ces rayons seront divisés et subdivisés en rangs et compartiments disposés par ordre alphabétique.

§ 1er. — La dépense nécessaire à cet établissement sera soldée par la caisse des amendes inférieures à 5,000 réis (à peu près 28 fr.). Si les fonds de cette caisse ne sont pas suffisants, c'est le gouvernement de la province qui supportera les frais d'établissement.

§ 2. — Le casier sera placé dans un lieu qui ne soit pas accessible au public, et sous la responsabilité immédiate de l'employé chargé de sa garde.

Art. 6. On recueillera dans chaque casier et on y classera, par ordre alphabétique, les bulletins relatant les décisions suivantes intervenues dans chaque canton et concernant les individus qui y sont nés.

1° Les arrêts de mise en accusation ;

2° Les condamnations en matière criminelle, correctionnelle ou simplement les arrêts prononcés par toute juridiction répressive ;

3° Les mandats d'arrêt délivrés par l'autorité judiciaire contre les inculpés, accusés ou condamnés en fuite, cachés ou absents, et en général contre tout individu en fuite sur lequel pèse quelque accusation légale ;

4° Les condamnations disciplinaires prononcées par l'autorité compétente ;

5° Les jugements déclaratifs de faillite;

6° Les décrets de grâce ou de commutation de peine ;

7° Les sentences d'interdiction prononcées dans les termes de la loi civile.

§ unique. — Les enfants trouvés devront être considérés, pour l'application de cet article, comme nés dans le canton où existe l'hospice où ils ont été recueillis, et dans lequel se trouve le lieu où ils auraient été soit abandonnés soit exposés.

Art. 7. Les bulletins concernant chaque condamné indiqueront :

1° Son nom et ses surnoms ou sobriquets, s'il en a ;

2° Le nom de ses père et mère vivants ou morts ;

3° Les jour, mois, année de sa naissance ;

4° Le lieu de sa naissance avec l'indication spéciale de la commune, du canton, du district, du département ou de la province, et sa dernière résidence;

5° Son état civil, s'il est célibataire, marié ou veuf avec ou sans enfants, et, s'il est marié, le lieu et la date de son mariage;

6° Sa profession et les impôts payés par lui ;

7° Sa religion ;

8° Son état d'instruction ;

9° Sa condition, s'il est libre, affranchi ou esclave;

10° Son signalement particulier ;

11° La condamnation avec la date du jugement, et le nom du tribunal ou de la juridiction qui l'a prononcé.

§ *unique.* — Les bulletins relatifs aux condamnés aux peines perpétuelles, ou en général aux récidivistes de profession et aux individus reconnus dangereux, seront toujours, s'il est possible, accompagnés de la photographie de ces condamnés. Ces portraits n'auront pas moins de 0,15ᶜ de hauteur sur 7ᶜ 1/2 de largeur. Leur dimension sera toujours, sinon inférieure, du moins pas plus grande que celle des bulletins.

Art. 8. Les bulletins auront toujours 0,24ᶜ de hauteur sur 0,15ᶜ de largeur. Ils seront en bon carton blanc, et rédigés en caractères très-lisibles.

§ *unique.* — Le nom du condamné sera toujours écrit sur la première ligne, en gros caractères ou en lettres italiques.

Art. 9. Les bulletins conserveront entre eux l'ordre rigoureusement alphabétique, d'après l'indication donnée non-seulement par les lettres initiales du nom, mais encore par les autres lettres successives composant le nom tout entier. Ils seront placés, sur chaque rayon, dans des boîtes mobiles ouvertes à leur partie supérieure, de manière qu'en les maniant on puisse facilement lire le nom écrit sur la première ligne. Chaque boîte indiquera extérieurement la lettre alphabétique à laquelle elle correspond, et chacune d'elles ne sera consacrée qu'à une de ces lettres.

SECT. Iʳᵉ. — *De la rédaction des bulletins de condamnation, de leur transmission et de leur classement au casier du lieu de naissance.*

Art. 10. Aussitôt qu'une des condamnations mentionnées dans l'art. 6 sera définitive, le greffier de la juridiction qui a prononcé en dressera immédiatement un bulletin, en y mentionnant les renseignements indiqués dans l'art. 7, conformément au modèle A ci-annexé. Après avoir daté et signé ce bulletin, il le fera viser par les juges qui ont condamné ainsi que par le procureur du roi. Ce magistrat, avant de le revêtir de sa signature, examinera s'il est rédigé suivant les prescriptions du présent décret.

§ *unique.* — Si la juridiction qui a prononcé la condamnation n'est pas une autorité judiciaire, c'est l'employé désigné par elle à cet effet qui remplira les fonctions de greffier, et, dans ce cas, le bulletin n'aura pas besoin d'être visé par le ministère public.

Art. 11. L'employé recevant ces bulletins de condamnation classera immédiatement dans les boîtes du casier du canton ceux qui seront relatifs aux individus qui y sont nés, et fera en même temps parvenir à chaque parquet ceux qui appartiendront aux individus nés dans d'autres cantons, si ces cantons font partie des provinces coloniales. Quant aux bulletins relatifs aux individus désignés au chapitre III (art. 24), ils seront adressés sans retard au casier central, où ils doivent être conservés.

§ *unique.* — L'envoi des bulletins ne sera accompagné d'aucune dépêche officielle. Ils seront transmis dans une enveloppe portant imprimés à sa partie supérieure ces mots : *casier criminel du canton de...* Il en sera accusé réception par un billet renfermé dans une enveloppe d'égale dimension et contenant la déclaration suivante : *reçu dans le casier de....., le bulletin relatif à.....*

Art. 12. Si plusieurs individus sont compris dans le même jugement, il faudra dresser pour chacun d'eux un bulletin séparé. Chacun de ces bulletins doit indiquer le nombre des condamnés et faire mention du nom des casiers auxquels on a adressé les bulletins des autres condamnés.

Art. 13. Quand il existe dans un casier deux ou plusieurs bulletins relatifs à un même individu, il faut placer ces bulletins par ordre chronologique et de plus les renfermer dans une chemise sur la partie extérieure de laquelle on écrira en haut le nom du condamné. Ces bulletins réunis ensemble conservent toujours la même place dans la série alphabétique des condamnés, comme s'il n'en existait qu'un seul.

Art. 14. Si, au lieu désigné par le condamné comme celui de sa résidence, l'on ne trouve sur le registre de la commune aucune trace de son existence, ni aucun indice de sa naissance, le parquet à qui le bulletin aura été adressé, après avoir procédé avec soin à cette vérification, le renverra immédiatement au parquet qui le lui aura transmis. Si celui-ci ne peut pas obtenir plus d'éclaircissements, bien qu'il ait fait toutes les diligences nécessaires à cet égard, il expédiera de nouveau le bulletin le plus promptement possible au parquet de classement, afin que ce dernier y mette auprès de l'indication de la naissance la mention (*douteuse*), et il enverra au casier central un duplicata du bulletin avec la même mention.

§ *unique.* — Si, par suite de vérifications postérieures, on finit par découvrir le véritable lieu de la naissance d'un condamné, le bulletin sera envoyé au parquet de ce lieu d'après les différentes dispositions du présent décret, et l'on fera les rectifications nécessaires sur le bulletin à conserver avec la mention (*naissance douteuse*).

Art. 15. Si l'on découvre qu'un individu qui a encouru l'un des jugements ou condamnations compris dans l'art. 6, s'est fait condamner sous un nom supposé, on dressera un nouveau bulletin portant le véritable nom de l'inculpé, mais on conservera cependant dans la boîte correspondante au faux nom un bulletin qui renverra au véritable.

Sect. II. — *Du répertoire alphabétique du casier.*

Art. 16. Dans chaque casier judiciaire il y aura un répertoire dressé conformément au modèle B ci-annexé, indiquant par ordre alphabétique le nom des individus auxquels s'appliquent les bulletins compris dans le casier et les tribunaux ou juridictions qui ont prononcé chaque condamnation.

Art. 17. Ces répertoires ou index serviront à faciliter les recherches à faire dans les casiers, permettront de s'apercevoir si quelque bulletin a été égaré et dans ce dernier cas de procéder à son remplacement.

Sect. III. — *De la suppression des bulletins des individus décédés.*

Art. 18. Aussitôt que dans chaque casier on aura acquis la certitude de la mort d'un condamné, on retirera de ce casier les bulletins qui le concernent, en faisant au répertoire alphabétique, à la colonne des observations, une mention qui permette de ne plus y classer de bulletins inutilement.

Art. 19. Pour faciliter cette suppression, les directeurs des établissements pénitentiaires sont obligés de faire connaître aux casiers locaux ou au casier central la mort de tous les condamnés subissant leur peine dans ces établissements.

Sect. IV. — *Des certificats du casier judiciaire.*

Art. 20. Le ministère public et toute autre autorité, en général, pourront demander sur chaque personne un certificat du casier judiciaire, toutes les fois que le bien du service public l'exigera.

Ces certificats seront rédigés de suite et gratuitement, conformément au modèle C ci-annexé.

§ *unique.* — Quand le casier ne contiendra aucun bulletin relatif à l'individu désigné, le certificat négatif consistera dans la délivrance d'un extrait qui contiendra à la partie supérieure le nom du condamné, et dans le corps duquel on inscrira cette mention (*on ne trouve rien au casier judiciaire…*).

Art. 21. Les simples particuliers pourront également demander des certificats les concernant ou concernant toute autre personne, mais dans ce dernier cas, les certificats ne seront délivrés que quand le ministère public, chargé de la direction suprême de son casier, en aura accordé l'autorisation, sauf recours de sa décision au gouvernement.

§ *unique*. — Ces certificats seront rédigés suivant le modèle C ci-annexé, et revêtus d'un timbre de 40 réis (20 centimes environ). Le prix en est fixé d'après un tarif établi dans chaque casier. Il est tout entier à la charge du demandeur.

SECT. V. — *De la vérification mensuelle du casier judiciaire.*

Art. 22. Les employés chargés de l'aménagement du casier judiciaire procéderont, à la fin de chaque mois, à l'examen de ces casiers. Ils en dresseront un procès-verbal qui sera envoyé au casier central au commencement de chaque mois, et sera relatif à l'état du casier pendant le mois précédent.

Ce procès-verbal, rédigé dans les termes du modèle D ci-annexé, contiendra :

1° Le nombre des bulletins classés au casier ;

2° Celui des bulletins transmis aux casiers locaux et au casier central ;

3° Le nombre des certificats délivrés à la demande du ministère public, des administrations ou des simples particuliers ;

4° Celui des bulletins retirés du casier après la mort de chaque condamné ;

5° Enfin, le nombre des bulletins existant au casier au moment de la vérification.

CHAPITRE III.

DU CASIER CENTRAL.

Art. 23. Le casier central sera organisé au ministère de la marine et des colonies. Il restera sous la responsabilité et la direction immédiate de l'adjudant du procureur général de la Couronne près ce ministère.

§ *unique.* — Les dispositions du chapitre II sont applicables au casier central, en ce qu'elles n'ont point de contraire à la nature de ce casier.

Art. 24. Seront transmis au casier central, par les employés du casier dans chaque province des colonies, les bulletins relatifs :

1° Aux simples étrangers ou aux étrangers naturalisés ;

2° Aux Portugais nés en pays étrangers ;

3° Aux individus dont le lieu de naissance est douteux et complétement inconnu.

§ *unique.* — Tant que les casiers judiciaires ne seront pas organisés dans le royaume, les bulletins concernant les individus nés dans le Portugal continental ou dans les îles contiguës et condamnés dans les provinces des colonies seront transmis au casier central et classés dans une case séparée.

Art. 25. Lorsque le casier central recevra des bulletins relatifs à des étrangers naturalisés, il adressera immédiatement une copie authentique au tribunal où ont été obtenues les lettres de naturalisation.

Art. 26. Si un étranger est poursuivi pour crime dans son pays ou dans tout autre où il ait résidé, et qu'à raison de cette poursuite on ait besoin de connaître ses antécédents judiciaires, on fera la demande du bulletin ou des renseignements nécessaires à l'autorité portugaise compétente, conformément aux habitudes internationales actuellement en vigueur. On agira ainsi, jusqu'à ce que des traités soient venus régler ce mode de communications.

§ *unique.* — Aussitôt qu'un pays étranger fera, par l'entremise de l'autorité compétente, la même demande, tant sur un Portugais poursuivi pour crime que sur un étranger, ce pays recevra immédiatement satisfaction.

CHAPITRE IV.

DISPOSITIONS TRANSITOIRES.

Art. 27. Pour rendre de suite profitable l'institution des casiers judiciaires, on procédera immédiatement dans tous les cantons, et conformément aux dispositions du présent décret, à la conversion en bulletins de toutes les condamnations fournies par les registres.

Cette conversion se fera :

1° A partir du 1er janvier 1843, pour toutes les condamnations relatives à la peine de mort non exécutées, ou bien pour celles aux travaux forcés, n'ayant pas été l'objet d'une commutation ;

2° A partir du 1ᵉʳ janvier 1853, pour toutes les condamnations prononcées à raison de crimes ou de délits ;

3° A partir du 1ᵉʳ janvier 1861, pour toutes les condamnations encourues pour contravention.

§ *unique.* — Les employés chargés du casier chercheront à obtenir des juridictions répressives spéciales tous les renseignements qui ne peuvent pas leur être fournis par les registres de condamnations, et constateront également ces renseignements par bulletins.

Art. 28. Aussitôt que les bulletins correspondant à chacune des années antérieures à l'établissement du casier judiciaire seront dressés, chaque employé s'empressera de classer, par ordre alphabétique, dans son casier ceux relatifs aux individus nés dans le canton, et donnera aux autres la destination indiquée dans l'art. 11.

CHAPITRE V.

DISPOSITIONS FINALES.

Art. 29. A partir du 1ᵉʳ juillet 1864, on devra joindre à toute instruction criminelle un certificat du casier judiciaire concernant chaque inculpé.

§ *unique.* — Si le lieu de sa naissance est douteux, ou bien si l'inculpé est ou étranger ou né en pays étranger, la demande du certificat sera adressée au casier central.

Art. 30. A partir du 1ᵉʳ juillet 1864, aucune personne née dans les provinces des colonies ou y demeurant ne pourra être nommée à un emploi public ou bien obtenir quelque autre faveur du gouvernement, sans représenter son certificat du casier judiciaire.

Le ministre de la marine et des colonies est chargé de l'exécution du présent décret.

Au palais de Mafra, le 24 août 1863.

LE ROI.

Le ministre de la marine et des colonies,
JOSÉ DA SILVA MENDEZ LÉAL.

Annexes. — *Modèles des bulletins et certificats.*

MODÈLE A.

NOMS et SURNOMS.		
NOM DU PÈRE.		EXTRAIT DE LA CONDAMNATION.
NOM DE LA MÈRE.		
DE LA NAISSANCE. { Jour. Mois. Année. Lieu.		
DERNIER DOMICILE.		
PROFESSION.		
NOMBRE DES ENFANTS.		
S'IL EST MARIÉ ou célibataire.		
IMPÔTS.		L'an... ..
RELIGION.		*(Signature du greffier.)*
DEGRÉ D'INSTRUCTION.		*(Visa et signature du juge.)*
PROFESSION.		*(Visa et signature du ministère public.)*
SIGNES PARTICULIERS.		

Hauteur, 24 cent.

Largeur, 15 cent.

MODÈLE B.

Répertoire alphabétique du Casier judiciaire du canton d

NOM et surnoms.	NOMS du père.	NOMS de la mère.	JOUR, mois, année, lieu de naissance.	NOM de la juridiction qui a prononcé et date de la condamnation.	EXTRAIT de la condamnation.	OBSERVA- TIONS.

MODÈLE C.

Extrait des bulletins du Casier judiciaire du canton d
    relatifs au nommé *(nom et prénoms)*,
    né *(jour, mois, année et lieu de naissance)*,
    fils de *(noms des père et mère)*,
    demeurant à......
    ..... *(profession et famille)*,
    ..... *(état civil)*.

DATE des condamnations.	TRIBUNAUX.	NATURE du crime ou délit.	NATURE et durée de la peine.	OBSERVATIONS.

Casier judiciaire du canton d   Le délégué du Procureur du roi,
  (La date de la délivrance.)   *(Signature.)*

MODÈLE D.

Procès-verbal de la vérification du Casier judiciaire du Canton d

Année 186   .   *Mois d*

———————

Le délégué du Procureur du Roi du canton d
procédant à la vérification du Casier judiciaire de ce canton, en exécution du décret du 24 août 1863, a trouvé que pendant le mois
d   il y a eu :

1 N... Bulletins classés au Casier ;
2 N... Bulletins transmis aux différents Casiers locaux ;
3 N... Bulletins transmis au Casier central ;
4 N... Certificats délivrés à la demande du ministère public ;
5 N... Certificats délivrés à la demande des administrations publi-
        ques ;
6 N... Certificats délivrés à la demande des particuliers ;
7 N... Bulletins supprimés concernant des condamnés décédés ;
8 ..... Le nombre des Bulletins restant classé au Casier au moment
        de la vérification est de
9 ..... Enfin le Casier est...... (*Observations sur l'état du Casier.*)

(Signature du délégué.)

Les dispositions de ce décret sont tellement claires par elles-mêmes que nous n'avons aucun commentaire à en faire. Elles sont, il est vrai, moins complètes que celles des décret et règlement italiens, mais elles reproduisent encore les principales dispositions de nos circulaires ministérielles françaises. Ainsi on voit un casier local dans chaque tribunal colonial (Chap. ii du décret) et un casier central au ministère de la marine et des colonies pour tous les étrangers et les condamnés d'origine inconnue (Chap. iii du décret). La rédaction des bulletins n° 1 et leur classement aux parquets des tribunaux de naissance sont les mêmes qu'en France, avec cette différence que ces documents, pour qu'ils offrent plus de garanties, sont revêtus non-seulement de la signature du procureur du roi, mais encore de celle de tous les juges ayant prononcé (art. 10 du décret) et sont accompagnées pour les condamnés aux peines perpétuelles, les récidivistes et les hommes reconnus dangereux, de la photographie de ces malfaiteurs (art. 7 du décret), ce que nous ne pouvons encore avoir en France qu'imparfaitement (V. p. 171). La transmission des bulletins est directe comme en Italie, du parquet du lieu de la condamnation à celui du lieu de la naissance, et il est accusé réception de l'envoi par ce dernier parquet (art. 11 du décret). Mais il y a encore analogie entre le système français et les dispositions du décret portugais, en ce qui concerne la tenue du répertoire alphabétique, la suppression du bulletin des individus décédés et les vérifications mensuelles des casiers (art. 16, 17, 18, 19 et 22 du décret (1).

_____

(1) Chaque pays, tout en s'assimilant une institution étrangère, garde

Les greffiers paraissent ne toucher aucun émolument pour la rédaction des bulletins n° 1. Quant à la délivrance des bulletins n° 2, elle est gratuite pour le ministère public et réglée d'après un tarif local pour les simples particuliers, avec un droit fixe de 20 cent. de timbre (art. 20 et 21 du décret). En France, au contraire, il est alloué un émolument de 25 cent. aux greffiers pour la rédaction de chaque bulletin n° 1. En Italie, cet émolument est de 50 cent. (art. 11 du règlement italien du 6 déc. 1865). De plus, ce dernier pays semble ne rien exiger pour la délivrance du certificat de pénalité, soit au ministère public, soit aux simples particuliers, tandis qu'en France les greffiers touchent 25 cent. pour chaque bulletin n° 2 délivré à l'autorité judiciaire et 2 fr. 10 c. par chaque bulletin délivré aux simples particuliers. (V. chap. III, sect. II, p. 73 et 74.)

L'art. 26 du décret règle la communication officieuse, de pays à pays, des renseignements fournis par les casiers portugais, comme en Italie (art. 7 du règlement italien), et l'article 30 dispose qu'à partir du 1er juillet

---

ses idées propres, qu'il utilise pour modifier cette institution à son gré. On sera donc étonné de voir dans l'emprunt que le Portugal et l'Italie nous ont fait de nos casiers judiciaires, la répétition pure et simple, avec quelques garanties matérielles de plus en ce qui touche l'Italie, des instructions concernant l'institution en France. L'explication de cette concordance parfaite est toute naturelle. C'est l'honorable créateur du casier judiciaire en France, M. Bonneville, qui, consulté par les magistrats italiens, et ayant coopéré à l'amélioration du nouveau Code portugais, a fait heureusement et simplement adopter par les gouvernements de ces deux pays ses idées sur les casiers, c'est-à-dire le système français.

1864, aucune personne ne pourra être nommée à un emploi public sans produire son certificat du casier judiciaire. Cette disposition trouve naturellement sa place dans notre projet de décret français (art. 20). (V. p. 193).

Enfin, il est juste de faire remarquer que les casiers portugais présentent certains avantages qui n'existent pas en France, mais que l'on pourrait facilement créer. Ainsi, les casiers judiciaires portugais (art. 6 du décret) relatent, comme les casiers italiens, les décrets de grâce ou de remise de peine. Ils font, en outre, mention des arrêts de mise en accusation, des mandats d'arrêt délivrés contre les inculpés ou accusés, et des jugements d'interdiction prononcés en matière civile. Nos casiers judiciaires sont muets à l'égard de ces différents renseignements. En revanche, les arrêts et décrets de réhabilitation ne sont pas compris dans les instructions portugaises comme devant figurer au casier judiciaire.

En résumé, le décret sur l'établissement du casier judiciaire dans les colonies portugaises paraît parfaitement fonctionner depuis 1864, et son exécution rend de grands services. Nous n'avons plus qu'un souhait à faire, en ce qui touche ce pays, c'est la promulgation prompte et rapide du nouveau Code pénal portugais et la création, en même temps que de l'article 59 de ce Code, d'un décret reproduisant textuellement nos instructions ministérielles françaises, décret dont le besoin se fait si vivement sentir en France (1). La métropole portugaise serait ainsi dotée du fonctionnement rapide de nos casiers judiciaires.

(1) V. chap. iii, sect. 3, § 2.

PRUSSE.

La Prusse ne possède pas, à proprement parler, notre institution des casiers judiciaires ; mais de complets renseignements que nous devons à l'obligeance de l'ambassade française à Berlin font voir que dès 1851 le gouvernement prussien s'est préoccupé avec attention et à tous les points de vue de la recherche et de la connaissance des antécédents, soit des citoyens, soit des inculpés prussiens ou étrangers, et qu'il existe à cet égard en Prusse un système qui a quelque analogie avec notre institution des casiers judiciaires. Nous ne pouvons mieux faire, pour l'exposer, que de donner ici le texte de la lettre et des documents intéressants qui, à l'occasion de notre demande de renseignements, ont été adressés par le ministère de la justice, à Berlin, à l'ambassade impériale française (1).

Lettre du ministère de la justice prussienne à l'ambassade française à Berlin.

« Berlin, le 29 septembre 1868.

« L'ambassade française m'a adressé, le 31 août dernier, une lettre
« par laquelle elle me demandait s'il existe en Prusse une disposition
« semblable ou analogue à celle du casier judiciaire en France. J'ai
« l'honneur de faire connaître à l'ambassade que je ne puis répondre
« convenablement à cette question sans avoir des données plus com-
« plètes sur les prescriptions concernant ledit casier français. Je suis

(1) Ces renseignements nous ont été envoyés par M. le chancelier
de l'ambassade, M. de Bobic, le 5 octobre 1868.

« prêt, néanmoins, le cas échéant, à donner la réponse demandée.
« Mais je puis, dès à présent, faire observer que s'il ne s'agit que de
« la constatation des condamnations antérieures subies par un inculpé,
« elle se fait, en Prusse, de la manière suivante.

« Chaque tribunal de 1ʳᵉ instance tient un registre alphabétique
« des personnes soumises à sa juridiction, qui ont encouru des con-
« damnations. Il est, de plus, informé par les procureurs généraux
« (*staatsamwaltschaft*) des condamnations concernant ces personnes,
« prononcées par les tribunaux des autres circonscriptions prus-
« siennes. Quant aux condamnations prononcées contre des étrangers,
« il en donne notification aux officiers de police de leur résidence
« respective, et c'est auprès de ces officiers que l'on peut dans ce cas
« obtenir les renseignements désirés.

« Les dispositions que je viens d'indiquer sont contenues dans l'ex-
« trait ci-joint du règlement général du 30 juin 1851, nᵒ 6 à nᵒ 9
« (page 233 du *Journal officiel de la justice*), et dans les remarques
« qui accompagnent le modèle B, prescrit par ledit règlement.

« Le ministre de la justice en Prusse,

« Par son ordre et autorisation,

« DE RIX. »

Suivent le règlement général du 30 juin 1851 et le modèle B annexé à ce règlement.

*Règlement général du 30 juin 1851, adressé à toutes les autorités ju-
diciaires, concernant la tenue, dans les tribunaux de 1ʳᵉ instance,
du répertoire* (repertorium) *pour les enquêtes judiciaires.*

. . . .

Nᵒ 6. Le registre des noms n'est pas établi chaque année de nouveau, mais bien d'une manière permanente. Il sert au contrôle des
personnes condamnées soit pour crimes soit pour délits, et remplace
l'ancien répertoire des criminels.

Nᵒ 7. On inscrit dans le registre des noms :

1ᵒ Les noms de tous les individus compris dans le répertoire tenu
pour les crimes et les délits par chaque tribunal compétent ;

2ᵒ Les noms de ceux à l'égard desquels chaque tribunal a reçu des
notifications de jugement, conformément aux prescriptions du 29 de
ce mois, art. 2. Ces notifications sont rassemblées dans le dossier gé-

néral judiciaire (*général-akten*), et mentionnées sur le registre des noms avec indication du volume et de la page.

N° 8. Dans le cas où une instruction pour crime ou délit serait commencée par un tribunal autre que le tribunal dans le ressort duquel l'inculpé est naturellement placé, on doit s'adresser à ce dernier tribunal pour savoir si ledit inculpé a été déjà antérieurement condamné pour quelque crime ou délit et quelle condamnation a été prononcée.

N° 9. Dans le cas où il serait utile de savoir si quelqu'un a été condamné à la perte de ses droits civils ou interdit momentanément de ses prérogatives honorifiques, ou privé du droit de faire le commerce, ou placé sous la surveillance de la haute police, on doit également s'adresser au chef du tribunal sous la juridiction duquel se trouve placée la personne en question.

Le ministre de la justice,

SIMONS.

MODÈLE B.

Registre alphabétique des noms de toutes les personnes contre les-
quelles a été dirigée une instruction pour crimes ou délits.

N°ˢ d'ordre	NOMS, PRÉNOMS, état et domicile des inculpés.	L'INSTRUCTION SE TROUVE au Répertoire.		au Dossier général.		OBSERVAT.
		Année.	Numéro.	Volume.	Page.	

Remarques.—Le registre des noms doit être tenu par ordre alphabétique, et chaque inculpé doit y figurer même dans le cas où l'instruction serait faite contre plusieurs individus. Lorsque plusieurs instructions différentes ont été dirigées contre une seule et même personne,
cette circonstance est mentionnée dans les deux colonnes *Répertoire*
et *Dossier général.* Mais le nom de chaque inculpé ne doit figurer sur
le registre qu'une seule fois.

Il résulte des deux documents dont nous venons de
donner le texte : 1°qu'avant 1851, il n'existait en Prusse,
dans les tribunaux de première instance, qu'un répertoire annuel ne contenant que les noms des personnes
domiciliées dans la juridiction de chaque tribunal et
condamnées dans l'année par lui, renseignements
bien incomplets; 2° que depuis 1851, au contraire, on
tient à la place de ce registre annuel un répertoire
alphabétique et successif des noms des personnes domiciliées dans la juridiction de chaque tribunal de première instance, indiquant, au moyen des dispositions du
modèle B, d'abord, les condamnations prononcées contre
ces personnes par le tribunal de leur domicile avant et
depuis 1851, ensuite les condamnations prononcées
contre ces personnes dans toute la monarchie prussienne,
chaque procureur général étant tenu de donner avis au
tribunal du domicile des condamnés des condamnations
prononcées dans son ressort (art. 7, § 2 du règlement
susénoncé) ; 3° qu'enfin, en ce qui concerne les étrangers, c'est aux officiers de police du lieu de leur résidence qu'on donne avis des condamnations qu'ils
peuvent encourir et que c'est à ces officiers qu'on doit
s'adresser pour connaître leurs antécédents. Malgré les
perfectionnements apportés depuis 1851 à la recherche

des antécédents des inculpés en Prusse, on est cependant obligé de reconnaître que le système employé est
encore défectueux. D'abord, c'est le tribunal du lieu du
domicile qui, comme en Autriche, est choisi pour le
dépôt des condamnations concernant chaque condamné.
Ce lieu pouvant être essentiellement variable dans la
vie, les renseignements concernant un même individu
peuvent être aussi disséminés dans différents tribunaux,
et il est impossible de les recueillir tous (1). On n'a pas
alors l'exacte physionomie du passé des inculpés. Ensuite la tenue des répertoires alphabétiques sans erreurs,
sans ratures, est d'une difficulté presque insurmontable.
Nous en avons déjà vu les motifs (2). Quoi qu'il en soit,
le gouvernement prussien, qui est toujours un des premiers à adopter les mesures progressives, doit être
félicité d'avoir un système de recherches de renseignements judiciaires paraissant même mieux fonctionner
que celui de la monarchie autrichienne, bien qu'établi
sur la même base. Que n'échange-t-il promptement,
comme ce pays, les bulletins de condamnation, concernant nos nationaux avec ceux que la France possède
sur les siens? Ce premier pas fait dans la voie des
bonnes relations, internationales amènerait certainement l'adoption par la Prusse de notre système des casiers français.

(1) V. chap. III, sect. 1, prépondérance du lieu de la naissance sur
le lieu du domicile.
(2) V. chap. II, sect. 2, § 10.

RUSSIE.

Le Russie ne possède pas notre institution des casiers judiciaires, qui n'est remplacée dans cet État par aucun moyen utile de connaître les antécédents des inculpés.

Le gouvernement impérial russe a envoyé en 1864 et 1865, en France, plusieurs fonctionnaires chargés d'étudier nos casiers judiciaires (1). Parmi eux, se trouvait un sénateur, homme distingué par l'intelligence et le savoir, qui est entré en relations avec M. Bonneville pendant son séjour en France. Les études auxquelles s'est livré cet honorable magistrat russe ne paraissent pas avoir jusqu'à présent abouti, et n'ont malheureusement amené aucun résultat au point de vue des casiers judiciaires.

La Russie est en ce moment dans une période de transformation au point de vue de l'organisation judiciaire. Peut-être sortira-t-il de l'ensemble de ces réformes quelques dispositions légales de nature à permettre aux tribunaux de s'éclairer sur les antécédents de ceux qu'ils ont à juger.

SUÈDE ET NORVÉGE.

L'institution des casiers judiciaires n'existe ni en Suède ni en Norvége. Voici le système qui se trouve appliqué dans ces pays pour connaître les antécédents judiciaires de chaque citoyen.

(1) V. *Statistique criminelle*, 1865, p. xxviii, note 1.

Les registres de l'état civil sont encore tenus par les pasteurs. Quand un individu comparaît devant un tribunal et est condamné, les magistrats du tribunal doivent en avertir le pasteur de la paroisse à laquelle le condamné appartient. De plus, lorsqu'une personne quitte une paroisse pour aller en habiter une autre, elle ne peut le faire sans être munie d'un certificat de conduite (*prestbetyg*) délivré par le pasteur de la paroisse qu'elle quitte, afin de se faire inscrire chez le pasteur de la nouvelle paroisse. Le *prestbetyg* contient non-seulement la constatation de l'état civil de chaque citoyen, mais encore *les condamnations judiciaires qui le frappent*. Lors donc qu'une personne est poursuivie pour crime ou est accusée d'une infraction quelconque à la loi, on exige d'elle la production de son *prestbetyg*, qui constate si elle a des antécédents judiciaires (1).

Ce système présente de nombreux inconvénients dont le pire est de laisser à la foi douteuse de chaque citoyen le soin de faire lui-même connaître les condamnations qui le frappent et, par cela même, d'entraîner à de nombreuses falsifications du *prestbetyg*. Il livre en quelque sorte au domaine public des antécédents qui ne devraient être connus que de l'autorité judiciaire ou de quelques personnes intéressées seulement, et par conséquent dégrade le condamné à ses propres yeux, en éloignant de lui toute possibilité de couvrir sa honte et de se réhabiliter par un travail que son passé lui fait refuser. Enfin, il ne présente aucune garantie

(1) Extraits de renseignements authentiques recueillis en Suède et transmis à l'auteur par l'ambassade de France à Stockholm, le 18 septembre 1868.

d'une bonne justice à des tribunaux obligés de prononcer des peines sur des renseignements incertains comme ceux que peuvent leur fournir les *prestbetyg*. Aussi est-il regardé dans le pays même comme très-incomplet et très-défectueux, et il est question de le modifier depuis plusieurs années. En 1864, la Suède a donc envoyé en France des magistrats chargés d'étudier notre organisation des casiers judiciaires, mais, comme en Russie, ces études ne paraissent pas avoir abouti (1). Il est vrai de dire à cet égard que les pays scandinaves, fidèles à leurs anciennes institutions, y renoncent difficilement. Toute réforme ne s'y accomplit que lentement.

SUISSE.

Chaque canton de la Suisse forme pour ainsi dire un État particulier ayant sa souveraineté indépendante et sa législation particulière ; chacun d'eux présente des diversités dans son régime intérieur administratif ou judiciaire. Il y a donc lieu de craindre qu'en descendant à un détail d'organisation pratique, tel que celui de l'installation du système de nos casiers judiciaires, on ne rencontre dans ce pays de sérieuses difficultés. Il serait injuste cependant de considérer la Suisse comme arriérée dans la recherche des antécédents judiciaires en général. Elle possède sous ce rapport un système qui tient à la fois de celui de la concentration des renseignements en une seule source et de celui de la réunion de ces renseignements au greffe du tribunal du domicile de chaque condamné.

(1) V. *Statistique criminelle*, 1865, p. xxviii, note 1.

Une distinction est à faire entre le canton le plus important qui est en même temps le siége du gouvernement fédéral, le canton de Berne, et les autres cantons.

Le canton de Berne est divisé en trente districts ou circonscriptions judiciaires de première instance. C'est au président du tribunal de 1re instance de chacun de ces districts que sont dévolues en même temps les fonctions de juge de police et de juge d'instruction. Il est appelé de ses sentences à une Cour d'appel siégeant à Berne, indépendamment de la Cour de cassation, unique pour toute la Suisse. Le canton de Berne est, en outre, divisé en cinq arrondissements de Cours d'assises dont les juges sont membres de la Cour suprême. La police centrale de Berne reçoit des juges de police des tribunaux de districts, de la chambre de police, de la Cour d'appel et des Cours d'assises du canton, un extrait de chaque sentence prononcée en matière criminelle ou correctionnelle. Ces extraits sont déposés dans ses archives et inscrits sur des registres. Dès qu'une information est ouverte, le juge de police ou d'instruction requiert de la police centrale un extrait du dossier des condamnations que le prévenu peut avoir subies pour délits correctionnels ou criminels. Comme une condamnation pénale a pour conséquence la perte des droits civils et politiques, on remet aussi des extraits des condamnations aux avocats qui plaident en matière civile devant les tribunaux du district et devant les Cours d'appel et de cassation (1).

(1) Extraits de renseignements pris à la Direction de la justice, à Berne, et transmis à l'auteur par la légation de France, le 10 sept. 1868.

Tel est le mode de procéder qui tient lieu de casier judiciaire dans le canton de Berne. Comme il ne repose que sur un usage purement traditionnel, il n'existe point de prescriptions écrites à cet égard.

Pour les autres cantons de la Suisse, on est généralement dans l'usage, aucun d'eux ne possédant de police centrale ainsi que le canton de Berne, de communiquer d'office et directement *à l'autorité municipale de la commune* où le condamné a son indigénat ou *droit de bourgeoisie*, un extrait sommaire du jugement ou arrêt de condamnation soit correctionnel, soit criminel, mais alors seulement que ces jugements ou arrêts ont acquis force de chose jugée. Jusque-là les jugements et arrêts ne sont notifiés qu'au procureur général du ressort (*Staatsamwalt*), afin qu'il puisse en connaissance de cause se pourvoir lui-même en appel ou y défendre en temps utile, s'il y a appel de la part du condamné. En dehors de ce mode de communication des antécédents judiciaires, mode introduit uniquement par une pratique traditionnelle, sans réglementation écrite, il n'existe aucun autre moyen dans les autres cantons de la Suisse de s'assurer des antécédents des citoyens ou inculpés (1).

Nous ferons encore remarquer ici que les systèmes employés soit dans le canton de Berne, soit dans les autres cantons, reposent sur une base défectueuse, celle du domicile. Un citoyen pouvant en changer plusieurs fois dans son existence, il devient impossible de réunir de suite, au moment d'une poursuite, toutes les con-

_____

(1) Même note qu'à la page 275.

damnations pouvant le frapper et formant sa physionomie judiciaire. Quoi qu'il en soit, la Suisse a dans
chacun de ses cantons des sources imparfaites, il est
vrai, mais enfin des sources de renseignements de nature à éclairer ses tribunaux sur les inculpés traduits
devant eux. Que ne se sert-elle de ces éléments pour
faire avec la France un échange international de bulletins de condamnations!

WURTEMBERG.

L'institution des casiers judiciaires n'est pas en vigueur dans le royaume de Wurtemberg. Dans chaque
mairie de commune, se trouve seulement un registre où
l'on inscrit les condamnations et les antécédents des
condamnés qui y sont domiciliés. Ces registres sont appelés (*srafunregister*) et correspondent à notre casier
judiciaire. Ils sont alimentés par l'envoi, qui doit être
fait dans les mairies, des extraits de condamnations
prononcées par les 64 tribunaux de bailliage (*oberamt-
gericht*) ou tribunaux de 1re instance, par les 4 Cours
d'appel (*gerichthöf*) et les 4 Cours d'assises jugeant les
crimes(1). Ces sources de renseignements fussent-elles
remplies toujours avec la plus grande exactitude, il est
extrêmement difficile d'en tirer un profit utile et sérieux,
à cause des changements de domicile des inculpés et des
citoyens. Nous sommes donc obligé de les apprécier
comme nous avons jugé celles existant dans la monar-

(1) Extrait de renseignements authentiques à nous transmis par la
légation de France à Stuttgard, le 21 juillet 1868.

chie autrichienne, le grand-duché de Bade, la Bavière, et encore dans ces trois pays, les extraits de condamnations étant concentrés dans le greffe des tribunaux de bailliage, les renseignements sur les antécédents des inculpés peuvent être recueillis avec plus de soin.

Le Wurtemberg serait en cas d'échanger avec la France les extraits de condamnations concernant les nationaux des deux pays. Il en a les éléments, mais il ne le fait pas encore.

ÉTATS-UNIS.

Enfin, l'on serait étonné de ne pas rencontrer aux États-Unis où, dans tous les genres de progrès, l'initiative individuelle a une large part, quelques vestiges, un moyen quelconque d'arriver à la connaissance des antécédents judiciaires des regnicoles de cette puissante république. Le besoin de cette connaissance se fait d'autant plus vivement sentir dans ce pays que l'amour et le respect de la liberté poussés à leur extrême limite occasionnent, le plus souvent, des excès en tous genres, de nature à mettre chaque jour les citoyens en garde les uns contre les autres. On peut le dire, ces excès doivent exciter au plus haut degré leur méfiance, en même temps qu'ils font d'une prudence constante et réfléchie la première condition de la conservation de leur fortune et souvent de leur existence. Il existe à New-York, avec des ramifications dans tout le reste des États-Unis, une association des progrès de législation. C'est à la proposition des membres de cette association que la république doit un grand nombre de ses lois. L'association ayant eu à s'occuper de la question des récidives en matière pénale, s'est mise en relations avec M. Bonneville et lui a demandé, par l'entremise de délégués, un travail sur le casier judiciaire. Ce mémoire a été livré à l'association dès 1868 par l'honorable magistrat. La question du casier est donc maintenant à l'étude aux États-Unis, et il est permis d'espérer de bons résultats d'efforts tentés jusqu'ici avec succès par l'association législative.

RÉSUMÉ.

L'examen des législations étrangères européennes laisse un regret, celui de voir combien peu d'États ont encore adopté notre système des casiers judiciaires.

L'Italie et le Portugal semblent seuls avoir établi chez eux cette institution, et encore le Portugal dans ses colonies seulement. L'Autriche, la Bavière, le grand-duché de Bade, la Prusse, la Suisse, le Wurtemberg y arriveront insensiblement, mais n'ont pas encore jeté les bases solides de notre système français.

Les gouvernements de Suède et de Prusse ont envoyé en 1864 et 1865 des magistrats pour étudier le fonctionnement de nos casiers. Ils n'ont pas même persisté dans leur essai (1).

Quant aux autres nations (Belgique, Danemark, Turquie, Espagne, États romains, Grande-Bretagne, Grèce), on n'y trouve aucune trace de cette institution qui n'est que faiblement remplacée chez une d'entre elles (les

(1) *Statistique criminelle*, 1865, p. XXVIII, note 1.

États romains) par l'usage de s'adresser au dépôt central de police pour avoir des renseignements sur les antécédents des condamnés.

Mais, avant même l'adoption par les autres nations de notre système du casier judiciaire, un premier point est à obtenir, plus urgent quant à présent. Au moment où les relations internationales se resserrent de plus en plus, où les communications deviennent plus faciles, par conséquent où la résidence d'étrangers dans tous les pays civilisés se présente chaque jour comme un fait plus fréquent, il est de toute nécessité, dans l'intérêt commun de la sécurité des nations européennes, qu'elles échangent entre elles les extraits des condamnations encourues à l'étranger par leurs nationaux respectifs. Vainement dira-t-on qu'il n'y a pas encore assez d'union entre toutes les parties de la vieille Europe, qu'il existe encore trop d'États séparés, trop de nationalités distinctes, différentes de mœurs, de langage, d'institutions judiciaires, divisées par leurs aspirations politiques, partant trop de rivalités, et, disons le mot, trop de défiance entre les États voisins ; la nécessité de la défense commune contre les tentatives incessantes du crime, est tellement pressante que nous devons arriver peu à peu à cet échange international de bulletins de condamnation (1). Comment aurait donc lieu cette communication ? Rien de plus simple avec le casier central. Le Ministre de la justice en France ferait faire un double, tous les six mois, des bulletins concernant les étrangers, et traduire ce double au ministère des affaires

(1) V. Bonneville, 1864, *Amélioration de la loi pénale*, p. 634, et *Statistique criminelle*, 1865, p. xxviii.

étrangères suivant la nationalité des condamnés. Le département des affaires étrangères enverrait ensuite, aussi souvent que possible, aux puissances étrangères, ces bulletins traduits. Il en serait de même pour les condamnations prononcées à l'étranger contre des Français, que l'on nous ferait parvenir aussi périodiquement. Un peu d'entente générale suffirait pour amener déjà dans cet ordre d'idées un résultat important, *la garantie de la sécurité universelle* et cela, sans qu'il puisse y avoir lieu au moindre froissement, à aucune susceptibilité politique. L'idée est tellement juste et le résultat tellement essentiel que l'Autriche nous a précédés dans cette voie et que dès le 25 avril 1857, sur la proposition faite le 27 janvier précédent, une convention pour l'échange réciproque des condamnations était conclue avec ce pays. Depuis lors elle est exécutée fidèlement. La Bavière a suivi l'exemple de l'Autriche, et chaque année ce pays échange avec la France les bulletins de condamnations qui l'intéressent (1). L'Italie, régulièrement depuis 1868 et le grand-duché de Bade, sans convention diplomatique, il est vrai, font de même. De plus on a pu lire dans le *Moniteur* du 23 novembre 1867, au *Résumé de la situation de l'Empire (section de la justice)* les lignes suivantes de nature à encourager les efforts qui se sont déjà produits : « *L'administration de la justice* « *française était représentée au congrès de statistique qui* « *vient de se réunir en Italie. Elle a pu constater que les* « *gouvernements étrangers apprécient l'institution des* « *comptes rendus civils et criminels et celle du casier judi-*

(1) V. *Statistique criminelle*, 1865, p. XXVIII, note 1.

« *ciaire qui ont pris naissance sur notre sol. Plusieurs na-*
« *tions échangent avec nous les bulletins de condamnations*
« *qui ne permettent plus à un criminel d'échapper, en ren-*
« *trant dans son pays, à la flétrissure et aux conséquences*
« *pénales de ses délits.* »

Puisse cet heureux état de choses prendre chaque jour
plus de consistance et puisse surtout la France, qui
donne le signal de toutes les réformes utiles, qui, grâce
à son gouvernement, possède en ce moment une large
prédominance en Europe, user de cette influence pour
enrôler le plus grand nombre de nations dans une saine
conspiration contre le monde des malfaiteurs et donner
à l'échange international des condamnations la plus
grande et la plus large extension !

C'est là le but que, comme magistrat et comme
citoyen, nous désirons sincèrement voir atteindre.

L'adoption par toutes les législations européennes de
notre système des casiers judiciaires, est la conséquence
forcée de ces échanges. Elle est donc également à espérer et à poursuivre. Son établissement, indépendamment
de ce qu'il faciliterait considérablement l'échange des
condamnations internationales, rendrait à chaque pays
en particulier les plus incontestables services. La France
doit-elle aussi, comme pour l'échange des condamnations
internationales, y employer ses généreux efforts ? Nous
le croyons. Qu'elle encourage avec ardeur et persévé-
rance l'initiative individuelle de chaque pays, tout en
la respectant, et une grande œuvre aura été accomplie !

Mais quelque restreint que soit encore le nombre
des États européens qui possèdent notre système des
casiers judiciaires, celui qui a conçu la première pensée

de cet heureux complément de nos institutions pénales, n'a pas à désespérer de voir son œuvre grandir et s'accroître chaque jour jusqu'à ce qu'elle soit universellement adoptée. La plupart des gouvernements ont reculé seulement devant la dépense d'une institution encore inconnue pour eux. Quand un simple essai provisoire leur aura montré tout ce que sa pratique offre d'utiles et de solides avantages, ils la reconnaîtront indispensable et l'introduiront dans leur législation.

Nous serions heureux, à notre tour, si les renseignements techniques fournis par cet ouvrage aux magistrats étrangers pouvaient contribuer à l'adoption dans leur pays d'une institution qui doit être considérée comme aussi importante qu'indispensable !

CHAPITRE V.

DOCUMENTS OFFICIELS
Relatifs à l'établissement et au fonctionnement des casiers judiciaires.

En livrant à la publicité toutes les circulaires émanant des différents départements ministériels de l'Empire français sur les casiers judiciaires, notre but est d'offrir aux magistrats du parquet en particulier et à tout le monde judiciaire en général, un Code complet auquel on puisse se reporter facilement, d'abord, pour étudier, sans avoir recours à des recherches toujours longues et embarrassantes, toutes les questions relatives aux casiers, ensuite, résoudre les difficultés qui se présentent journellement dans la pratique de l'institution, enfin, compléter par la lecture du texte les principes exposés dans le corps de l'ouvrage. Nous donnons les circulaires dans l'ordre chronologique. C'est le seul qui puisse être raisonnablement adopté, chacune d'elles comprenant plusieurs points différents et complètement étrangers les uns aux autres.

I.

TEXTE DES CIRCULAIRES
ET LETTRES DU MINISTÈRE DE LA JUSTICE.

MINISTÈRE
DE LA JUSTICE.

1. — Circulaire du 6 novembre 1850.

Établissement de casiers judiciaires.

Monsieur le Procureur général, l'un des premiers éléments d'une bonne administration de la justice en matière criminelle se rencontre dans la connaissance exacte que le juge peut avoir de la conduite, des mœurs et des antécédents de l'homme qu'il doit juger. De tout temps cette nécessité a été comprise, et tous les législateurs ont cherché à fournir à la justice les moyens de dresser, pour ainsi dire, la biographie de ceux qui comparaissaient devant elle. C'est en partie dans ce but que la loi du 12 nivôse an IV avait créé un ministère de la police.

I. Leur but.

C'est dans ce but aussi que le Code de 1808 (art. 600 et suivants) a prescrit l'envoi à mon ministère et à celui de l'intérieur de registres contenant l'énoncé de toutes les condamnations intervenues en matière criminelle et correctionnelle, afin, disait l'orateur du Gouvernement, que l'autorité pût toujours trouver dans la biographie judiciaire de chaque malfaiteur les éléments propres à éclairer la marche et les décisions de la justice. Cette pensée de concentrer tous les renseignements judiciaires aux deux départements ministériels qui sont spécialement chargés de l'administration de la justice et de la police dans toute l'étendue du territoire pouvait, dans le principe, produire quelques bons résultats; mais à mesure que les registres vinrent s'accumuler dans les archives, à mesure surtout que le nombre des condamnations constatées s'éleva dans d'immenses proportions, ces registres perdirent chaque jour de leur utilité pratique, jusqu'au moment où, par leur accumulation même, toute recherche y devint à peu près impossible. Il en résulte qu'aujourd'hui les magistrats éprouvent une extrême difficulté à obtenir des renseignements exacts et précis sur les individus traduits devant eux : la préfecture de police peut seule, à Paris, les fournir d'une manière plus ou moins complète ; mais ces demandes de renseignements, qui arrivent à chaque instant et de tous les points du territoire, commencent à créer pour les bureaux de cette administration un travail auquel il est impossible de suffire et qui, dans tous les cas, entraîne des lenteurs toujours très-préjudiciables à l'administration de la justice.

Ces inconvénients étaient graves en tout temps, mais il le deviennent bien davantage aujourd'hui qu'il serait si nécessaire de pouvoir constater légalement et facilement la situation morale et judiciaire de chaque individu. Jusqu'à présent, en effet, nous n'avions à nous préoccuper que de connaître les antécédents des coupables ; il nous faut aujourd'hui étudier très-souvent les antécédents de ceux qui doivent les juger. Le suffrage universel, devenu la base de nos institutions politiques et judiciaires, a singulièrement accru le nombre des citoyens appelés à faire partie du jury ; toutefois, en augmentant le personnel de cette institution, le législateur a voulu conserver toutes les garanties de moralité, et il a maintenu dans leur rigueur les dispositions de l'article 381 du Code d'instruction criminelle, qui veut, à peine de nullité, que tout individu appelé à remplir les fonctions de juré soit âgé de 30 ans et *ait la jouissance de ses droits civils et politiques.* Cette disposition, dont l'application avait déjà ses difficultés sous l'ancienne législation, alors cependant que l'on ne prenait le jury que parmi les électeurs censitaires et dans le cercle assez restreint des capacités, cette disposition est devenue aujourd'hui un véritable danger qui menace sans cesse la validité de nos procédures criminelles, et qui, comme conséquence, peut arriver à jeter la plus déplorable incertitude sur l'administration de la justice et exposer le trésor public à des frais ruineux. Déjà la Cour suprême, saisie de pourvois qui soulevaient des questions d'indignité dans les membres du jury, s'est émue des désordres que pouvait engendrer cet état de choses, et, dans son amour du bien public, s'est empressée de me signaler le péril. Il n'était qu'un seul moyen de le prévenir : c'était de développer et de rendre plus efficaces les mesures déjà adoptées par le législateur pour arriver à connaître les antécédents de tous ceux qui non-seulement seraient appelés à répondre de leurs actes devant la justice, mais qui pourraient, pour une part quelconque, être appelés à prendre part aux débats judiciaires.

II. Du lieu où seront établis les casiers judiciaires.

Tel était le but à atteindre. J'ai pensé que nous y arriverions en multipliant les centres de renseignements judiciaires, de façon à les mettre plus facilement et plus promptement à la portée de tous, de façon à les rendre aussi plus exacts et plus complets sur chaque individu, par cela même qu'ils en comprendraient un moins grand nombre.

Cette première pensée adoptée, j'ai dû me demander dans quel lieu je réunirais les renseignements judiciaires qui peuvent concerner chaque individu.

Le lieu du domicile se présentait tout d'abord : c'est là, en effet, que toute personne peut le plus souvent être poursuivie ; c'est là qu'elle peut être appelée à faire partie du jury ou à exercer tout autre droit politique ; c'est là, en un mot, qu'il semble tout d'abord qu'il y ait le plus d'intérêt à connaître sa conduite, ses mœurs, ses antécédents ; mais une grave objection s'élevait contre ce système. Le domicile résulte, d'après notre législation même, d'éléments assez vagues, assez divers, et il n'est pas toujours facile de bien déterminer quel est le lieu du domicile réel de chaque individu ; de plus, le domicile est essentiellement mobile et changeant. Si l'on s'était décidé à placer les renseignements judiciaires sur chaque individu au lieu de son domicile, il aurait fallu qu'ils le suivissent dans le lieu de sa résidence nouvelle aussi facilement qu'il aurait voulu en changer.

Le lieu du domicile devait donc être écarté.

Je me suis rattaché alors au lieu de la naissance : pour celui-ci, il n'y avait rien de vague, rien d'incertain, rien de mobile ; c'était un fait qui saisissait l'homme à son entrée dans la société et qui l'y suivait jusqu'à sa mort ; le lieu de naissance est d'ailleurs réellement aussi celui du domicile pour la plus grande masse des individus, qui naissent, vivent et meurent sans être sortis souvent des limites de leur commune ; quant à ceux qui s'en éloignent, ils y conservent encore le plus souvent des relations de famille et d'intérêt qui les y rattachent toujours ; enfin, à l'égard de ces hommes, assez peu nombreux d'ailleurs, qui vivent dans un état de vagabondage continuel, la statistique démontre qu'il est presque toujours assez facile de retrouver leur lieu de naissance, quand les magistrats y apportent le soin nécessaire.

Le lieu de la naissance étant admis comme celui où on devait réunir les renseignements judiciaires relatifs à chaque individu, on arrivait tout naturellement à concentrer ces nouveaux renseignements au greffe du tribunal civil de chaque arrondissement : c'est là, en effet, que se trouve déposé l'acte de naissance de toutes les personnes nées dans cette circonscription ; il était logique de faire conserver à ce même dépôt tous les actes modificatifs de l'existence de ces mêmes individus, de façon que toute personne intéressée à connaître leurs antécédents pût les suivre dans leur carrière en remontant jusqu'à leur naissance. Il est facile, au point de vue judiciaire, au point de vue politique, au point de vue même des simples relations des citoyens entre eux, de comprendre les avantages qui résulteront de cette espèce de compte moral ouvert au nom de chaque individu, et qui, tenu sans cesse au courant, réfléchira avec une rigoureuse exactitude le passé de chaque citoyen : digne et noble encouragement pour les hommes de bien ; salutaire avertissement pour ceux que leur conscience seule ne retiendrait pas suffisamment dans la voie du devoir ; terrible châtiment pour le coupable, qui cherchera vainement à échapper par le vagabondage à la réprobation qui doit le frapper.

III. Mesure d'organisation.

Je vous ai indiqué, Monsieur le Procureur général, les inconvénients graves auxquels il fallait remédier, le but qu'il fallait chercher à atteindre, et les heureux résultats qui en seraient la conséquence au point de vue de la morale, comme à celui de justice ; je vais maintenant appeler votre attention sur les mesures d'organisation. Elles seront peu compliquées dans la pratique, peu onéreuses pour le Trésor, et, confiées dans leur accomplissement à la surveillance des magistrats et aux soins des greffiers, elles s'exécuteront bientôt avec ce zèle intelligent qui se remarque dans tous les actes des premiers, avec cette exactitude méthodique et consciencieuse que les seconds observent si bien dans la pratique de leur importante administration.

Voici les dispositions réglementaires que j'ai cru devoir adopter :

1° *Du casier.* — Il sera établi, au greffe de chaque tribunal civil, un casier destiné aux renseignements judiciaires. Ce casier sera divisé par compartiments suivant l'ordre alphabétique ; il sera fourni par les soins de l'autorité administrative, comme dépense départementale. Je me suis entendu, à cet égard, avec mon collègue du département de l'intérieur.

2° *Du local.* — Ce casier sera placé dans un lieu non accessible au public, et autant que possible dans celui où sont conservés les actes de l'état civil.

3° *Du bulletin.* — Ce casier sera destiné à recevoir et à classer par ordre alphabétique des bulletins constatant à l'égard de tout individu né dans l'arrondissement :

(A) Tout jugement ou arrêt devenu définitif, rendu contre lui en matière correctionnelle ;

(B) Tout arrêt criminel rendu contre lui par la Cour d'assises ou par les tribunaux militaires ;

(C) Toute mesure disciplinaire dont il aurait pu être l'objet ;

(D) Tout jugement déclarant sa faillite, s'il est négociant ;

(E) Toute réhabilitation qu'il aurait obtenue, soit comme condamné, soit comme failli.

4° *De l'uniformité des bulletins.* — Ces bulletins étant destinés à être répandus dans tout le territoire et à venir souvent à des distances fort éloignées se classer dans les casiers des différents greffes, il est de toute nécessité qu'un modèle uniforme, tant pour son format que pour ses énonciations, soit suivi dans toute la France. J'ai adopté la dimension de la feuille de papier timbré de 35 centimes ; je vous en adresse une certaine quantité pour les faire parvenir à chacun de vos substituts, et je vous prierai de veiller à ce qu'à l'avenir il ne soit employé dans votre ressort que des extraits conformes au modèle ci-joint.

5° *Des énonciations du bulletin n° 1.* — Vous remarquerez que je place en tête du bulletin, et en gros caractère, le nom de famille de l'individu que le bulletin concerne ; ce mode est utile pour faciliter les recherches.

J'indique ensuite toutes les énonciations qui peuvent le mieux individualiser le bulletin. Il sera nécessaire, à cet égard, que vous teniez exactement la main à ce que MM. les juges d'instruction apportent encore plus de soins qu'ils ne l'ont fait jusqu'à présent à rechercher et à bien constater l'individualité de tous ceux qui sont traduits devant eux. On remarque sur ce point des différences extrêmement tranchées d'un siége à un autre; il faut les amener tous à la plus scrupuleuse exactitude. Vous parviendrez à ce but si important pour la bonne administration de la justice, en exigeant que les bulletins ne soient classés qu'après avoir été remplis exactement de toutes les indications qui y sont portées, ou revêtus d'une note indiquant la cause de l'absence de certaine d'entre elles.

Je n'ai pas voulu remplir le corps du modèle de bulletin ; le même doit servir pour tous les cas, et la mention à y inscrire devra être tout à fait sommaire; elle peut se résumer ainsi :

Condamné par jugement définitif du tribunal de....: ou par arrêt définitif de la Cour de..... en date du..... à la peine de..... par application de l'article..... pour crime ou délit de....

Condamné à la peine de..... (peine disciplinaire) par décision définitive du..... en date du..... pour..... par application de l'article.....

Déclaré en état de faillite par jugement du tribunal de commerce de..... à la date du....

Réhabilité en raison de la condamnation prononcée contre lui le.... par le tribunal ou par la Cour de..... pour crime ou délit de..... par décision du.....

Réhabilité en raison du jugement de déclaration de faillite rendu contre lui le..... par jugement du..... en exécution d'un arrêt de la Cour d'appel de..... en date du.....

6° *De la rédaction du bulletin.* — Chaque fois qu'un jugement correctionnel, qu'un arrêt correctionnel ou criminel, qu'une décision disciplinaire, qu'un jugement de faillite seront *définitifs*, le greffier du siège en dressera un bulletin, conforme aux énonciations ci-dessus indiquées (*modèle n° 1*).

7° *De l'envoi du bulletin au parquet.* — Ces différents bulletins, réunis par quinzaine, seront tous adressés à votre parquet. Cet envoi, en ce qui touche les jugements correctionnels, pourra le plus souvent tenir lieu de celui de l'extrait prescrit par l'article 198 du Code d'instruction criminelle, et, pour toutes les autres décisions, il vous mettra à même d'exercer une surveillance et un contrôle qui ne peuvent tourner qu'à l'avantage de la bonne administration de la justice.

Ces bulletins, parvenus à votre parquet, y seront examinés avec soin et célérité, et, après y avoir été visés, ils seront renvoyés par vous au parquet de l'arrondissement où est situé le lieu de naissance de l'individu que chaque bulletin concernera.

8° *Du classement du bulletin au greffe.* — (A) Dans le cas où le lieu de naissance est constaté par les registres. — Ce bulletin, arrivé ainsi au lieu indiqué comme celui de la naissance, sera remis par le procureur de la République au greffier de son siège qui vérifiera immédiatement sur les actes de l'état civil si en effet l'individu désigné au bulletin est né au lieu et à l'époque indiqués ; si l'allégation est reconnue vraie, le bulletin sera classé au casier, suivant l'ordre alphabétique.

(B) Dans le cas où le lieu de naissance est certain, mais la naissance
non constatée par les registres.

Il arrivera quelquefois que la naissance d'un individu dans un lieu
déterminé étant constante en fait, elle ne se trouvera pas cependant
légalement constatée par les registres de l'état civil, soit que la déclaration de naissance n'ait pas été faite, soit que les registres aient disparu : dans ce cas, le bulletin n'en devra pas moins être classé d'après
les règles ci-dessus, au casier ordinaire ; seulement le greffier, en le
classant, aura soin d'indiquer le fait par une mention sommaire.

(C) Dans le cas où aucun acte de naissance n'est applicable.

Si, rien ne démontrant d'omission dans les registres des actes de naissance, le greffier n'en trouve aucun d'applicable à l'individu désigné
au bulletin qui lui aura été remis, il le constatera par ces mots : *Pas
d'acte de naissance applicable dans l'arrondissement de.....*, et le
bulletin sera renvoyé au procureur général qui l'avait adressé par le
parquet qui l'avait reçu.

Dans ce dernier cas, les magistrats devront se livrer à des investigations nouvelles et ne rien négliger pour arriver à découvrir et à
constater le lieu de naissance de l'individu qui aura donné de fausses
indications.

Les statistiques criminelles établissent qu'il est fort peu de procédures dans lesquelles on n'ait pas constaté le lieu de naissance de l'individu poursuivi, et le plus souvent, quand cette constatation n'existe
pas, il faut l'attribuer plus à la négligence qu'à l'impossibilité où on
aurait été de le faire. Cependant il peut se présenter des cas, fort
rares, où l'inculpé ignore réellement le lieu de sa naissance ; si cette
déclaration était faite aux magistrats, ils chercheraient à s'éclairer à
cet égard en faisant rendre compte à l'inculpé, d'une manière précise
et détaillée, de tous les actes de sa vie, et en prenant de leur côté
toutes les informations qu'ils jugeraient nécessaires, soit auprès de
leurs collègues, soit auprès du préfet de police, soit même en s'adressant à mon département, qui se ferait un devoir de les aider autant
qu'il serait en lui pour la découverte de la vérité.

(D) Dans le cas où on ne peut découvrir le lieu de naissance,
mais où l'on sait le lieu de domicile.

Si, malgré tous leurs efforts, les magistrats ne pouvaient arriver à constater le lieu de naissance de l'inculpé, mais que leurs recherches leur eussent fait reconnaître son domicile, le bulletin devrait être classé au greffe de l'arrondissement de ce domicile, en ayant soin de mentionner cette circonstance.

(E) Dans le cas où l'on ne sait ni le lieu de la naissance ni celui du domicile.

S'il s'agissait enfin, et le cas sera extrêmement rare, d'un individu dont on n'aurait pu découvrir le lieu de naissance et qui n'eût non plus aucun domicile certain, le bulletin serait placé alors dans le casier du greffe où la condamnation serait intervenue, mais dans une case spéciale sur laquelle on inscrirait cette indication : *Bulletins concernant les individus condamnés dans l'arrondissement et dont on n'a pu constater ni le lieu de naissance ni le domicile en France.*

(F) Dans le cas où il s'agit d'un étranger.

Il pourra arriver plus souvent que l'individu inculpé soit étranger d'origine. S'il n'est en France que passagèrement et par accident, le bulletin sera classé à la case indiquée ci-dessus pour les individus dont on n'a pu constater ni la naissance ni le domicile en France. Si, au contraire, cet étranger est établi en France, s'il y a un centre d'affaires, un domicile, en un mot, le bulletin sera classé au greffe de l'arrondissement de ce domicile, dans une case spéciale portant cette indication : *Étrangers demeurant dans l'arrondissement.* Il est entendu que dans cette case, comme dans celle indiquée ci-dessus, les bulletins seront toujours classés par ordre alphabétique.

(G) Dans le cas où il s'agit d'un individu naturalisé.

Quant aux individus qui, étrangers d'origine, auront été naturalisés, les bulletins qui les concerneront devront être classés au greffe du lieu où leurs lettres de naturalisation auront été enregistrées.

IV. Bulletin nº 2. — Renseignements.

Une fois que les casiers judiciaires auront été établis partout, et que, grâce à la mesure rétrospective dont je vais vous parler tout à l'heure, de nombreux bulletins y auront été classés, des demandes de renseignements arriveront fréquemment aux greffes, soit de la part des magistrats, soit de la part des administrations publiques, soit même de la part des simples particuliers. Il y aura lieu alors de faire usage du

bulletin n° 2, suivant les diverses hypothèses qui peuvent se présenter.

Ou bien, recherches faites aux registres des actes de naissance de
l'arrondissement, il n'y sera trouvé aucun acte s'appliquant à l'individu désigné, et alors le greffier se bornera à inscrire dans le corps du
bulletin cette mention : « *Un tel. — Aucun acte de naissance applicable dans l'arrondissement de. . . . . .* »

Ou bien, l'acte de naissance étant inscrit, il n'y aura dans le casier
judiciaire aucun renseignement sur l'individu désigné, et alors le greffier, après avoir rempli les énonciations relatives à la naissance, conformément à celles de l'acte de naissance lui-même, inscrira dans le
corps de l'acte et en gros caractère ce mot : *Néant.*

Ou bien, l'acte de naissance existant, le casier judiciaire contiendra
aussi des renseignements, et alors le greffier les indiquera tous d'une
manière sommaire et par ordre de date.

A cet égard, et pour ce qui concerne la délivrance des renseignements contenus aux casiers judiciaires à d'autres qu'aux magistrats
de l'ordre judiciaire, elle ne pourra jamais avoir lieu qu'après le visa
du procureur de la République. Les bulletins recueillis aux casiers
judiciaires ne sont en effet, pour la plupart, que des extraits des procédures criminelles, et il appartient au ministère public d'examiner
dans quel cas ils peuvent sans inconvénient être livrés à la publicité.

V. Du prix des bulletins.

Après ces observations sur l'organisation et sur l'ensemble des renseignements judiciaires que je veux établir dans chacun des greffes
des tribunaux de première instance, je dois appeler votre attention
sur les salaires à allouer aux greffiers.

Les bulletins qui sont à délivrer n'étant, pour ainsi dire, que la
reproduction des énonciations exigées pour le registre de l'article 600
du Code d'instruction criminelle, on aurait pu peut-être se borner à
allouer aux greffiers par chaque extrait le salaire de dix centimes fixé
par l'article 49 du décret du 18 juin 1811 ; mais, dans le désir de voir
apporter à cette institution nouvelle tout l'intérêt et tous les soins
qu'elle réclame notamment de la part des greffiers, je n'ai pas voulu
limiter leur salaire à un taux qui aurait pu leur paraître insuffisant,
et j'ai adopté celui de 25 centimes, que le décret du 7 avril 1813,
article 7, alloue pour les extraits à fournir à l'administration de l'enregistrement et qui sont à peu de chose près les mêmes que ceux que
prescrit cette circulaire.

VI. Conséquences de l'établissement des casiers judiciaires.

L'introduction dans la pratique des bulletins qui font l'objet de cette circulaire, et leur classement dans les greffes des divers arrondissements, rendent inutile à l'avenir l'envoi à mon ministère du registre qui y est adressé tous les trois mois par les greffiers des tribunaux, en vertu de l'article 601 du Code d'instruction criminelle. Au lieu de leur demander à l'avenir la constatation des condamnations par registres, je la leur demande par bulletins, et au lieu de concentrer ces renseignements à mon ministère, où ils sont rarement consultés, je les répartis dans chacun des greffes d'arrondissement où, classés suivant un ordre méthodique, ils seront d'une utilité beaucoup plus grande. Vous aurez donc à donner des instructions pour qu'à dater du premier trimestre de 1851, on cesse de dresser et de m'envoyer le registre des condamnations qu'on me transmettait pour chaque trimestre.

Vous ferez également cesser, à dater du 1er janvier 1851, l'envoi par quinzaine à votre parquet des extraits des jugements de condamnations correctionnelles. Cette mesure devient inutile, et vous n'aurez plus à demander des extraits complets, conformément à l'article 198 du Code d'instruction criminelle, que dans les cas, assez rares, où la lecture du bulletin ne vous aurait pas fixé d'une manière satisfaisante sur la nature de l'affaire et sur l'opportunité qu'il y aurait de votre part à user de votre droit d'appel.

VII. Constatation des décisions antérieures à 1851.

Je ne vous ai parlé jusqu'à présent, Monsieur le Procureur général, que de ce qui devra se faire pour l'avenir et à dater du 1er janvier 1851 ; mais vous aurez sans doute été frappé déjà de cette pensée que les casiers judiciaires seraient bien longtemps encore sans utilité pratique s'ils ne devaient se composer que des décisions qui sont à rendre ; il faut, pour que cette utilité soit immédiate, qu'ils reproduisent dès leur établissement toutes les décisions intervenues depuis au moins vingt ans.

En conséquence, vous aurez à prescrire à tous les greffiers de votre ressort de dresser des bulletins, à dater du 1er janvier 1831, de toutes les condamnations correctionnelles (1), criminelles et disciplinaires, et

(1) Il sera inutile, cependant, pour le travail rétrospectif, de le faire porter sur

de tous les jugements de faillites intervenus à leur siège, ainsi que de tous les arrêts ou décisions du Gouvernement portant réhabilitation, soit en matière correctionnelle ou criminelle, soit en matière de faillite. Ces bulletins, pour les condamnations antérieures, devront naturellement être rédigés suivant le modèle que je vous adresse et avoir le même format. A mesure qu'une année sera complète, le greffier du tribunal civil classera dans son propre casier tous les bulletins relatifs à des individus nés dans son arrondissement ; pour les autres, ils seront déposés au parquet, et les magistrats auront soin de les faire parvenir à leurs collègues des arrondissements où sont nés les condamnés, pour qu'ils y soient classés dans l'ordre alphabétique indiqué plus haut.

Cette opération rétrospective ne sera pas sans quelques difficultés. En effet, à l'avenir les magistrats et leurs greffiers, sachant que toute décision judiciaire doit aller s'inscrire au lieu de la naissance de l'individu qu'elle concerne, prendront un soin tout particulier à reconnaître et à bien constater ce lieu de naissance ; mais dans les procédures antérieures il n'en aura pas été ainsi : on se sera souvent beaucoup plus préoccupé du lieu de domicile que de celui de la naissance, et il pourra dès lors s'élever quelquefois des doutes assez sérieux sur le lieu vers lequel le bulletin devra être dirigé. Je ne puis, à cet égard, que m'en rapporter à vos soins et à votre active surveillance.

J'avais pensé que, pour les condamnations antérieures, il serait peut-être possible de réaliser une économie assez importante en utilisant les extraits des jugements correctionnels qui sont adressés au parquet de la Cour, en exécution de l'article 198 du Code d'instruction criminelle. Il devait bien en résulter un peu moins de régularité dans l'ordre du casier ; mais cet inconvénient ne me paraissait pas assez grave pour renoncer à l'économie qui pouvait être réalisée par l'emploi de ces extraits. C'est dans cette pensée que j'ai voulu être fixé sur l'état de leur collection dans chacun des parquets de Cour d'appel. Le compte qui m'en a été rendu est assez peu satisfaisant : il en résulte qu'en général la collection est irrégulièrement conservée, et que, surtout, dans la plupart des parquets, elle ne remonte qu'à fort peu d'années ; de plus, aucuns de ces extraits ne se ressemblent : leurs formes,

---

les condamnations *à l'amende* prononcées à la requête des administrations publiques.

leurs énonciations varient sans cesse, non pas seulement de ressort à ressort, mais même d'arrondissement à arrondissement. Et enfin, ce qui est plus grave, il n'en est presque aucun qui fasse mention du lieu de la naissance de l'individu qu'il concerne. Toutes ces considérations m'ont fait penser que l'on ne pourrait retirer qu'une utilité peu importante de ces extraits, et que leur emploi jetterait même de l'irrégularité et du désordre dans la mesure; j'ai préféré la simplifier en demandant aux greffiers un bulletin de chacune des décisions de nature à figurer dans les casiers, et qui auront été rendues du 1er janvier 1831 au 31 décembre 1850.

Ce travail rétrospectif exigerait du Trésor public une dépense extrêmement considérable, si chaque bulletin, pour les vingt années qui viennent de s'écouler, devait être payé 25 centimes ; il est évident qu'en raison du nombre de bulletins à fournir et de la facilité du travail, les greffiers pourront les faire faire à des conditions favorables. Je me suis, à cet égard, entouré de renseignements exacts, et j'ai reconnu qu'en allouant dix centimes par bulletin, on accorderait aux greffiers une indemnité très-satisfaisante.

VIII. Constatation des condamnations prononcées par les tribunaux militaires.

Pour que les casiers judiciaires atteignent toute l'exactitude désirable, il faut qu'ils contiennent aussi la constatation des condamnations militaires. J'aurai, à cet égard, à m'entendre avec mes collègues de la guerre et de la marine.

IX. Avantages de la nouvelle institution.

Tel est, Monsieur le Procureur général, l'ensemble des mesures que j'ai cru devoir adopter pour l'établissement des casiers judiciaires dans tous les arrondissements du territoire de la République. L'idée première de cette organisation avait depuis longtemps préoccupé les publicistes et d'honorables magistrats. Les mesures que je prescris aujourd'hui pourront être sans doute complétées et perfectionnées dans la suite ; mais, dès à présent, il est impossible d'en méconnaître les avantages. Une seule objection pouvait être faite : c'était celle résultant des frais assez considérables que ce système pouvait entraîner. Cette objection n'avait pas de portée quand il s'agissait d'un intérêt aussi grave que celui de la bonne administration de la justice ; elle n'avait pas d'importance en présence du danger qui menaçait nos pro-

cédures criminelles et qui exposait le Trésor à des frais bien autrement considérables. Mais cette objection n'avait même pas de fondement ; car, en y réfléchissant davantage, on peut se convaincre que
dans l'avenir l'établissement des casiers judiciaires, loin d'être oné-
reux pour le Trésor, deviendra pour lui la source de produits qui ne
sont pas sans importance. En effet, du moment que les casiers judiciaires auront été établis sur tout le territoire de la France, et qu'ils y
seront régulièrement tenus, il est évident qu'aucune inscription sur
les listes électorales ne pourra être obtenue que sur la production d'un
certificat du greffier constatant que celui qui veut être électeur ne se
trouve frappé par la justice d'aucune incapacité ; il est évident que cette
condition sera également exigée de tout homme qui voudra être admis
comme remplaçant dans l'armée, de tout individu qui sollicitera un emploi de l'Etat. De même, en un mot, que pour les actes importants de
la vie, on exige aujourd'hui des citoyens la production de leur acte de
naissance, de même, à l'avenir, on leur demandera, en outre, la production du bulletin du casier judiciaire de l'arrondissement où ils sont
nés. Combien aussi de simples particuliers ne tiendront-ils pas à recourir à cette salutaire précaution avant de conclure une affaire importante de famille ou d'argent, pour s'éviter les regrets si amers qui
les menacent aujourd'hui, faute de pouvoir se renseigner *légalement*
sur les antécédents de celui avec lequel ils contractent ! Ces certificats,
dont la délivrance deviendra chaque jour plus fréquente une fois qu'ils
auront passé dans les habitudes et dans les mœurs, ne pourront être
produits que dans les formes légales, et seront soumis par suite à tous
les droits établis par les lois fiscales.

Je n'ai pas besoin d'insister ici sur les avantages qui résulteront de
cette institution nouvelle pour la formation des listes électorales, et
sur les facilités qu'elle donnera aux administrations préfectorales et
communales : ce point est en dehors du service judiciaire, qui doit
seul nous préoccuper, mais il a aussi sa haute importance.

X. Vérification des casiers judiciaires.

J'attache, Monsieur le Procureur général, un véritable intérêt à la
mise en pratique des instructions que je vous adresse par cette circulaire. Comme tout ce qui est nouveau, ce système soulèvera sans doute
des objections ; je compte, pour les lever, sur votre zèle et votre
amour du bien public. Je ne compte pas moins sur le bon vouloir des
magistrats et des officiers publics appelés à concourir à l'établissement

de cette institution nouvelle. Je désire que toutes les mesures indiquées s'exécutent sur tous les points de la France avec une parfaite uniformité ; c'est dans ce but que je vous prie de prescrire à chacun de vos substituts de dresser, lors de la vérification mensuelle du greffe de leur siége, un procès-verbal spécial concernant le casier judiciaire en indiquant mois par mois le nombre des bulletins classés et tout ce qui peut être relatif à cette nouvelle partie du service des greffes : ce procès-verbal mentionnera qu'il est fait en exécution de la circulaire du 6 novembre 1850, et devra porter en marge, pour la classification plus facile à mon département, cette indication : *Direction des affaires criminelles et des grâces, 3e bureau.*

Je vous prie de m'accuser réception de la présente circulaire, et de m'indiquer en même temps les mesures que vous aurez adoptées pour la mise en pratique des instructions qu'elle contient.

Recevez, etc.

Le Garde des sceaux, Ministre de la justice,
E. ROUHER.

MINISTÈRE
DE LA JUSTICE.

Lettre de M. le Garde des sceaux du 18 décembre 1850, à M. le Procureur général près la Cour impériale de Paris.

Monsieur le Procureur général, dans votre lettre du 26 novembre dernier, vous exprimez la pensée que le registre tenu dans tous les greffes en vertu de l'article 600 du Code d'instruction criminelle sera désormais inutile et qu'il ne devra en être transmis copie ni à M. le Ministre de l'intérieur, ni à moi à partir du 1er trimestre de l'année 1851.

La circulaire du 6 novembre 1850 ne porte atteinte, dans aucune de ses dispositions, aux prescriptions de l'article 601 du Code d'instruction criminelle qui continueront de s'exécuter comme par le passé. Seulement la copie du registre qui était adressée à mon département cessera de l'être, parce qu'elle sera remplacée par les bulletins délivrés, conformément à la circulaire sur chaque condamné, mais la copie destinée à M. le Ministre de l'intérieur devra toujours lui être transmise régulièrement.

J'ai reçu de M. le greffier en chef du tribunal de la Seine quelques observations relatives à la circulaire du 6 novembre. Ce fonctionnaire soulève, pour l'application à son siége des différentes dispositions de la circulaire, des difficultés qui, si elles étaient fondées, me prouveraient l'existence de mauvaises habitudes judiciaires, contre lesquelles il me sera facile de prendre des mesures, sans qu'il y ait nécessité de modifier pour lui des dispositions qui ont été accueillies avec une juste faveur par tous les magistrats. Mais M. le greffier de la Seine me signale des faits nombreux ; il est nécessaire que j'aie votre approbation personnelle. Selon lui, il y a impossibilité matérielle d'établir les casiers judiciaires au Tribunal de la Seine, le local manquant et les employés également. C'est sur ces difficultés, sur elles seules que j'appelle votre attention, et que je vous prie de me donner votre avis sans retard, car vous n'oublierez pas que les casiers judiciaires vont fonctionner exactement sur tous les points de la France à dater du 1er janvier 1851 et que s'il y avait lieu de prendre des mesures exceptionnelles pour Paris, il faudrait se hâter de les prescrire. Je vois, du reste, que les appréhensions de M. le greffier de la Seine sont exagérées ; car si les faits de désordre de ses archives étaient tels qu'il l'indique, vous m'auriez sans doute signalé cette fâcheuse situation par votre dépêche du 26 novembre.

Recevez, etc.

Le Garde des sceaux, Ministre de la justice,
E. ROUHER.

MINISTÈRE   2. — Circulaire du 30 décembre 1850.
DE LA JUSTICE

Monsieur le Procureur général, ma circulaire du 6 novembre dernier sur les casiers judiciaires a été l'objet de quelques observations auxquelles je dois me hâter de répondre au moment où les instructions qu'elle contenait vont être mises en pratique. Ces observations sont d'ailleurs peu nombreuses et reçoivent toutes une solution facile.

I. Prix du bulletin.

Un certain nombre de greffiers m'ont adressé des réclamations au sujet du prix adopté pour la délivrance des bulletins. Cette objection s'applique au passé et à l'avenir, c'est-à-dire au travail rétrospectif à faire pour les années 1831 à 1850, et à celui qui devra avoir lieu pour les années courantes, à dater de 1851.

(a) Pour le passé.

J'examine d'abord l'objection en ce qui concerne le travail rétrospectif. J'avais adopté pour le prix des bulletins à délivrer de 1831 à 1850 le chiffre de 10 centimes ; je considérais, en effet, que le grand nombre de bulletins à délivrer permettrait de les faire faire à des conditions très-favorables, et que les greffiers seraient suffisamment indemnisés de leurs dépenses par le prix qui leur était accordé pour la copie du registre de l'article 600 ; on m'a fait remarquer que les bulletins exigeaient, non pas seulement le travail de copie, mais encore des recherches dans les registres de l'état civil, un classement dans les casiers, ce qui entraînait plus de peines et de soins que la simple copie ordonnée par le Code d'instruction criminelle. Cette objection m'a paru fondée, et dans le désir de faire droit à toutes les prétentions légitimes, j'ai dû consulter un grand nombre de greffiers, qui sont unanimement tombés d'accord, que le salaire serait suffisant, et qu'il les indemniserait équitablement de leurs peines si on l'élevait à 15 centimes. J'ai adopté ce chiffre, et en conséquence vous allouerez aux greffiers de votre ressort 15 centimes pour chaque bulletin qu'ils délivreront pour l'opération rétrospective à laquelle ils devront se livrer pour les années 1831 à 1850 inclusivement.

(b) *Pour l'avenir.*

J'arrive maintenant à ce qui concerne les bulletins à délivrer à l'avenir : le prix de 25 centimes adopté par la circulaire du 6 novembre dernier est celui qu'accorde l'article 7 du décret du 7 avril 1813, pour les extraits délivrés en matière forestière, et il m'a paru suffisant ; car si le classement des bulletins dans les casiers judiciaires doit entraîner quelques recherches dans les registres de l'état civil, il ne faut pas oublier que les bulletins seront beaucoup plus courts que les extraits, puisqu'ils ne présenteront pas comme ceux-ci la transcription des motifs et du dispositif des jugements. Cette observation a frappé les greffiers : aussi leur principal grief contre cette partie de la circulaire a porté bien moins sur le prix même des bulletins que sur la suppression de l'envoi des extraits délivrés en vertu de l'article 198 du Code d'instruction criminelle, et qui leur étaient payés 60 centimes. Si, en effet, la circulaire du 6 novembre s'était bornée à établir les bulletins sans supprimer les extraits, les greffiers recevant 25 centimes pour les premiers et 60 centimes pour les seconds n'eussent élevé aucune objection contre le prix des bulletins.

II. Suppression des extraits.

La suppression des extraits, voilà donc le véritable grief de ces fonctionnaires; je vais à cet égard leur donner quelques explications qui leur prouveront que si l'établissement des casiers judiciaires a été l'occasion de la suppression des extraits, il n'en a nullement été la cause.

(a) *Au point de vue des greffiers.*

Les travaux statistiques rédigés chaque année par les soins des magistrats et de mon département seraient sans objet, s'ils ne servaient à faire découvrir les abus et à indiquer les remèdes qui doivent y être appliqués. Or, ces statistiques ont démontré depuis plusieurs années que l'envoi des extraits des jugements correctionnels impose au Trésor une dépense considérable. En effet, il se rend chaque année, en moyenne, 168,600 jugements correctionnels, dont 94,600 en matière ordinaire et 74,000 en matière forestière; les extraits des premiers, à raison de 60 centimes chacun, coûtent 56,760 francs, et ceux des seconds, à raison de 25 centimes, reviennent à 18,500 francs, ensemble 75,260 francs.

Cette dépense considérable dans les frais de justice est-elle justifiée par l'utilité de la mesure? L'envoi d'extraits aux procureurs généraux doit avoir surtout pour objet de les mettre à même d'user du droit d'appel qui leur appartient aux termes de l'art. 202 du Code d'instruction criminelle. Or, la statistique nous indique encore le nombre de ces recours formés par le ministère public près les siéges d'appel : il est, année moyenne, de 450, ce qui fait moins de trois appels par 1,000 jugements. Et il importe d'ajouter que ces appels sont *très-souvent* interjetés moins à raison de la lecture des extraits que sur les rapports du ministère public près les tribunaux de première instance. C'est donc pour assurer l'exercice d'un droit aussi rarement pratiqué que le Trésor public dépense chaque année 75,260 francs.

Ce résultat constaté depuis longtemps démontrait l'onéreuse inutilité de l'envoi des extraits et la nécessité d'une réforme à cet égard. L'établissement des casiers judiciaires en a donné l'occasion; mais, comme je l'ai déjà dit plus haut, il n'en a pas été la cause première. Si les casiers judiciaires n'eussent pas été établis, les greffiers auraient perdu sans compensation aucune l'émolument de 60 centimes par la suppression de l'envoi des extraits; avec l'établissement des casiers judiciaires ils trouvent une légère compensation à cette perte nécessaire d'une partie de leurs émoluments dans le prix de 25 centimes qui leur est accordé pour les bulletins. Voilà ce que j'avais à répondre aux critiques élevées par certains greffiers pour leur démontrer que la mesure nouvelle, pour laquelle je réclame leur concours, non–seulement ne leur est pas préjudiciable, mais leur est au contraire avantageuse dans le présent en les garantissant de la perte totale d'un émolument qui leur échappait par la force des choses et dans l'avenir en leur assurant des occasions nombreuses de perceptions qu'ils n'avaient pas jusqu'ici.

Du reste, le dernier mot n'est pas dit sur le prix des bulletins, depuis longues années les greffiers réclamant l'adoption d'un tarif devant régler leurs salaires ; si l'expérience démontrait que le chiffre fixé pour les bulletins dût être augmenté, il pourrait l'être lors du règlement général des émoluments des greffes.

(b) *Au point de vue du ministère public.*

Mais en se plaçant à un autre point de vue que les greffiers, ne pourrait-on pas critiquer la suppression de l'envoi des extraits par des considérations plus élevées ?

Quatre procureurs généraux ont paru craindre que l'absence des extraits à leur parquet ne nuisît à la surveillance générale qu'ils doivent exercer sur l'administration de la justice dans leur ressort ; ce serait là sans doute un grief fort grave et devant lequel devrait s'effacer immédiatement toute considération d'économie, l'intention de mon département ne pouvant jamais être de subordonner à des questions d'argent l'intérêt si sacré de la bonne administration de la justice ; mais en élevant ce grief contre la circulaire du 6 novembre, les honorables magistrats auxquels je fais allusion ne me paraissent pas s'être assez bien pénétrés de l'économie des dispositions que j'avais prescrites. Ainsi ils appellent surtout mon attention sur les jugements d'acquittement qui, selon eux, échappent entièrement à leur surveillance ; or, la circulaire n'a supprimé l'envoi des extraits que *pour les jugements de condamnation* ; mais, même pour ceux-ci, la circulaire ne défend pas d'une manière absolue la délivrance des extraits, et les procureurs généraux sont toujours maîtres de se les faire adresser chaque fois qu'ils pensent qu'il y a intérêt à l'ordonner. Ils peuvent aussi, et c'est là un moyen de surveillance bien plus efficace, demander à leurs substituts des rapports spéciaux sur toutes les affaires qui ont de l'importance. Je ne saurais donc partager les craintes élevées par ces magistrats, alors surtout qu'elles n'ont nullement frappé leurs collègues, et que la circulaire leur laisse tous les moyens nécessaires pour obvier aux inconvénients assez rares qu'ils ont relevés.

III. Registre tenu en exécution de l'article 600 du Code d'instruction criminelle.

Quelques magistrats ont cru pouvoir induire du § 6 de la circulaire du 6 novembre qu'à l'avenir le registre prescrit par l'article 600 du Code d'instruction criminelle ne devra plus être tenu, parce qu'il sera sans objet. Cette induction est complétement fausse. Non-seulement le registre devra être tenu exactement comme par le passé, mais les prescriptions de l'article 601 du Code d'instruction criminelle continueront de recevoir leur exécution pour ce qui concerne la copie à adresser, tous les trois mois, au ministre de l'intérieur. La copie qui m'était destinée est seule supprimée par la circulaire du 6 novembre, ou plutôt remplacée par les bulletins individuels et leur répartition dans les greffes.

IV. Bulletins de condamnations à l'amende pour délits forestiers et autres contraventions fiscales.

La note imprimée au bas de la page 11 de la circulaire du 6 novembre (p. 295) indique qu'il ne devra pas être fait de bulletins pour les *condamnations à l'amende*, prononcées de 1831 à 1850, à la requête des administrations publiques (*Eaux et Forêts, Contributions indirectes et Douanes*). Cette exclusion, qui a pour but d'éviter un encombrement fâcheux dans les casiers des arrondissements où il se juge, tous les ans, de nombreux délits forestiers, devra s'étendre même aux condamnations qui seront prononcées en ces matières, à partir du 1er janvier 1851. Il ne devra donc pas être délivré de bulletin pour ces condamnations, qu'il est inutile de faire constater aux casiers judiciaires. Quant aux condamnations à l'emprisonnement prononcées à la requête des mêmes administrations, elles seront constatées par des bulletins, comme celles qui seront prononcées à la requête des parties civiles ou du ministère public.

V. Jeunes délinquants envoyés dans des maisons de correction.
(Article 66 du Code pénal.)

Les jeunes délinquants, renvoyés dans des maisons de correction pour y être élevés et détenus, en vertu de l'article 66 du Code pénal, seront assimilés aux condamnés à l'emprisonnement, et les décisions qui les concernent seront constatées par des bulletins.

VI. Poursuites directes.—Constatation du lieu de naissance.

A l'égard des individus traduits par citation directe devant les tribunaux correctionnels, le lieu de naissance sera constaté par l'interrogatoire qu'ils subiront à l'audience. Mais il sera essentiel, en outre, que le ministère public, dans l'information préliminaire qu'il fait avec l'assistance des juges de paix ou des autres auxiliaires de la police judiciaire, dans certaines affaires qu'il ne croit pas devoir communiquer au juge d'instruction, s'attache à faire constater avant l'audience le lieu et la date de la naissance des inculpés, afin de pouvoir faire connaître au tribunal les antécédents de ceux qu'il a à juger.

VII. Bulletins relatifs au même individu.

Tous les bulletins relatifs au même individu doivent être placés ensemble dans le casier, et ils devront être réunis dans une espèce de chemise portant le nom du condamné.

VIII. Annotation sur les registres des actes de l'état civil.

Quand on aura trouvé dans les registres des actes de l'état civil le nom de l'individu qu'il s'agira de classer dans le casier judiciaire, il y aura avantage à constater, à l'aide d'un signe sur le registre, l'existence dans le casier, d'un bulletin, relatif à cet individu, afin de faciliter plus tard les recherches.

IX. Contumaces.

Les statistiques constatent tous les ans qu'un grand nombre d'individus jugés par contumace ou par défaut, échappent à l'exécution des jugements ou arrêts qui les frappent. Les casiers judiciaires devront évidemment remédier, jusqu'à un certain point, à cette impuissance de la justice. Il arrive très-fréquemment en effet que l'individu condamné dans un arrondissement, par contumace ou par défaut, encoure dans un autre une condamnation contradictoire ; or, lorsque le bulletin de cette condamnation viendra se placer dans le casier à côté de celui qui constatera une précédente condamnation par contumace ou par défaut, il en devra être immédiatement donné avis au ministère public près de la Cour ou du tribunal qui aura prononcé la

première condamnation, afin qu'il soit mis à même de la faire exécuter, ou de traduire l'accusé devant le jury pour purger sa contumace.

X. Condamnations prononcées de 1834 à 1850 contre des femmes.

Un magistrat a demandé s'il devait être rédigé des bulletins pour
les condamnations prononcées de 1834 à 1850 contre des femmes.
L'affirmative ne saurait être douteuse ; une pareille question suppose
qu'on ne s'est pas suffisamment pénétré de l'esprit qui a présidé à
l'établissement des casiers judiciaires : ce n'est pas une mesure *politique*, c'est avant tout une mesure *judiciaire* ; or, pour la bonne administration de la justice, il importe de connaître les antécédents de
tous les inculpés sans distinction de sexe.

XI. Bulletins concernant des individus décédés.

On m'a demandé s'il fallait dresser des bulletins de toutes les condamnations intervenues de 1834 à 1850, même pour les individus
décédés depuis ; il est évident que ces bulletins deviendraient sans
objet et que les greffiers devront s'abstenir de les dresser chaque fois
qu'ils auront une connaissance certaine du décès du condamné.

Mais cette observation m'en a suggéré une autre qui n'est pas sans
importance pour l'avenir. Il est évident que pour éviter l'encombrement des casiers, il faudra, a certaines époques, procéder à une espèce
de revue des bulletins, et faire disparaître tous ceux qui s'appliqueraient à des personnes décédées; le registre des actes de décès devra
servir d'indicateur à cet égard ; mais, pour qu'il puisse être utilement
consulté, il est convenable que les actes de décès reproduisent toujours exactement le lieu de naissance de la personne décédée, cette
mention est prescrite par l'article 79 du Code civil, mais elle emprunte
à l'institution des casiers judiciaires une importance plus grande ; je
vous engagerai donc, au moment où vos substituts vont avoir à vérifier
les registres de l'état civil de leur arrondissement pour l'année 1850, à
appeler toute leur attention sur les actes de décès, et en particulier
sur la mention du lieu de naissance de la personne décédée qui doit
être dès à présent l'objet d'instructions toutes particulières à adresser
aux officiers de l'état civil

XII. Communication des bulletins aux particuliers.
§ IX, de la circulaire.

On m'a demandé dans quel esprit devait s'entendre la communication à faire aux simples particuliers des renseignements contenus aux
casiers judiciaires ; ma pensée est que la publicité doit être la règle,
et que la communication doit être accordée chaque fois que le ministère public reconnaît que la demande qui en est faite s'appuie sur des
motifs sérieux et légitimes.

J'ai répondu ainsi au fort petit nombre d'observations qui ont été
faites relativement à la mesure ordonnée par la circulaire du 6 novembre dernier. Il ne me reste qu'à réclamer de nouveau le concours
de votre zèle éclairé, de celui de vos substituts et des greffiers pour
assurer le succès de cette utile institution. Nous approchons du moment où elle va commencer à fonctionner, et je lirai avec un véritable intérêt le premier procès-verbal que vous allez avoir à m'adresser
pour la vérification du casier judiciaire de chacun des greffes de votre
ressort.

Recevez, etc.   *Le Garde des sceaux, Ministre de la justice,*
E. Rouher.

MINISTÈRE   *Lettre de M. le Garde des sceaux, du 7 février*
DE LA JUSTICE.   *1851, à M. le Procureur général près la Cour*
impériale de Paris.

Monsieur le Procureur général, par votre lettre du 28 janvier dernier,
vous me demandez si les bulletins de la période rétrospective (1831 à
1850) devront être transmis à votre parquet pour y recevoir votre visa,
conformément au § 7 de la circulaire du 6 novembre, avant d'être classés dans les casiers judiciaires ; ou bien s'il suffira qu'ils soient visés
par MM. les Procureurs de la République. Il me paraît, comme à vous,
tout à fait inutile de faire venir à votre parquet tous les bulletins du
ressort, pour une simple formalité qui peut être parfaitement remplie
par vos substituts. Vous voudrez bien par conséquent leur donner l'ordre
de viser eux-mêmes tous les bulletins de la période rétrospective.

Recevez, etc.   *Le Garde des sceaux, Ministre de la justice,*
Par autorisation,
Le Directeur des affaires criminelles et des grâces,
C. Rieff.

MINISTÈRE   *Lettre de M. le Garde des sceaux, du 24 mars 1851,*
DE LA JUSTICE.   *à M. le Procureur général près la Cour impériale de Paris.*

Monsieur le Procureur général, par votre lettre du 17 de ce mois,
vous me signalez deux passages des circulaires des 6 novembre et 30
décembre derniers, relatives aux casiers judiciaires, qui vous paraissent contradictoires, et vous me demandez laquelle des deux dispositions doit être exécutée.

Je m'empresse de vous répondre que la contradiction que vous avez
cru remarquer entre les deux passages des circulaires n'existe pas.

En effet, par le § 3 de la circulaire du 6 novembre, il est prescrit
de rédiger des bulletins : 1° de tous les *jugements* ou *arrêts
devenus définitifs,* en matière correctionnelle ; 2° de *tous les arrêts
criminels* rendus par les Cours d'assises ou par les tribunaux militaires,
sans distinction des arrêts contradictoires ou par contumace ; les arrêts
par contumace ne devaient pas être exclus des casiers judiciaires, parce
que s'ils peuvent être anéantis par la comparution volontaire ou forcée des condamnés contre lesquels ils ont été prononcés, il est incontestable que, jusqu'à cette comparution, ils produisent immédiatement
après leur prononciation des effets qui doivent les faire assimiler, sous
certains rapports, aux arrêts contradictoires ; tandis que les jugements
et arrêts par défaut en matière correctionnelle ne peuvent recevoir aucune exécution, aussi longtemps qu'ils sont susceptibles d'être attaqués
par la voie de l'opposition ; et c'est par ce motif qu'ils ne doivent trouver
place dans les casiers judiciaires que lorsqu'ils sont *devenus définitifs.*

C'est d'après ces principes que doivent être dressés les bulletins de
la période rétrospective de 1831 à 1850, comme ceux des années 1851
et suivantes. On fera remarquer seulement qu'il n'y aurait pas plus
lieu de dresser le bulletin d'une condamnation par contumace que l'on
saurait avoir été remplacée par une décision contradictoire, que celui
d'une condamnation prononcée contre un individu dont le décès serait
constaté.

Dans le § 9 de la circulaire du 30 décembre, relatif aux condamnations par contumace ou par défaut, il est évident que par les
condamnations par défaut, on ne doit entendre que celles qui résultent d'arrêts ou jugements *devenus définitifs faute d'opposition,*

puisque, d'après la circulaire du 6 novembre, il n'est dressé de bulletins des condamnations par défaut que quand elles sont définitives.

Recevez, etc.   *Le Garde des sceaux, Ministre de la justice,*

E. de ROYER.

MINISTÈRE   *Lettre de M. le Garde des sceaux, du 7 avril*
DE LA JUSTICE.   *1851, à M. le Procureur général près la Cour*
            impériale de Paris.

Monsieur le Procureur général, en me transmettant, le 28 mars dernier, les procès-verbaux constatant la vérification des casiers judiciaires pour le mois de février, vous appelez mon attention sur les observations contenues dans le procès-verbal de votre substitut près le tribunal de Versailles.

Tout en reconnaissant, avec M. le Procureur de la République de Versailles, que le classement des bulletins de la période rétrospective présente parfois des difficultés et qu'un grand nombre d'entre eux, dans certains arrondissements, devront être classés, faute de renseignements, dans le casier du greffe où la condamnation aura été prononcée, je ne saurais autoriser ce classement qu'après qu'il aura été reconnu que les procédures ne fournissent pas le moyen de constater le lieu de naissance ou de domicile. Je m'en remets, d'ailleurs, sur l'étendue des recherches à faire pour avoir les renseignements nécessaires, au zèle consciencieux des greffiers.

Recevez, etc.   *Le Garde des sceaux, Ministre de la justice,*

E. de ROYER.

MINISTÈRE   3. — Circulaire du 4 juin 1851.
DE LA JUSTICE.

Monsieur le Procureur général, je suis informé que la dernière partie du paragraphe IV de ma circulaire du 6 novembre 1850, relative à la communication, soit aux administrations publiques, soit aux simples particuliers, des renseignements recueillis par les casiers judiciaires, n'est pas comprise de la même manière dans tous les arrondissements, ni quant au mode de communication, ni quant au prix des bulletins. M. le ministre de la guerre se plaint, notamment, que quelques greffiers se sont refusés à délivrer à des préfets les bulletins qu'ils réclamaient, pour constater la moralité d'individus qui se présentaient pour être admis comme remplaçants dans l'armée.

Ainsi qu'il est dit dans la circulaire du 30 décembre, § XII, *la publication des renseignements recueillis dans les casiers judiciaires est la règle* ; et la communication doit être accordée chaque fois que le ministère public reconnaît que la demande qui en est faite s'appuie sur des motifs sérieux et légitimes (V. le § IV de la circulaire du 6 novembre 1850). Je vous prie, en conséquence, de donner à vos substituts les ordres nécessaires, pour qu'à l'avenir la délivrance des bulletins demandés par les administrations publiques ne souffre aucun retard et pour que ceux qui sont réclamés par des particuliers leur soient également délivrés quand le ministère public aura reconnu qu'ils peuvent l'être sans inconvénient.

Les bulletins délivrés aux administrations publiques seront sur papier libre et devront être payés aux greffiers 0.25 c., prix fixé par le § V de la circulaire du 6 novembre. Ceux qui seront délivrés aux simples particuliers devront être sur papier timbré. Pour ces derniers bulletins, les greffiers percevront, outre le droit de 0,25 c., le droit de recherche de 0,50 c. qui leur est alloué par l'article 14 de la loi du 21 ventôse an VII.

Les uns et les autres devront être considérés comme extraits de procédure criminelle et à ce titre affranchis de la formalité de l'enregistrement.

Recevez, etc.

Le Garde des sceaux, Ministre de la justice,
E. ROUHER.

---

4. — Circulaire du 1er juillet 1851.

Monsieur le Procureur général, quelques magistrats m'ont demandé si les copies des bulletins classés aux casiers judiciaires et qui sont délivrées aux particuliers, doivent être sur timbre de 1 fr. 25 ou de 0,35 c. seulement.

Pour prévenir toute divergence à cet égard, je m'empresse de vous faire connaître que, de l'avis de la direction de l'enregistrement, c'est le timbre de 0,35 c. qui doit être adopté, parce qu'il s'agit de *simples certificats* et non de copies ou d'extraits d'actes authentiques.

Je saisis cette occasion pour vous prier de prescrire à vos substituts de rédiger leurs procès-verbaux mensuels de vérification des casiers sur du papier de la dimension des bulletins.

Ces procès-verbaux devront être très-concis et constater, outre l'état et la tenue du casier :

1° Le degré d'avancement du travail rétrospectif (il importe que ce travail soit terminé le plus tôt possible et d'ici le 1ᵉʳ novembre prochain pour tout délai);

2° Le nombre des bulletins rédigés par le greffier pendant le mois précédent et remis au Procureur de la République sur son récépissé, pour vous être transmis conformément au § III, n° 7, de la circulaire du 6 novembre 1850;

3° Le nombre des bulletins classés au casier durant le même mois, en distinguant les bulletins relatifs à des individus nés dans l'arrondissement de ceux concernant des individus qui n'y seront pas nés (§ III, n° 8, de ladite circulaire);

4° Enfin, le nombre des bulletins n° 2 délivrés pendant le même mois.

Vous voudrez bien recommander en même temps aux greffiers de se servir toujours, pour les bulletins, de papier au moins aussi fort que celui du modèle transmis avec la circulaire du 6 novembre 1850 et exactement de la même dimension.

Recevez, etc.

Le Garde des sceaux, Ministre de la justice,
E. ROUHER.

MINISTÈRE   *Lettre de M. le Garde des sceaux, du 1ᵉʳ avril*
DE LA JUSTICE.   *1852, à M. le Procureur général près la Cour*
                 impériale de Paris.

Monsieur le Procureur général, vous me demandez, par votre lettre du 29 mars, ce qui doit être fait relativement aux bulletins des condamnés originaires des colonies françaises. Les bulletins doivent, sans aucun doute, être transmis aux tribunaux des colonies pour être classés dans les casiers judiciaires qui ont été établis comme sur le continent ; mais il convient d'en conserver un duplicata pour le classer au casier judiciaire, soit de l'arrondissement dans lequel l'individu a son domicile en France, s'il est connu, soit de l'arrondissement où il a été condamné, comme cela se pratique pour les étrangers.

Les bulletins à transmettre aux colonies doivent d'ailleurs y parvenir par mon intermédiaire, et vous voudrez bien m'adresser ceux qui seront faits dans votre ressort.

Recevez, etc.

Le Garde des sceaux, Ministre de la justice,
Par autorisation,
Le Directeur des affaires criminelles et des grâces,
SENÉCA.

MINISTÈRE   *Lettre de M. le Garde des sceaux, du 13 mai*
DE LA JUSTICE.   *1853, à M. le Procureur général près la Cour*
                              impériale de Paris.

Monsieur le Procureur général, vous me demandez, par votre lettre du 7 de ce mois, s'il ne serait pas nécessaire de faire dresser pour les casiers judiciaires des bulletins individuels constatant les condamnations prononcées depuis 1830 par la Cour de Paris et la haute Cour de justice.

Il me paraît, en effet, indispensable que les condamnations prononcées par ces deux hautes juridictions soient constatées dans les casiers, et je vous prie de prendre les mesures nécessaires pour que des bulletins en soient rédigés le plus tôt possible, et transmis aux casiers des arrondissements où sont nés les condamnés.

Recevez, etc.

Le Garde des sceaux, Ministre de la justice,
ABBATUCCI.

MINISTÈRE   *Lettre de M. le Garde des sceaux, du 14 mai 1853,*
DE LA JUSTICE.   *à M. le Procureur général près la Cour im-*
                              périale de Paris.

Monsieur le Procureur général, vous me faites connaître, par votre lettre du 21 avril dernier, qu'il n'a été transmis à votre parquet par l'entremise des commissaires du gouvernement près les conseils de guerre, pour être répartis entre les divers casiers judiciaires de votre ressort, qu'un assez petit nombre de bulletins rédigés par les greffiers de ces conseils et par ceux des tribunaux maritimes.

D'après les instructions concertées entre mon administration et celle du Ministre de la guerre et de la marine, vous n'aviez dû recevoir, du moins depuis quelques mois, que les bulletins rédigés par les greffiers des conseils de guerre de Paris, parce que ceux des autres conseils de guerre et des tribunaux maritimes doivent être remis aux chefs des parquets des arrondissements dans lesquels siégent ces divers tribunaux, pour être adressés par leurs soins aux casiers des arrondissements dans lesquels sont nés les condamnés.

J'écris d'ailleurs à M. le Ministre de la guerre pour le prier de me faire connaître si la circulaire du 6 novembre 1850 a bien reçu son exécution dans les divers tribunaux militaires de votre ressort.

Recevez, etc.

Le Garde des sceaux, Ministre de la justice,
Par autorisation,
Le Directeur des affaires criminelles et des grâces,
Senéca.

———

MINISTÈRE   5. — Circulaire du 23 mai 1853.
DE LA JUSTICE.

Monsieur le Procureur général, l'institution des casiers judiciaires, créée par la circulaire de mon prédécesseur, du 6 novembre 1850, a été sans contredit une mesure des plus utiles à la bonne administration de la justice criminelle. Aussi a-t-elle été accueillie, dans tous les tribunaux, avec une faveur marquée; et grâce au zèle éclairé qui a présidé à leur établissement, aux soins persévérants que continuent d'y donner les magistrats et les greffiers, ces casiers ont déjà produit d'excellents résultats.

Les états des récidives de 1851 et de 1852 attestent que les antécédents judiciaires des individus qui deviennent l'objet des investigations de la justice, sont beaucoup plus aisément constatés qu'ils ne l'étaient précédemment. En outre, l'administration trouve dans ces casiers d'utiles indications pour écarter des listes électorales et de celles du jury les citoyens frappés d'incapacités. Enfin, les particuliers eux-mêmes peuvent y puiser de précieux renseignements pour sauvegarder des intérêts sérieux, après en avoir obtenu l'autorisation, qui ne leur est jamais refusée lorsque leur demande se fonde sur des motifs légitimes.

Les mesures prescrites par la circulaire du 6 novembre 1850 n'ont du reste donné lieu qu'à un très-petit nombre d'observations auxquelles il a déjà été répondu par les circulaires des 30 décembre 1850, 4 juin et 1er juillet 1851. Celles qui se sont produites depuis, trouveront leur réponse dans celle-ci, qui a pour objet principal de vous faire connaître une récente décision concertée entre M. le Ministre des finances et moi, relativement aux prix des bulletins n° 2, délivrés aux particuliers.

I. Prix des bulletins n° 2.

Le prix de ces bulletins avait été fixé provisoirement, par la circulaire du 4 juin 1851, à 1 fr. 10 c., savoir : timbre, 0,35 c., droits de recherche et de rédaction, 0,75 c. Mais, à la fin de l'année dernière, M. le Ministre des finances, se fondant sur les dispositions du § IX de la circulaire du 6 novembre 1850, et sur la nécessité de diminuer autant que possible les frais considérables qu'a occasionnés la création des casiers judiciaires, a demandé que les bulletins n° 2 délivrés aux particuliers fussent en outre soumis au droit d'enregistrement de 1 franc, comme actes judiciaires innomés. Il m'a semblé juste d'accéder à cette demande ; et par suite d'une décision concertée à ce sujet entre nos deux départements, et dont il a déjà été donné avis aux greffiers, le prix de ces bulletins est élevé, à partir du mois de mars dernier,

à. 2 fr. 20 c.

Droit de recherche et de rédaction. . . 75 ⎫
Timbre. . . . . 35 ⎬ 2 fr. 20 c.
Droit d'enregistrement, décime compris. 1 10 ⎭

Rien n'est changé, d'ailleurs, au prix ni au mode de délivrance des bulletins n° 2 demandés par le ministère public et par les administrations publiques. Ceux-ci continueront d'être sur papier libre et exempts de tout droit d'enregistrement.

II. Ce qu'il faut entendre par bulletins n° 2.

Par bulletins n° 2 il faut entendre non-seulement ceux qui présentent le relevé de quelques condamnations antérieures constatées aux casiers par des bulletins n° 1, mais encore les certificats négatifs, c'est-à-dire qui attestent qu'il n'existe pas au casier de bulletin n° 1 applicable à l'individu originaire de l'arrondissement, dont on veut connaître les antécédents.

III. Prix du bulletin n° 2, comprenant plusieurs condamnations antérieures.

Le prix du bulletin n° 2, qu'il soit délivré aux particuliers, aux administrations publiques ou au ministère public, ne peut pas être augmenté en raison du nombre des condamnations antérieures subies par le condamné auquel il s'applique, et dont il doit toujours donner le relevé complet.

IV. Uniformité des bulletins n° 1.

La circulaire du 6 novembre 1850 avait prescrit, dans un but facile à concevoir, que les bulletins n° 1 fussent, dans tous les tribunaux, rédigés avec soin sur des feuillets de la dimension du timbre de 0,35 c., et qu'on n'y employât que du papier fort et de bonne qualité. Il résulte cependant de quelques rapports qui m'ont été transmis, que cette prescription ne s'observe pas également bien dans tous les tribunaux ; que le papier employé dans certains arrondissements est faible, de mauvaise qualité et d'une dimension soit inférieure, soit supérieure à celle du modèle indiqué ; enfin, que le nom du condamné n'est pas toujours inscrit en gros caractères au haut du bulletin. J'appelle votre attention sur ce point ; et comme tous les bulletins de votre ressort passent sous vos yeux, puisqu'ils sont visés à votre parquet, je vous prie de veiller à ce qu'il n'en soit accepté aucun qui ne soit bien conforme aux prescriptions de la circulaire du 6 novembre 1850, soit pour la forme, soit pour la rédaction. Cette observation s'applique aux bulletins transmis par les greffiers des conseils de guerre ou maritimes, comme à ceux qui ont été rédigés par les greffiers des tribunaux ordinaires.

V. Jonction du bulletin n° 2 à toutes les procédures criminelles.

Le principal objet de l'établissement de ces casiers judiciaires étant la constatation des antécédents des individus traduits en justice, il est indispensable que toutes les procédures criminelles soient pourvues d'un bulletin n° 2, qui doit servir tout à la fois à établir la moralité de l'accusé et à faire connaître son origine et son âge.

Des bulletins semblables doivent être annexés également à toutes les procédures correctionnelles quand la nature et la gravité des délits ou la position personnelle des inculpés nécessitent une information préalable ; et même dans les affaires portées directement à l'audience, des bulletins n° 2 pourront être joints au dossier pour éclairer le tribunal sur les antécédents des prévenus, toutes les fois que le ministère public le jugera nécessaire.

Ce qui me donne lieu de craindre que dans certains tribunaux il ne soit pas fait un usage assez fréquent de ces bulletins, c'est qu'il résulte des procès-verbaux de vérification des casiers, qui me sont transmis chaque mois, que plusieurs greffiers en délivrent un très-petit nombre. Les rapports des présidents d'assises indiquent aussi que cette pièce manque assez souvent aux procédures criminelles.

VI. Soins à donner à la découverte du lieu de naissance et de l'âge des inculpés.

Les procès-verbaux de vérification des casiers montrent également que si le nombre des condamnés dont le lieu et la date de la naissance restent inconnus, est très-peu considérable dans la plupart des arrondissements, il l'est beaucoup trop dans d'autres, et il est difficile de n'en pas conclure que ce renseignement n'y est pas recherché avec assez de soin. Je recommande ce point important à toute votre sollicitude et à celle de vos substituts et des juges d'instruction, car il est évident que les casiers ne produiront tout leur effet qu'autant que le nombre des condamnés qui parviennent à dissimuler leur origine sera très-restreint. Aussi, quelque soin que les magistrats doivent apporter à réduire la durée de la détention préventive, le désir d'y mettre un terme ne saurait effacer l'intérêt qu'il y a pour la justice à bien connaître l'origine des prévenus. Ceux-ci ne pourront s'en prendre qu'à eux-mêmes lorsque la prolongation de leur détention ne sera que la conséquence de leur dissimulation ou de leur mensonge.

Il importe, pour arriver à la vérité sur ce point, que, dès le premier interrogatoire, les officiers et agents de la police judiciaire demandent le lieu et la date de la naissance des inculpés, en même temps que leurs noms, prénoms et domicile.

VII. Classement des bulletins relatifs aux individus qui ne sont pas nés dans l'arrondissement.

Les bulletins des condamnés dont le lieu de naissance reste inconnu, de même que ceux des étrangers, sont bien aussi classés suivant les cas, d'après la circulaire du 6 novembre, soit dans le casier de l'arrondissement du domicile connu, soit dans le casier du lieu de la condamnation. Mais cette précaution est le plus souvent illusoire, et l'expérience prouve qu'il n'est guère facile de retrouver la trace des condamnations précédentes, prononcées contre des individus dont il n'a pas été possible de constater le lieu de la naissance.

Quelques magistrats avaient pensé qu'il serait convenable, pour obvier à cette difficulté, d'établir dans un centre commun une espèce de

casier général, qui serait le complément des casiers d'arrondissement,
et dans lequel viendraient se classer les bulletins de tous les condamnés
d'origine étrangère ou dont le lieu de naissance n'aurait pas été découvert. Sans méconnaître les avantages qu'aurait cette mesure, il ne me
semble pas possible de la réaliser, du moins immédiatement. Mais
comme il pourrait être un jour nécessaire d'y recourir, il importe que,
dans chaque tribunal, on continue à classer à part, et dans des cases
distinctes de celles qui sont destinées aux individus originaires de
l'arrondissement, les bulletins de tous les autres condamnés.

VIII. Casier central de la préfecture de police.

Du reste, le casier central dont l'établissement est réclamé existe
déjà à la préfecture de police depuis longtemps ; les magistrats ne
doivent pas hésiter à y avoir recours toutes les fois qu'ils ne parviennent pas à découvrir l'origine des individus qu'ils poursuivent, et
qu'ils ont des raisons de supposer que ces individus ont des antécédents judiciaires. C'est une précieuse ressource que je recommande à
toute votre attention.

IX. Bulletins relatifs à des condamnés originaires des colonies françaises.

Les bulletins constatant des condamnations prononcées contre des
individus originaires des colonies françaises ou de l'Algérie, doivent
être classés avec ceux qui s'appliquent à des étrangers ; mais il doit en
être fait des duplicata qui me seront adressés pour être transmis à
MM. les Ministres de la marine et de la guerre, afin que par leurs soins
ces bulletins parviennent au casier du lieu d'origine des condamnés.

X. Vérification sur le registre de l'état civil avant le dépôt d'un bulletin au casier.

Ainsi que le prescrit la circulaire du 6 novembre 1850, aucun bulletin ne doit être placé dans le casier avant qu'il ait été vérifié s'il
existe dans les registres de l'état civil un acte de naissance applicable
au condamné, et il doit être fait mention, sur les bulletins, de cette vérification. Il serait même utile, à cette occasion, d'y relever les noms
et prénoms des père et mère des condamnés, pour mieux établir l'individualité de ceux-ci.

XI. Condamnations pseudonymes.

Il arrive assez fréquemment que, dans le cours d'une procédure, les magistrats acquièrent la preuve que les individus poursuivis ont été condamnés précédemment sous de faux noms. Cette découverte doit toujours être relevée avec soin sur le bulletin rédigé à l'occasion de la nouvelle condamnation; et il doit en outre en être donné avis au ministère public près du tribunal qui a prononcé la condamnation pseudonyme.

On ne saurait, au surplus, prendre trop de précautions pour éviter ces condamnations sous des noms faux ou supposés, car outre qu'elles rendent plus difficile pour l'avenir la constatation de l'identité, elles ont souvent pour conséquence d'imprimer à un nom honorable une souillure dont il est difficile de le laver plus tard.

XII. Condamnations antérieures non constatées au casier.

Toutes les fois aussi que les magistrats découvrent que des condamnations antérieures prononcées contre certains individus n'ont pas été constatées au casier judiciaire, par un motif quelconque, ils doivent m'en donner avis , ou en informer le procureur impérial du tribunal qui a prononcé ces condamnations, afin qu'il fasse réparer l'omission.

XIII. Condamnations par contumace ou par défaut.

Je crois devoir rappeler ici l'observation déjà faite dans la circulaire du 30 décembre 1850, relativement aux bulletins qui constatent des condamnations par contumace ou par défaut. Toutes les fois que de nouveaux bulletins concernant les individus ainsi condamnés par contumace ou par défaut viennent révéler en quel lieu ces individus peuvent être trouvés, il importe d'en informer immédiatement le ministère public près de la Cour ou du tribunal qui a prononcé la première condamnation, afin qu'il puisse soit la faire exécuter, soit faire purger la contumace, suivant les cas.

XIV. Poursuites disciplinaires.

Aux termes de la circulaire du 6 novembre 1850, les mesures disciplinaires prononcées contre les officiers ministériels doivent être constatées aux casiers par des bulletins. Quelques magistrats ont demandé si, par ces mots *mesures disciplinaires*, il fallait entendre toutes les décisions en matière de discipline, même celles qui émanent des chambres de discipline des notaires, avoués, huissiers, etc., etc. Ce serait évidemment étendre, au delà de leur portée véritable, les prescriptions de la circulaire précitée ; et on doit se borner à constater par des bulletins, outre les jugements, les décisions disciplinaires qui sont soumises à mon approbation, conformément au décret du 30 mars 1808.

XV. Suppression des extraits de jugements transmis aux procureurs généraux en vertu de l'article 198 du Code d'instruction criminelle.

La suppression des extraits de jugements correctionnels transmis, chaque quinzaine, aux procureurs généraux, conformément à l'article 198 du Code d'instruction criminelle, pour faciliter la surveillance que ces magistrats ont mission d'exercer sur les décisions des tribunaux de première instance, n'a soulevé qu'un très-petit nombre de réclamations auxquelles la circulaire du 30 décembre 1850 avait pour objet principal de répondre. Comme depuis cette suppression le nombre des appels n'a pas diminué, la surveillance des procureurs généraux semble s'exercer aujourd'hui, à l'aide des bulletins n° 1, aussi utilement qu'elle s'exerçait autrefois, au moyen des extraits. Cependant il a été demandé s'il ne serait pas possible de rendre cette surveillance plus facile en faisant transcrire les motifs des jugements au verso des bulletins qui remplaceraient ainsi complétement les extraits supprimés. Cette addition ne pourrait être demandée aux greffiers qu'en augmentant le prix des bulletins, et elle aurait ainsi pour effet d'accroître la charge déjà lourde qu'impose au Trésor l'institution des casiers, sans qu'il en résultât peut-être un avantage bien appréciable pour la bonne administration de la justice. Aussi, ne m'a-t-elle pas paru devoir être ordonnée.

Dans certains ressorts, les procureurs généraux, pour faciliter leur surveillance, ont recours à un moyen qui me semble suffisant et qui consiste à exiger de leurs substituts, avec l'envoi des bulletins, un état récapitulatif avec des indications sommaires propres à fixer l'attention et à éclairer l'examen.

XVI. Extraction des casiers des bulletins inutiles. — Répertoires.

Un certain nombre de magistrats et de greffiers, préoccupés de la crainte que l'accumulation des bulletins dans les casiers ne rende, dans un délai plus ou moins long, les recherches difficiles, ont cherché les moyens d'y remédier. Celui qui leur a semblé le plus efficace consisterait à faire, à des époques périodiques, une revue de tous les bulletins des casiers pour en extraire ceux qui concerneraient des individus décédés, opération beaucoup plus facile qu'on ne le suppose au premier aspect, avec le secours des tables décennales des actes de décès ; surtout si l'on avait eu le soin, ainsi que l'usage s'en est introduit dans plusieurs arrondissements, de tenir un répertoire sur lequel s'inscrivent par ordre alphabétique les noms de tous les individus dont les bulletins viennent se classer dans le casier : répertoire qui sert en quelque sorte de contrôle au casier et qui au besoin fournirait le moyen de remplacer des bulletins égarés.

Je ne puis ici qu'applaudir au zèle des greffiers qui n'ont pas reculé devant ce surcroît de travail dans l'intérêt de la bonne tenue de leurs casiers ; mais je ne crois pas devoir l'exiger formellement de tous les greffiers, parce qu'il ne me paraît pas d'ailleurs absolument indispensable au succès de cette institution.

XVII. Indication, sur les bulletins, des lieux de détention où les peines sont subies.

Il a été demandé que les bulletins fissent connaître les lieux de détention où les condamnés ont subi leur peine, afin que ce renseignement puisse être donné plus aisément dans les états de récidive. Cette constatation sur les bulletins exigerait certainement plus de temps et de peine qu'il n'en coûte aujourd'hui pour fournir ce renseignement dans les états de récidive, et par conséquent il est sans intérêt de la prescrire.

XVIII. Procès-verbaux de vérification des casiers.

Les procès-verbaux mensuels de la vérification des casiers prescrits par la circulaire du 1er juillet 1851 ne sont pas partout rédigés avec toute la clarté et la concision désirables.

Voici les seuls points qu'ils doivent constater :

1o Nombre des bulletins no 1 rédigés pendant le mois par le greffier et transmis au procureur général. . . . .

2o Nombre des bulletins de toute provenance classés au casier pendant le mois { concernant des condamnés originaires de l'arrondissement. . . . . . concernant des condamnés qui n'y sont pas nés, ou dont il a été impossible de constater l'origine. . .

3o Nombre des bulletins no 2 délivrés par le greffier à toute requête du ministère public, des administrations publiques ou des particuliers. . . . .

Ici se termine, monsieur le Procureur général, le résumé des dernières observations auxquelles a donné lieu l'institution des casiers depuis la circulaire du 1er juillet 1851. Je recommande de nouveau cette utile institution à toute votre sollicitude, à celle des magistrats et des greffiers de votre ressort.

Recevez, etc.

Le Garde des sceaux,
Ministre Secrétaire d'Etat au département de la justice,

ABBATUCCI.

MINISTÈRE DE LA JUSTICE	*Lettre de M. le Garde des sceaux, du 11 juillet 1855, à M. le Procureur général près la Cour impériale de Paris.*

Monsieur le Procureur général, par votre lettre du 3 de ce mois, vous me soumettez quelques difficultés relatives au classement, dans les casiers judiciaires, de bulletins constatant des condamnations prononcées par les conseils de guerre contre des soldats faisant partie de la Légion étrangère.

Ainsi que vous l'avez très-bien supposé, lorsque les condamnations sont prononcées dans l'étendue du territoire de l'Empire, les bulletins concernant ces soldats doivent être classés, comme ceux de tous les autres étrangers, dans le casier de l'arrondissement dans lequel les jugements ou arrêts sont rendus.

A l'égard des condamnations prononcées contre des soldats étrangers, hors du territoire de l'Empire, et notamment en Crimée, les bulletins qui vous seraient transmis par M. le Ministre de la guerre, devront être provisoirement classés au casier du département de la Seine, en attendant l'organisation d'un casier central que je me propose d'établir incessamment, pour y recueillir les bulletins de toutes les condamnations prononcées contre des étrangers ou contre des individus dont l'origine n'aura pas pu être constatée.

Je saisis cette occasion pour répondre à une autre question que vous m'avez soumise récemment, celle de savoir si les contraventions aux dispositions qui règlent les formes des actes notariés, et en général aux articles contenus dans la 2e section de la loi du 25 ventôse an XI, doivent être constatées aux casiers judiciaires par des bulletins individuels.

Les décisions disciplinaires qui répriment ces contraventions sem-

bleraient à la vérité devoir rentrer dans la catégorie des mesures disciplinaires que la circulaire du 6 novembre 1850 prescrit de constater
au casier, mais comme les faits matériels qui les motivent n'ont aucune gravité et que ces décisions ne peuvent entraîner aucune espèce
d'incapacité contre les notaires qui en sont l'objet, il me paraît tout à
fait inutile de les constater au casier.

     Recevez, etc.

Le Garde des sceaux, Ministre de la justice,
ABBATUCCI.

---

6. — Circulaire du 30 août 1855.

MINISTÈRE
DE LA JUSTICE.

Monsieur le Procureur général, dans ma dernière circulaire du
23 mai 1853, sur les casiers judiciaires, j'annonçais l'intention de
réunir ultérieurement, dans un centre commun, tous les bulletins
qui n'auraient pas pu être classés au lieu d'origine des condamnés,
c'est-à-dire les bulletins concernant :

     1° *Les condamnés d'origine étrangère* ;

     2° *Ees condamnés dont le lieu de naissance n'aurait pas pu être
découvert,* malgré les investigations des magistrats; que le lieu du
domicile fût ou non connu.

     Le moment me semble venu de réaliser ce projet, et d'apporter
ainsi à l'institution des casiers un complément indispensable. Ce casier
central sera établi à la chancellerie même, dans le bureau des statistiques judiciaires.

     Je vous prie, en conséquence, de donner immédiatement à vos
substituts près des divers tribunaux de votre ressort des ordres nécessaires pour que je reçoive dans le plus bref délai possible, et avant le
15 septembre au plus tard, tous les bulletins existant dans chaque
casier qui ne s'appliquent pas à des condamnés originaires de l'arrondissement (1). Ces bulletins doivent avoir été classés séparément, aux
termes des circulaires précédentes, et notamment du § VII de celle
du 23 mai 1853.

     Chaque lettre d'envoi fera connaître le nombre des bulletins trans-

---

(1) On devra conserver dans le casier de l'arrondissement les bulletins concernant des condamnés qui en auront été reconnus originaires, bien que les actes de
naissance n'aient pas pu être trouvés par un motif quelconque.

mis, en distinguant ceux qui concernent des condamnés d'origine étrangère et ceux des condamnés d'origine inconnue.

A l'avenir, après la vérification qui se fait dans votre parquet, conformément à la circulaire du 6 novembre 1850, § III, n° 7, vous m'adresserez, tous les quinze jours, pour être classés au casier central, tous les bulletins concernant des étrangers ou des individus dont le lieu de naissance sera resté inconnu.

Aussitôt que le classement nécessaire aura été opéré dans le casier central, c'est-à-dire le 1er octobre au plus tard, toutes les fois que vos substituts exerceront des poursuites contre des individus nés soit dans les pays étrangers, soit dans les colonies françaises, ou contre des individus dont le lieu de naissance sera inconnu, ils devront me demander un extrait (bulletin n° 2), qui leur sera délivré immédiatement pour être annexé aux procédures, ainsi que cela se fait déjà pour les individus dont le lieu de naissance est connu.

En demandant ces extraits, MM. les Procureurs impériaux auront toujours soin d'indiquer les divers noms sous lesquels pourraient avoir été jugés précédemment les individus dont il s'agira de constater les antécédents judiciaires.

Toutefois, avant de recourir ainsi au casier central, les magistrats devront, comme par le passé, ne négliger aucun moyen pour parvenir à découvrir le lieu de naissance des inculpés.

Dans certains cas, même à l'égard des inculpés dont le lieu de naissance sera connu, il devra être demandé des extraits au casier central, quand les magistrats auront quelque raison de croire que ces inculpés ont subi des condamnations qui ne sont pas constatées au casier d'origine, parce que les tribunaux qui les ont prononcées ont ignoré le lieu de naissance. Ce sera même un excellent moyen de faire arriver parfois au casier d'origine des bulletins classés par erreur au casier central ; mais, quand des extraits seront réclamés dans de semblables circonstances, la lettre de demande en fera mention.

Le casier central ne délivrera directement des extraits (bulletin n° 2) qu'aux parquets. Lorsque les administrations publiques ou des particuliers désireront en obtenir, ils les demanderont à MM. les Procureurs impériaux, et ceux-ci me transmettront la demande. L'extrait qu'ils recevront alors du casier central sera par eux déposé au greffe pour le faire parvenir aux demandeurs. Le greffier remplira, à l'égard de ces bulletins, les mêmes formalités que pour ceux qu'il délivre lui-même ; et il percevra à son profit ou au profit du Trésor les droits fixés par le § 1er de la circulaire du 23 mai 1853, soit 0 fr. 25 cent., des administrations publiques; et 2 fr. 20 cent., des particuliers.

Je saisis cette occasion pour appeler votre attention et celle de vos substituts sur quelques points d'une grande importance pour l'avenir de l'institution des casiers.

1° Il me parvient assez'fréquemment des plaintes sur ce que les bulletins n°1 sont rédigés dans quelques arrondissements sur du papier trop faible, ou qui n'est pas exactement de la dimension fixée (voir les circulaires du 6 novembre 1850, § 3, n° 4, et du 23 mai 1853, § 4). Comme je recevrai désormais pour le casier central des bulletins de tous les arrondissements, je me propose de tenir rigoureusement la main à ce que ces prescriptions des circulaires soient observées.

2° Dans plusieurs arrondissements, on omet de dater et de signer les bulletins n°s 1 et 2, au moment où on les rédige; c'est cependant une formalité essentielle, et il importe qu'elle soit remplie avec le plus grand soin à l'avenir.

3° Jusqu'à présent, en recherchant dans les actes de l'état civil les noms, prénoms et âge des condamnés, on s'est borné à y relever, pour l'indiquer sur les bulletins, la date exacte de la naissance. Je désire qu'à l'avenir, on y relève aussi *les noms et prénoms des père et mère des condamnés.* En ajoutant ces indications sur les bulletins, on déterminera de la manière la plus certaine l'individualité des condamnés, et on préviendra des erreurs fâcheuses qui se reproduisent assez fréquemment, et qui consistent à attribuer à des individus purs d'antécédents judiciaires des condamnations prononcées contre des homonymes.

4° Comme les antécédents judiciaires de chaque condamné sont maintenant connus au moment où se rédige le bulletin n° 1 de la nouvelle condamnation, on devra faire connaître sur ce bulletin, au moyen du mot *récidiviste* ajouté au nom, les condamnés qui auront subi des condamnations antérieures. Ce sera pour le greffier qui aura à classer ce nouveau bulletin une occasion de reconnaître qu'il doit déjà en exister au moins un autre, dans le casier, concernant le même individu; et, s'il ne s'y trouvait pas, il signalerait la lacune à M. le procureur impérial, qui veillerait à ce qu'elle fût comblée, en demandant, s'il était nécessaire, des renseignements au parquet d'où émanerait le dernier bulletin.

5° Les bulletins n° 2, délivrés en vertu du § 4 de la circulaire du 6 novembre 1850, ne sont pas toujours régulièrement dressés, en ce qu'ils ne donnent pas le relevé des condamnations antérieures *dans l'ordre chronologique*. J'appelle, sur ce point, l'attention de MM. les procureurs impériaux, parce que cette irrégularité semble prouver que le casier n'est pas bien tenu, et que tous les bulletins concernant un même individu ne sont pas réunis, comme ils doivent l'être, dans une chemise, dans l'ordre où les condamnations ont été prononcées.

6° Désormais, les procès-verbaux de vérification des casiers devront être modifiés, puisqu'il n'y aura plus lieu de constater combien il a été classé, dans le mois, de bulletins concernant des étrangers ou des condamnés d'origine inconnue.

Voici comment ils devront être formulés à partir du mois d'octobre :

1° Nombre de bulletins n° 1, rédigés pendant le mois par le greffier et transmis au procureur général, concernant :

> *Des condamnés originaires de l'arrondissement ;*
> *Des condamnés d'origine étrangère ;*
> *Des condamnés dont l'origine est restée inconnue.*

2° Nombre des bulletins n° 2 délivrés pendant le mois par le greffier, à la requête :

> *Du ministère public ;*
> *Des administrations publiques ;*
> *Des particuliers.*

Je recommande à toute votre sollicitude, Monsieur le Procureur général, ces différentes mesures, destinées à améliorer l'institution des casiers judiciaires, dont l'utilité a été si unanimement reconnue. Je compte sur votre zèle éclairé et sur celui de vos substituts et des greffiers pour leur complète observation et celle des prescriptions des circulaires précédentes des 6 novembre, 30 décembre 1850 et 23 mai 1853. Je ne méconnais pas que l'institution des casiers a accru le travail des greffes ; mais il en a aussi augmenté les produits, et les soins des greffiers y trouvent ainsi une juste rémunération.

Recevez, etc.

> *Le Garde des sceaux, Ministre de la justice,*
> ABBATUCCI.

———————

MINISTÈRE
DE LA JUSTICE.

Paris, le 26 septembre 1855.

Monsieur le Procureur général, le nouveau modèle du procès-verbal de vérification mensuelle des casiers judiciaires, qui a été donné à la

dernière page de la circulaire du 30 août dernier, présente une omission grave, en ce qui concerne l'énumération des bulletins n° 1, rédigés chaque mois par le greffier, etc.

Aux trois catégories indiquées, il en faut ajouter une quatrième
pour les bulletins concernant *des condamnés reconnus originaires
d'autres arrondissements.*

Dans sa première partie, ce procès-verbal sera donc ainsi conçu :

1° Nombre de bulletins n° 1, rédigés pendant le mois par le greffier
et transmis au procureur général, concernant :

Des condamnés originaires de l'arrondissement ;

Des condamnés reconnus originaires d'autres arrondissements ;

Des condamnés d'origine étrangère ;

Des condamnés dont l'origine est restée inconnue.

Recevez, etc.

Le Garde des sceaux,

Ministre Secrétaire d'Etat au département de la justice,

par autorisation :

Le Directeur des affaires criminelles et des grâces,

par délégation :

Le Chef du bureau de statistique,

ARONDEAU.

MINISTÈRE DE LA JUSTICE.   *Lettre de M. le Garde des sceaux, du 20 décembre 1855, à M. le Procureur général près la Cour impériale de Paris.*

Monsieur le Procureur général, j'ai reçu avec vos lettres des 30
novembre et 14 de ce mois, les 2929 bulletins qui y étaient joints.

Ces bulletins n'étaient pas classés dans l'ordre alphabétique. Ils
étaient seulement divisés par lettres. En outre, l'on avait confondu
les condamnés d'origine inconnue avec les condamnés d'origine étrangère, au lieu de former deux séries distinctes. Je vous prie de donner
les ordres nécessaires pour que cette confusion soit évitée à l'avenir et
pour que les bulletins de votre ressort me parviennent chaque quinzaine
bien classés par ordre alphabétique. J'appelle aussi votre attention toute
spéciale *sur la nécessité de renvoyer dans le plus bref délai possible*
aux caisers d'arrondissement où ils doivent être classés, ou bien au
casier central, quand il s'agit d'étrangers ou de condamnés d'origine
inconnue, les bulletins qui vous sont transmis chaque quinzaine par

vos substituts pour être vérifiés et visés à votre parquet conformément à la circulaire du 6 novembre 1850, n° 7 (V. page 291). Il importe que cette révision se fasse toujours dans la quinzaine, et j'ai eu lieu de constater que beaucoup de bulletins ont été conservés à votre parquet *plusieurs mois*. Il en est résulté qu'au greffe du lieu d'origine, on a délivré très-souvent des bulletins n° 2 négatifs à l'égard d'individus qui avaient réellement subi des condamnations antérieures.

Recevez, etc.

Le Garde des sceaux, Ministre de la justice,
par autorisation :
Le Directeur des affaires criminelles et des grâces,
DE CARNIÈRES.

MINISTÈRE   7. — Circulaire du 1er juillet 1856.
DE LA JUSTICE.

Monsieur le Procureur général, la vérification et le classement dans le casier central des 200,000 bulletins de condamnés d'origine étrangère et d'origine inconnue qui ont été transmis des divers arrondissements, en vertu de la circulaire du 30 août 1855, ont donné lieu de constater que, dans plusieurs tribunaux, l'institution des casiers judiciaires n'avait pas été jusqu'alors l'objet de tous les soins désirables. Les bulletins qui me sont transmis pour le casier central témoignent, en général, d'une amélioration sensible ; cependant l'état irrégulier ou incomplet de plusieurs d'entre eux atteste que cette partie du service doit être encore de votre part l'objet d'une surveillance soutenue.

C'est afin de rendre cette surveillance plus facile que je crois devoir résumer dans cette circulaire les principales instructions déjà données dans les précédentes (1), en y ajoutant quelques prescriptions nouvelles.

Les points sur lesquels j'appellerai votre attention toute spéciale, ainsi que celle de vos substituts, des juges d'instruction et des greffiers, sont :

---

(1) Voir, 1° la circulaire du 6 novembre 1850, qui a prescrit l'organisation des casiers judiciaires ; 2°, 3°, 4° et 5°, celles du 30 décembre de la même année, des 4 juin et 1er juillet 1854 et 23 mai 1853, qui ont expliqué certains points de la première et ordonné quelques mesures nouvelles propres à faire produire à l'institution tous ses fruits ; 6° enfin, celle du 30 août 1855, qui a prescrit la centralisation des bulletins de condamnés d'origine étrangère ou inconnue.

A. La réunion des éléments des bulletins nᵒ 1 ;

B. La rédaction de ces bulletins ;

C. Leur vérification à votre parquet ;

D. Leur répartition dans les divers casiers ;

E. Leur classement dans chaque casier ;

F. La délivrance des extraits du casier ou bulletins nᵒ 2 ;

G. La vérification mensuelle des casiers et la rédaction des procès-verbaux de cette vérification ;

H. Le répertoire des bulletins contenus dans les casiers.

A. Réunion des éléments des bulletins nᵒ 1.

I. C'est au ministère public qu'il incombe de réunir, avec le concours du juge d'instruction et des divers auxiliaires de la police judiciaire, les premiers éléments du bulletin nᵒ 1. Un des premiers soins des magistrats, lorsqu'un individu devient l'objet des investigations de la justice à l'occasion d'un crime ou d'un délit, doit être *de bien établir son individualité*. Il faut donc, s'il est arrêté ou appelé devant les magistrats ou officiers de police judiciaire, lui demander :

1ᵒ Ses nom, prénoms et surnoms ;

2ᵒ Ceux de ses père et mère ;

3ᵒ Son âge (date de sa naissance) ;

4ᵒ Les lieux de sa naissance et de son domicile ;

5ᵒ Son état civil ou de famille (s'il est célibataire, marié ou veuf) ;

6ᵒ S'il est marié ou veuf, le lieu et la date du mariage, le nom de sa femme ;

7ᵒ Sa profession (ce renseignement, malgré son utilité évidente, n'a pas toujours été indiqué jusqu'ici).

II. A l'aide de ces indications obtenues de l'inculpé lui-même ou par d'autres moyens d'information, il devient facile de se procurer très-promptement, pour tous les individus originaires de France, un extrait du casier judiciaire ou bulletin nᵒ 2, qui a d'abord l'avantage de constater l'individualité de l'inculpé, et qui fait connaître en même temps ses antécédents judiciaires.

III. A l'égard des inculpés d'origine étrangère *et de ceux dont l'origine sera restée inconnue,* l'extrait du casier ou bulletin nᵒ 2 devra être demandé au casier central.

IV. Pour les inculpés d'origine inconnue, la demande du bulletin nᵒ 2 aura souvent pour effet de faire découvrir les lieux de naissance, au moyen des états des récidives, qui sont toujours consultés. Jusqu'à présent on n'a demandé que très-rarement au casier central des bulletins de cette catégorie.

V. Ces extraits des casiers judiciaires, ou bulletins n° 2, doivent désormais être joints *à toutes les procédures criminelles ou correctionnelles sans exception*, sauf en matière forestière.

VI. Ils remplaceront utilement, dans les procédures, les extraits de naissance qui devaient toujours être annexés à l'égard des jeunes délinquants ; car ils constateront l'âge, comme le faisaient ces extraits.

VII. Cette constatation de l'individualité des inculpés ne saurait entraîner de longs retards, toutes les fois que les inculpés ne chercheront pas à égarer la justice, parce qu'elle se fera pendant l'accomplissement des premiers actes de l'instruction ; et si des retards résultaient de fausses déclarations des inculpés, ils ne pourraient s'en prendre qu'à eux-mêmes.

VIII. A l'égard des inculpés mariés ou veufs, l'indication du lieu et de la date de leur mariage permettra d'arriver sûrement à la date de leur naissance et au lieu d'origine, quand ces derniers renseignements n'auront pas pu être obtenus.

IX. La demande d'un bulletin n° 2, soit aux casiers d'arrondissement, soit au casier central, doit toujours être accompagnée de toutes les indications propres à faciliter les recherches. La lettre de demande devra présenter toutes les indications recueillies, conformément au § 1er ci-dessus, et quand on connaîtra quelques condamnations antérieures, il faudra les signaler brièvement, en donnant la date du jugement et le nom du tribunal qui l'a rendu.

X. Dans les recherches à faire aux casiers et sur les registres de l'état civil, il ne faut pas d'ailleurs trop s'arrêter aux prénoms indiqués par les inculpés, car ils peuvent avoir été de très-bonne foi en trompant sur ce point, par suite de l'usage assez général dans les familles de donner aux enfants d'autres prénoms que ceux sous lesquels ils sont inscrits sur les registres de l'état civil.

XI. Si les extraits du casier doivent être, en général, demandés dès le début des poursuites, il est bien évident cependant que, lorsque les magistrats ont lieu de soupçonner que l'inculpé cherche à égarer la justice sur son individualité, il devient nécessaire de vérifier et de contrôler ses déclarations, avant de réclamer l'extrait du casier ; autrement, les recherches seraient le plus souvent infructueuses.

B. Rédaction du bulletin.

XII. Par l'observation des prescriptions qui précèdent, les magistrats auront assuré la réunion d'une partie des éléments du bulletin n° 1, qui devra être rédigé dès que la condamnation sera devenue définitive, conformément au modèle indiqué, page 378 (voir les § V et IX de la circulaire du 30 décembre 1850, sur la nécessité de constater aux casiers les condamnations par contumace et par défaut, et les décisions concernant les jeunes délinquants envoyés en correction conformément à l'art. 66 du Code pénal).

XIII. Quand il aura été constaté, soit par les déclarations des inculpés, soit par toute autre voie d'information, qu'ils ont subi des condamnations à l'étranger, ces condamnations antérieures devront être relevées avec soin sur le bulletin n° 1, qui sera rédigé à l'occasion de la condamnation prononcée en France ; et pour ces condamnés, comme pour ceux qui auront été antérieurement condamnés par les tribunaux français, le mot *récidiviste* devra être inscrit en tête du bulletin à droite.

C. Transmission et vérification des bulletins au parquet de la Cour.

XIV. Après s'être assuré que les bulletins n° 1 ont été rédigés avec tout le soin et l'exactitude nécessaires, *et qu'ils sont datés*, le ministère public près de chaque tribunal doit, *à l'expiration de chaque quinzaine*, transmettre au parquet de la Cour, pour qu'ils y soient vérifiés, les bulletins rédigés pendant cette quinzaine.

XV. Au parquet de la Cour, la révision de ces bulletins doit être faite très-sérieusement ; et, à l'avenir, les bulletins qui ne seront pas *sous tous les rapports*, et notamment pour ce qui concerne le format et la force du papier, conformes aux circulaires et au modèle sus-indiqué, ne devront pas être visés au parquet de la Cour, ni par conséquent reçus dans les casiers.

D. Répartition des bulletins entre les divers casiers.

XVI. Aussitôt que les bulletins ont été vérifiés, complétés, s'il y a lieu, et visés au parquet de la Cour, ce qui doit toujours être dans la quinzaine au plus tard, il sont adressés, par les soins du même parquet, aux divers casiers où ils doivent être classés : les uns au casier d'origine, les autres au casier central. Le retard dans cette transmission aurait pour fâcheux résultat de faire délivrer des bulletins négatifs à l'égard d'individus qui auraient été condamnés récemment par défaut ou à des peines de courte durée.

XVII. Les bulletins transmis au casier central doivent toujours y parvenir *par l'entremise du parquet de la Cour*, classés dans l'ordre alphabétique en deux séries : l'une pour les condamnés étrangers, l'autre pour les condamnés d'origine inconnue.

E. Classement des bulletins dans les casiers.

XVIII. Dès que les bulletins n° 1 arrivent au casier d'origine, après avoir été visés au parquet de la Cour, le greffier doit les classer avec soin dans son casier, après s'être assuré que le condamné est bien originaire de son arrondissement et avoir indiqué sur le bulletin la date exacte de la naissance et les nom et prénoms du condamné, ainsi que ceux des père et mère, si cela n'avait pas déja été fait lors de la délivrance du bulletin n° 2, qui a dû être demandé au début de la procédure.

XIX. Si le bulletin portait la mention de *récidiviste*, ou que la peine eût été prononcée pour rupture de ban, le greffier devrait aussi vérifier si son casier renferme bien les bulletins des condamnations antérieures ; car, s'il n'en contenait aucun, il faudrait en prévenir le parquet, qui réclamerait les bulletins manquants au casier central, en ayant bien soin de faire connaître quel est le tribunal qui a prononcé la dernière condamnation et sa date. Il devra être pris garde aussi s'il n'existe pas au casier de bulletin de condamnation par contumace ou par défaut, afin de se conformer au § IX de la circulaire du 30 décembre 1850, en donnant avis aux parquets des tribunaux qui ont rendu les décisions par contumace ou par défaut.

XX. Les bulletins doivent être classés dans chaque casier *suivant l'ordre rigoureusement alphabétique* ; et toutes les fois qu'il existe plusieurs bulletins concernant le même individu, ils doivent être réunis dans une chemise, en observant l'ordre des dates des condamnations, afin que les extraits qui seront délivrés présentent bien le relevé des condamnations antérieures, dans l'ordre chronologique.

XXI. Les bulletins des femmes mariées ou veuves doivent être classés d'après leur nom de fille, mais avec des bulletins de renvoi au nom du mari autant que possible pour le cas où, à l'occasion de nouvelles poursuites, elles ne donneraient que ce dernier nom.

XXII. A l'égard des individus condamnés sous plusieurs noms, il importe aussi de faire des bulletins de renvoi pour rendre les recherches plus sûres et plus faciles.

F. Délivrance des bulletins n° 2 ou extraits du casier.

XXIII. Les extraits du casier ou bulletins n° 2, demandés, soit par le ministère public, soit par les administrations publiques, soit par les particuliers; doivent toujours être délivrés *dans le plus bref délai possible*; et les demandes formées par les parquets, notamment, ne doivent jamais rester *plus de quarante-huit heures sans réponse*, afin de ne pas ralentir le cours des procédures criminelles. Le modèle ci-joint de ces extraits fait connaître toutes les indications qu'ils doivent comprendre (*Voir page 385*).

XXIV. Si quelques-unes des condamnations antérieures à relever sur les bulletins n° 2 avaient été prononcées sous de faux noms ou prénoms, il ne faudrait pas manquer d'en faire mention.

XXV. Lorsque, dans la série des condamnations relevées sur un bulletin n° 2, il se trouve des lacunes qui ne soient pas expliquées suffisamment par la déclaration du récidiviste ou par d'autres pièces, il peut être utilement demandé des extraits du casier central, où il aurait pu parvenir quelques bulletins de condamnations prononcées sous des noms différents, ou même sous les noms véritables, mais sans recherches préalables suffisantes pour constater l'origine et l'individualité.

XXVI. Les bulletins n° 2 *doivent toujours être datés*, afin de bien fixer à quel moment ils constatent les antécédents judiciaires des individus qu'ils concernent.

G. Vérification mensuelle des casiers, et procès-verbaux de cette vérification.

XXVII. En demandant qu'il me fût transmis chaque mois des procès-verbaux de vérification des casiers, j'ai voulu faire comprendre aux magistrats toute l'importance de l'institution des casiers et la nécessité pour eux d'en faire l'objet de leur sollicitude toute spéciale. MM. les procureurs impériaux ne peuvent donc pas se borner à signer le procès-verbal qui leur est présenté tout rédigé par les greffiers; ils doivent s'assurer, chaque mois, par un examen sérieux, de la bonne tenue du casier. Il est joint à la circulaire un modèle du procès-verbal à dresser (*Voir page* 386).

XXVIII. L'utilité de l'institution des casiers n'a plus besoin d'être démontrée. Parmi ses avantages, il faut compter en première ligne l'abréviation de la durée des procédures criminelles par la facilité qu'elle offre pour constater les antécédents des inculpés, pourvu que les demandes d'extraits des casiers soient toujours répondues avec la célérité prescrite au § XXIII.

XXIX. Une autre conséquence nécessaire de cette constatation doit être de rendre les tribunaux plus sévères envers ces récidivistes incorrigibles qui promènent par toute la France leur criminelle oisiveté. Aujourd'hui que les magistrats connaîtront bien les individus qui sont traduits devant eux, il est impossible qu'il n'usent pas, à l'égard des récidivistes endurcis, de toute la sévérité de la loi. Prononcer contre ces hommes qui vivent en état de guerre continuelle contre la société des peines de longue durée sera, d'ailleurs, un moyen efficace de diminuer les travaux des tribunaux et les frais de justice, en évitant les nouvelles poursuites auxquelles ces individus ne manqueraient pas de s'exposer.

II. Répertoire des bulletins contenus dans les casiers.

XXX. Dans la plupart des tribunaux, il existe des répertoires sur lesquels sont inscrits, par ordre alphabétique, les noms des condamnés dont les bulletins sont contenus dans les casiers, avec la date du jugement et le nom du tribunal qui l'a prononcé. Ces répertoires, qui servent de contrôle aux casiers et qui au besoin fourniraient les moyens de remplacer des bulletins égarés, devront être établis dans tous les greffes. L'extraction des casiers d'arrondissement des bulletins des condamnés d'origine étrangère et d'origine inconnue a rendu d'ailleurs beaucoup plus facile la rédaction et la tenue de ces répertoires, qui sont indispensables pour le travail d'élimination périodique, des casiers, des bulletins concernant les condamnés décédés.

XXXI. Plusieurs parquets m'ont exprimé le vœu, pour faciliter ces éliminations et par suite empêcher l'encombrement des casiers, que les directeurs des divers établissements où sont subies les peines fussent astreints à donner avis des décès qui ont lieu dans ces établissements. Pour répondre à ce vœu, j'ai demandé à MM. les Ministres de la marine et de l'intérieur de me fournir, à l'expiration de chaque trimestre, des bulletins de décès de tous les condamnés qui meurent pendant qu'ils subissent leur peine. Ces bulletins me seront transmis à partir de l'année courante, et je les ferai parvenir périodiquement aux casiers du lieu d'origine des condamnés décédés.

Cette circulaire, comme vous l'aurez remarqué, Monsieur le Procureur général, contient très-peu de prescriptions nouvelles ; mais elle a surtout pour objet de bien déterminer les diverses mesures qui peuvent améliorer l'institution des casiers judiciaires et d'indiquer nettement la part afférente à chacun dans cette œuvre commune.

Je vous en adresse un nombre suffisant d'exemplaires pour les distribuer à tous ceux qui doivent en quelque façon concourir à son exécution, et je vous prie de vouloir bien donner vos bons soins à ce qu'elle la reçoive pleine et entière.

Vous voudrez bien m'en accuser réception.

Recevez, etc.

Le Garde des sceaux, Ministre de la justice,
ABBATUCCI.

———

MINISTÈRE
DE LA JUSTICE.

Lettre de M. le Garde des sceaux, du 29 août 1859, à M. le Procureur général près la Cour impériale de Paris.

Monsieur le Procureur général, par la dépêche que vous m'avez adressée en date du 22 juin, vous avez appelé mon attention sur l'insuffisance des renseignements consignés dans les procès-verbaux de la gendarmerie, constatant l'audition des inculpés non arrêtés.

M. le Ministre de la guerre, à qui j'ai écrit à ce sujet, m'informe qu'il vient de donner des instructions pour qu'à l'avenir la gendarmerie indique dans ses procès-verbaux, d'une manière exacte et précise, les prénoms, l'âge et les lieux de naissance des inculpés, afin d'aider la justice à établir leur individualité.

Recevez, etc.

DELANGLE.

———

MINISTÈRE
DE LA JUSTICE.

8. — Circulaire du 25 octobre 1859.

Monsieur le Procureur général, les états dressés et transmis à M. le Ministre de l'intérieur, en exécution des articles 600 et 601 du Code d'instruction criminelle, sont les seuls documents sur lesquels l'administration de la police générale puisse faire le relevé des jugements et arrêts de condamnations pour la formation des sommiers judiciaires où l'autorité puise les moyens de s'éclairer sur les antécédents des inculpés.

Il importe donc, dans l'intérêt même de la justice, que ces documents soient aussi exacts que possible.

M. le Préfet de police, chargé de les contrôler, m'informe cependant que depuis quelque temps certains greffiers croient devoir omettre sur leurs états les noms des enfants de moins de 16 ans qui, bien qu'acquittés comme ayant agi sans discernement, sont néanmoins, conformément à l'article 66 du Code pénal et en vertu d'une disposition spéciale du jugement qui les acquitte, envoyés dans une maison de correction.

Les expressions de l'article 600 précité qui ne concerne que les condamnés, rapprochées de l'article 66 du Code pénal, pourraient justifier cette manière de procéder; mais l'intérêt général me paraît devoir l'emporter ici sur une interprétation trop étroite des termes de la loi, et par la même raison d'assimilation qui a déjà fait comprendre ces jugements dans les casiers judiciaires, il y a lieu de décider qu'ils figureront à l'avenir dans les états dressés en conformité de l'article 600.

En appelant d'autre part mon attention sur la confection de ces états, M. le préfet de police m'exprime le désir d'y voir indiquer, dans la colonne d'observations, ceux des jugements ou arrêts portés audit état qui auraient été rendus par défaut.

Je vous prie, Monsieur le Procureur général, de vouloir bien transmettre dans ce sens des instructions à vos substituts et de les charger d'inviter les greffiers des tribunaux respectifs à se conformer aux désirs exprimés par M. le Préfet de police. Vous voudrez bien m'accuser en même temps réception de cette circulaire.

Recevez, etc.

Le Garde des sceaux, Ministre de la justice,
DELANGLE.

MINISTÈRE
DE LA JUSTICE.

9. — Circulaire du 10 décembre 1859.

Extrait d'une circulaire ministérielle relative aux comptes rendus statistiques de la justice criminelle, civile et commerciale pendant l'année 1859.

Monsieur le Procureur général. 8.— La vérification des états des récidives de l'année 1858 a mis à même de constater que plusieurs prescriptions des circulaires relatives à la tenue des casiers judiciaires ne s'observent pas, dans quelques parquets, avec le soin et l'exactitude nécessaires.

9. — Les antécédents des individus d'origine inconnue ont été assez souvent indiqués d'une façon incomplète, faute d'avoir eu recours au casier central, après une réponse négative du casier de l'arrondissement où les inculpés avaient dit être nés. Toutes les fois qu'à une demande de bulletin n° 2 adressée au casier du lieu présumé d'origine, il est répondu qu'il n'existe pas d'acte de naissance applicable sur les registres de l'état civil, ni de bulletin de condamnation au casier, et que de nouvelles recherches au sujet de l'acte de naissance sont demeurées infructueuses, il est indispensable de s'adresser au casier central, où doivent être classés les bulletins des condamnations antérieures s'il en existe. Ce qui prouve que des demandes de bulletins n° 2 ne sont pas toujours transmises au casier central dans des cas semblables et qu'il n'en est même pas toujours demandé à l'égard des inculpés d'origine étrangère, c'est qu'il n'est délivré par ce casier que 7 à 8,000 bulletins n° 2, par an, tandis qu'il reçoit 8 à 9,000 bulletins n° 1 de condamnations prononcées contre des individus d'origine étrangère ou d'origine inconnue. Il importe donc de rappeler la disposition de la circulaire du 1er juillet 1856 qui prescrit de réclamer un bulletin n° 2, pour tous les individus poursuivis, excepté en matière forestière.

10.—C'est aussi au casier central que doivent toujours être transmis les bulletins n° 1 des condamnations prononcées contre des individus dont l'origine n'a pu être constatée. Trop souvent, ils sont adressés au casier de l'arrondissement dans lequel les condamnés avaient prétendu être nés, parce qu'on a négligé d'indiquer en marge des bulletins qu'ils appartiennent au casier central.

11.— Il a été également remarqué que très-fréquemment on néglige d'énoncer sur les bulletins n° 1, que les condamnations ont été prononcées par contumace ou par défaut. L'omission de cette énonciation a plusieurs inconvénients, dont voici le plus grave : le parquet qui exerce les nouvelles poursuites n'est pas mis en demeure, par cette indication, de prendre les mesures nécessaires pour faire purger la contumace ou subir la peine inexécutée.

12. Il doit être rédigé et transmis au casier d'origine ou au casier central des bulletins des jugements qui envoient des enfants dans des maisons de correction, conformément à l'article 66 du Code pénal. Cette prescription et celle du paragraphe précédent ont déjà fait l'objet de la circulaire du 25 octobre dernier.

13. Les bulletins n° 1 ne sont pas toujours adressés assez promptement, soit au casier d'origine, soit au casier central, malgré les prescriptions formelles du § XVI de la circulaire du 1er juillet 1856 : aussi, arrive-t-il parfois qu'on délivre des bulletins négatifs à l'égard d'individus précédemment condamnés, parce que les bulletins de condamnation n'ont pas été transmis en temps opportun.

14. Enfin, les demandes de bulletins n° 2 ne sont pas répondues aussi promptement que le recommande le § XXIII de la circulaire précitée. Celles qui sont transmises au casier central reçoivent une réponse le jour même où elles y parviennent.

Je vous prie, Monsieur le Procureur général, de vouloir bien recommander ces divers points à l'attention de vos substituts.

Recevez, etc.

Le Garde des sceaux, Ministre de la justice,
DELANGLE.

MINISTÈRE   10. — Circulaire du 12 décembre 1860.
DE LA JUSTICE.

Extrait d'une circulaire ministérielle relative aux comptes rendus statistiques de la justice criminelle, civile et commerciale pendant l'année 1860.

Monsieur le Procureur général, l'institution des casiers judiciaires ne peut être vraiment utile qu'autant que les circulaires qui y sont relatives seront strictement exécutées ; entre autres celle du 1er juillet 1856, qui en résume les principales dispositions.

Par suite de l'annexion à la France de la Savoie et du comté de Nice

22

et de l'établissement des casiers judiciaires dans les tribunaux des trois nouveaux départements, les bulletins n° 1, relatifs aux individus originaires de la Savoie et du comté de Nice, ont été extraits du casier central et transmis aux divers casiers d'origine. Désormais, c'est donc à ces casiers et non au casier central que doivent être demandés les bulletins n° 2, concernant les inculpés originaires de la Savoie et de l'arrondissement de Nice ; c'est également aux mêmes casiers d'origine que doivent être adressés les bulletins n° 1 des condamnations prononcées contre des Savoisiens ou des Niçois.

Je suis informé que, dans quelques tribunaux, les prescriptions de la circulaire du 23 mai 1853, eu égard au prix des bulletins n° 2 délivrés aux particuliers, ne sont pas observées, et que les greffiers exigent, outre les 2 fr. 20 c. dont la perception est autorisée pour droits de recherche, de timbre et d'enregistrement, divers autres droits tels que ceux d'inscription au répertoire, de légalisation, etc., qui, dans certains arrondissements, doublent le prix des bulletins.

Je vous prie, Monsieur le Procureur général, de veiller à ce que ces perceptions illicites ne se renouvellent plus. Il ne doit être ajouté aux 2 fr. 20 c. fixés par la circulaire précitée que les frais de timbre-poste, quand il y a lieu.

Recevez, etc.

Le Garde des sceaux, Ministre de la justice,
DELANGLE.

MINISTÈRE   *Lettre de M. le Garde des sceaux, du 6 novem-*
DE LA JUSTICE.   *bre 1861, à M. le Procureur général près la*
                         Cour impériale de Paris.

Monsieur le Procureur général, par ma lettre du 7 octobre dernier, je vous faisais connaître que tout en approuvant la mesure proposée par M. le Président du tribunal de commerce de la Seine, de joindre au dossier de chaque faillite un extrait du casier judiciaire, je ne pensais pas que ces bulletins n° 2 dussent être délivrés sur papier libre et gratuitement.

M. le Président du tribunal de commerce de la Seine vient de m'adresser à ce sujet de nouvelles observations dont je ne puis méconnaître la portée.

Ce magistrat s'appuie d'abord sur ce que l'actif des faillites est souvent insuffisant pour couvrir les frais des opérations ; ensuite sur ce que l'annexion au dossier d'un extrait du casier judiciaire est demandé moins dans l'intérêt des créanciers que dans un intérêt d'ordre public ; enfin, sur ce qu'elle a surtout pour objet d'éclairer le tribunal sur les antécédents et la moralité des faillis, lorsqu'il est appelé à se prononcer sur l'homologation du concordat et sur l'excusabilité. Déterminé par ces considérations, je vous prie de vouloir bien donner à vos substituts les ordres nécessaires pour que les bulletins n° 2 demandés par les tribunaux de commerce soient à l'avenir délivrés sur papier libre. Les greffiers les comprendront dans leurs mémoires, comme tous ceux qu'ils rédigent à la demande du ministère public pour être joints aux procédures criminelles.

Recevez, etc.

Le Garde des sceaux, Ministre de la justice,

Delangle.

————————

MINISTÈRE DE LA JUSTICE.

11. — Circulaire du 1ᵉʳ décembre 1861.

Extrait d'une circulaire ministérielle relative à la rédaction des comptes rendus statistiques de la justice criminelle, civile et commerciale pendant l'année 1861.

Monsieur le Procureur général, je saisis cette occasion pour recommander de nouveau à votre sollicitude et à celle de vos substituts la tenue des casiers judiciaires et la délivrance des bulletins n° 2.

Dans quelques tribunaux, les demandes de ces bulletins ne reçoivent pas toujours une réponse immédiate, ainsi que l'exige la prompte expédition des affaires et l'abréviation de la durée de la détention préventive.

En outre, j'ai remarqué que certains parquets ne s'adressent pas toujours au casier central pour y réclamer les bulletins n° 2 des inculpés, dont ils n'ont pas pu découvrir l'origine. Il en résulte, d'une part, que les antécédents judiciaires de quelques récidivistes restent inconnus ; et de l'autre que les bulletins n° 1 des condamnations prononcées contre ces individus sont adressés aux casiers des arrondissements dans lesquels ils ont dit être nés, bien que leur origine n'y ait pas été constatée, tandis qu'ils doivent être classés au casier central.

Quelques présidents de tribunaux de commerce m'ayant demandé de leur faire délivrer gratuitement les bulletins n° 2 des faillis, afin de s'assurer s'ils n'ont pas des antécédents qui les rendent indignes du bénéfice de l'excusabilité et de l'homologation du concordat, je les ai autorisés à réclamer ces bulletins aux parquets des casiers d'origine. MM. les Procureurs impériaux doivent donc les leur faire délivrer par les greffiers qui les comprendront dans leurs mémoires, avec ceux qui sont demandés pour les procédures criminelles.

Recevez, etc.

Le Garde des sceaux, Ministre de la justice,
DELANGLE.

———————

MINISTÈRE
DE LA JUSTICE.

12. — Circulaire du 20 mai 1862.

Monsieur le Procureur général, la circulaire du 23 mai 1853, d'accord sur ce point avec celle du 6 novembre 1850, a prescrit d'adopter, pour les bulletins n° 1 destinés à être classés dans les casiers judiciaires, de même que pour les bulletins n° 2, qui sont joints aux procédures criminelles ou délivrés aux administrations publiques et aux particuliers, la dimension de la feuille de papier timbré de 0,35 c., recommandant, en outre, de n'employer, pour les bulletins n° 1 notamment, que du papier fort et de bonne qualité.

J'ai eu occasion de constater que ces prescriptions ne sont pas observées avec soin dans quelques arrondissements.

Ainsi, il m'est transmis assez fréquemment, pour être classé au casier central, des bulletins n° 1 d'une dimension supérieure ou inférieure à celle qui a été fixée ou dont le papier est beaucoup trop faible.

D'autre part, des bulletins n° 2 délivrés aux particuliers ont dû être soumis, par l'administration de l'enregistrement, au timbre de 0,70 c., parce qu'ils excédaient la dimension du timbre de 0,35 c. Cette inobservation des règles tracées par les circulaires entraîne, pour ceux qui demandent les bulletins, une augmentation de prix qu'il n'est pas juste de leur faire supporter.

J'appelle sur ces deux points votre attention toute spéciale, et je vous prie de vouloir bien, en m'accusant réception de cette circulaire, me faire connaître, pour votre ressort, la quotité du droit de timbre perçue habituellement par l'administration de l'enregistrement pour les extraits des casiers judiciaires délivrés aux particuliers.

A l'avenir, les bulletins n° 1 qui ne seraient pas rédigés sur du papier conforme, pour la dimension et pour la force, aux prescriptions des circulaires précitées ne devront pas être visés à votre parquet; ils devront être refaits.

Les greffiers qui, faute de se servir, pour les bulletins n° 2 délivrés aux particuliers, de papier d'une dimension convenable, mettraient l'administration de l'enregistrement dans le cas d'exiger le droit de timbre de 0,70 c. au lieu de celui de 0,35 c., ne pourront pas réclamer cette augmentation aux parties ; elle restera à leur charge.

Je vous prie aussi de vouloir bien veiller à ce que les procès-verbaux de vérification des casiers de votre ressort qui me sont transmis chaque mois, soient tous de la dimension de la feuille de papier de 0,35 c. Il n'est pas rare, en effet, que ceux de certains ressorts présentent presque autant de formats qu'il y a d'arrondissements.

Recevez, etc.

Le Garde des sceaux, Ministre de la justice,

DELANGLE.

MINISTÈRE   13. — Circulaire du 1er décembre 1862.
DE LA JUSTICE.

Extrait d'une circulaire relative à la rédaction des comptes rendus statistiques de la justice criminelle, civile et commerciale pendant l'année 1862.

Monsieur le Procureur général, comme les années précédentes, je ne terminerai pas cette circulaire sans appeler de nouveau votre attention toute spéciale sur la tenue des casiers judiciaires.

Il parvient encore fréquemment, au casier central, des bulletins n° 1 sur lesquels le mot *récidiviste* est omis quand les individus qu'ils concernent ont cependant des antécédents judiciaires constatés au casier de la chancellerie. Cette lacune donne lieu de craindre qu'il ne soit pas toujours demandé, pour être joint au dossier, un bulletin n° 2, ainsi que le recommande la circulaire du 1er juillet 1856.

J'ai eu l'occasion de m'apercevoir récemment que les greffiers de quelques tribunaux faisaient imprimer l'empreinte du timbre du tribunal sur les formules des bulletins n°ˢ 1 et 2 qu'ils délivrent, probablement pour s'éviter la peine de l'apposer après la rédaction des bulletins. C'est là un grave abus que je vous invite à faire cesser immédiatement, s'il existait dans votre ressort. Le timbre du tribunal ne doit pas plus être imprimé d'avance que la signature des magistrats et celle des greffiers.

Recevez, etc,

Le Garde des sceaux, Ministre de la justice,
DELANGLE.

MINISTÈRE
DE LA JUSTICE
ET
DES CULTES.

14. — Circulaire du 3 décembre 1863.

Extrait d'une circulaire ministérielle relative aux comptes rendus statistiques de la justice criminelle, civile et commerciale pendant l'année 1863.

Monsieur le Procureur général, j'appelle de nouveau toute votre sollicitude sur les casiers judiciaires, qui rendent de si grands services à l'administration de la justice criminelle.

Les procureurs impériaux, en visant les bulletins n° 2 délivrés par les greffiers, doivent s'assurer avec beaucoup de soin que les mentions qu'ils contiennent sont complètes et légales ; la mauvaise rédaction d'un extrait du casier judiciaire peut entraîner les conséquences les plus regrettables.

Ainsi, chaque jour, des greffiers portent comme condamnés des enfants qui, d'après les termes formels de l'article 66 du Code pénal, sont acquittés comme ayant agi sans discernement et envoyés dans une maison de correction, pour y être élevés. On a fermé ainsi à quelques jeunes gens l'entrée dans des carrières honorables ou dans les rangs de l'armée. Lorsque des bulletins n° 1, renfermant de semblables irrégularités, seront soumis à votre vérification, je vous prie de les renvoyer pour les faire rectifier ou compléter.

Il existe aussi dans plusieurs ressorts un abus auquel il importe de mettre un terme.

J'ai eu plusieurs fois l'occasion de remarquer que des procureurs impériaux, au lieu de répondre par une simple lettre à des demandes de renseignements que je leur adresse sur les individus portés dans les états de récidives, font rédiger par leurs greffiers et me transmettent des bulletins n° 2 qui sont complétement inutiles. Il en est de même lorsqu'au moment de la confection des listes du jury, le ministère public désire vérifier si les personnes inscrites sur ces listes n'ont pas été condamnées à des peines ou pour des faits entraînant une incapacité légale prévue par la loi du 9 juin 1853 ; dans ce cas, la rédaction d'un bulletin n° 2 ne peut rigoureusement se justifier qu'autant que l'extrait est affirmatif.

L'indemnité due pour la délivrance des bulletins n° 2 étant, dans ces circonstances, à la charge de l'État, cette dépense doit être prise en considération ; vous voudrez bien, par conséquent, inviter vos substituts à ne faire dresser d'extraits des casiers judiciaires qu'autant qu'ils leur seront expressément demandés.

Recevez, etc.

Le Garde des sceaux, Ministre de la justice et des cultes,

J. BAROCHE.

———

MINISTÈRE
DE LA JUSTICE
ET
DES CULTES.

Lettre de M. le Garde des sceaux, du 30 mars 1864, à M. le procureur général près la Cour impériale de Paris.

Monsieur le Procureur général, vous me demandez par votre lettre du 6 de ce mois, si le § IV de la circulaire du 30 décembre 1850, qui prescrit de ne pas dresser de bulletins n° 1 pour les condamnations à l'amende prononcées en matière d'eaux et forêts sur les poursuites de l'administration, ne se trouve pas modifié, en ce qui concerne les infractions à la pêche fluviale, par le décret du 29 avril 1862.

Il est évident, comme vous le reconnaissez vous-même, que ce § IV cesse de s'appliquer aux contraventions de cette nature, puisque les poursuites en matière de pêche fluviale sont exercées par le ministère public, sans aucune intervention obligatoire des agents des ponts et chaussées.

Je vous prie de vouloir bien donner à vos substituts des instructions pour qu'il soit rédigé des bulletins n° 1 de toutes les condamnations prononcées en matière de pêche fluviale, quelle que soit la nature de la peine. Les seules condamnations qu'il est inutile de constater aux casiers judiciaires sont celles qui ne prononcent qu'une amende à la requête de l'administration contre des *délinquants forestiers*.

Recevez, etc.

J. BAROCHE.

———

MINISTÈRE
DE LA JUSTICE
ET
DES CULTES.

Lettre de M. le Garde des sceaux, du 14 septem-
bre 1864, à M. le Procureur général près la
Cour impériale de Paris.

Monsieur le Procureur général, le greffier du tribunal de première
instance de la Seine a transmis à M. le Ministre de la marine, en le
priant d'en ordonnancer le paiement à son profit, un état des bulletins
n° 2 du casier judiciaire qu'il a délivrés pendant les années 1862 et
1863 aux autorités maritimes des ports.

M. le Ministre de la marine a renvoyé à Son Excellence M. le Garde
des sceaux cet état, en lui faisant observer que depuis l'établissement
du casier judiciaire il n'avait été adressé à l'administration centrale de
son département aucune communication de ce genre, ce qui lui faisait
supposer que c'était à celle des ports qu'avaient été envoyées toutes
les réclamations antérieures; et comme il lui paraît en effet plus ration-
nel que le paiement de ces bulletins s'effectue par les soins des personnes sur la demande desquelles ils ont été délivrés, M. le Ministre de
la marine a prié M. le Garde des sceaux, s'il n'y avait point d'inconvénients, de donner des instructions nécessaires pour que le greffier pro-
cédât de cette manière. Son Excellence ne voit aucun motif de ne pas
faire droit à la demande de M. le Ministre de la marine, et je vous prie
en conséquence, en remettant au greffier l'état ci-joint, en double expédition, des bulletins dont il s'agit, de l'inviter à en réclamer le paiement près des autorités maritimes des ports, comme il a dû le faire pour
ceux qu'il a délivrés antérieurement.

Recevez, etc.

Le Garde des sceaux, Ministre de la justice et des cultes.

Par autorisation :
Le directeur des affaires criminelles,
BABINET.

MINISTÈRE
DE LA JUSTICE
ET
DES CULTES.

15. — Circulaire du 8 août 1867.

Monsieur le Procureur général, des difficultés s'étant élevées au sujet du paiement des bulletins n° 2 du casier judiciaire délivrés par les

greffiers des tribunaux correctionnels pour le service de la justice maritime, j'ai dû les signaler à M. le Ministre de la marine pour qu'il voulût bien déterminer sur quels fonds et par quelles autorités serait ordonnancé le paiement de ces bulletins dont le coût incombe à la charge de son département.

En réponse à cette communication que je lui avais faite, Son Excellence m'a transmis copie d'une circulaire qu'elle a adressée aux préfets maritimes et qui contient les prescriptions nécessaires pour que l'ordonnancement et le paiement des indemnités dues aux greffiers aient lieu à l'avenir au chef-lieu de chaque arrondissement maritime. A cet effet, ils dresseront *chaque année un mémoire des bulletins qu'ils auront délivrés, et vos substituts, après avoir certifié cette délivrance, le transmettront au préfet de l'arrondissement auquel appartiendront les autorités qui auront réclamé les bulletins.*

Je vous prie de porter la décision de M. le Ministre de la marine à a connaissance des greffiers des tribunaux de votre ressort, en leur recommandant de s'y conformer.

Recevez, etc.

Le Garde des sceaux, Ministre de la justice et des cultes,
J. BAROCHE.

MINISTÈRE
DE LA JUSTICE
ET
DES CULTES.

16. — Circulaire du 13 août 1868.

Monsieur le Procureur général, dès l'établissement des casiers judiciaires, on avait été frappé du danger qui pourrait résulter, à un moment donné, d'une accumulation de bulletins sans élimination correspondante, et la circulaire du 30 décembre 1850 prévoyait la nécessité de procéder périodiquement à une révision des bulletins à l'aide des registres de décès. En outre, je fais transmettre chaque année aux parquets des arrondissements d'origine, les actes de décès des condamnés morts, soit dans les établissements pénitentiaires du continent, soit dans nos colonies pénales. Malgré ces divers moyens d'action, le nombre annuel des bulletins extraits des casiers après décès est si restreint et il varie tellement d'un arrondissement à un autre, qu'il devient urgent de prendre des mesures radicales et uniformes. Mais, avant de donner des instructions en ce sens, je désire connaître les procédés adoptés jusqu'ici dans votre ressort et les résultats obtenus, ainsi que votre opinion sur les moyens pratiques de réaliser une amélioration désirable.

Je vous prie de vouloir bien me fournir ces indications le plus promptement possible.

Recevez, etc.

> *Le Garde des sceaux, Ministre de la justice et des cultes,*
> Par autorisation :
> *Le directeur des affaires criminelles,*
> BABINET.

MINISTÈRE
DE LA JUSTICE
ET
DES CULTES

17. — Circulaire du 8 décembre 1868.

Extrait d'une circulaire ministérielle relative à la rédaction des comptes-rendus statistiques de la justice criminelle, civile et commerciale pendant l'année 1868.

Monsieur le Procureur général, une expérience de dix-sept années a démontré les avantages que l'administration de la justice criminelle retire des casiers judiciaires ; mais pour que cette institution continue à produire ses excellents effets, il importe de rechercher tous les moyens de rendre uniformes et faciles ses opérations sans nuire à son véritable but. Une révision générale du casier central commencée l'année dernière m'a révélé l'inobservation, dans un certain nombre de tribunaux, de quelques-unes des prescriptions contenues dans les circulaires de mes prédécesseurs et m'a suggéré divers procédés d'amélioration qui devront immédiatement être mis en pratique.

XI. La circulaire du 6 novembre 1850 (§ III, n° 3) a prescrit de dresser des bulletins n° 1 pour les *mesures disciplinaires*. Le sens de ce dernier mot a été diversement interprété. Des explications ont été données dans la circulaire du 23 mai 1853 pour les décisions des chambres d'officiers ministériels ; je les compléterai, à l'égard des militaires et des marins, en disant qu'il faut considérer comme mesures disciplinaires les décisions ayant un caractère judiciaire ou entraînant des incapacités, et non de simples mesures administratives, comme cela a eu lieu dans quelques arrondissements.

XII. Il s'est élevé des difficultés, depuis la promulgation du décret du 29 avril 1862, sur le point de savoir si les condamnations à l'amende pour les délits de pêche devaient être constatées dans les casiers judiciaires par des bulletins n° 1. Je rappellerai, à cet égard, qu'aux termes de la circulaire du 9 septembre 1863, les poursuites en matière de pêche fluviale sont exercées par les soins et à la diligence du ministère public et que, partant, le paragraphe IV de la circulaire du 30 décembre 1850, qui dispense de dresser des bulletins n° 1 pour les condamnations à l'amende prononcées à la requête des administrations publiques, ne leur est plus applicable.

XIII. D'après la circulaire du 6 novembre 1850, il doit être rédigé un bulletin n° 1 pour tout arrêt ou jugement correctionnel devenu *définitif*; de là la nécessité, pour les décisions rendues par défaut, d'attendre que les délais d'opposition et d'appel soient écoulés. Ce principe n'a reçu aucune atteinte par la loi du 27 juin 1866, qui, tout en maintenant au fond les dispositions de l'article 187 du Code d'instruction criminelle, a créé dans certains cas un droit spécial d'opposition jusqu'à l'expiration des délais de la prescription de la peine. Toutefois, il est très-important, lorsque l'opposition est admise et jugée dans les cinq années qui suivent la première décision, de prévenir le parquet du lieu de naissance du prévenu ou la chancellerie, s'il y a acquittement, que le bulletin classé au casier doit être détruit, et, s'il y a condamnation, que le nouveau bulletin doit prendre au casier la place de celui qui avait été précédemment dressé.

XIV. J'ai vu avec satisfaction que, dans quelques ressorts, les bulletins n° 1 constatant des condamnations prononcées par les chambres des appels de police correctionnelle indiquaient le nom du tribunal qui avait statué en premier ressort et la date du jugement. Je désire que cette excellente mesure soit adoptée partout. La même mention, reproduite sur le bulletin n° 2, facilitera l'exécution de la prescription importante n° 2 imprimée sur la première page de l'état des récidives.

XV. Il est une formalité recommandée par plusieurs des circulaires relatives aux casiers judiciaires et sur laquelle il me paraît indispensable de revenir encore aujourd'hui. Lorsqu'un greffier reçoit un bulletin n° 1, il doit, avant de le classer dans le casier, vérifier sur les registres de l'état civil si le condamné est réellement originaire de l'arrondissement. Dans le cas où les recherches sont infructueuses, il mentionne sur le bulletin *qu'il n'a pas été trouvé d'acte de naissance applicable au condamné,* et le transmet au procureur général, qui le vise et me l'adresse ensuite pour être classé dans le casier central. J'ai eu souvent l'occasion de remarquer que des greffiers n'avaient pas procédé à cette opération préalable. Il est résulté de cette négligence qu'il a été délivré des extraits du casier central négatifs à l'égard d'individus précédemment condamnés, et la révision de ce casier a fait revenir à la chancellerie un grand nombre de bulletins n° 1 qui avaient été conservés à tort dans les casiers d'arrondissement.

XVI. Je ne saurais trop recommander, aussi, aux greffiers de ne déposer dans les casiers les bulletins n° 1 portant la mention *récidiviste* qu'après avoir vérifié s'il existe des bulletins antérieurs ou demandé des renseignements aux parquets des tribunaux qui ont prononcé a dernière condamnation.

XVII. Aux termes de la circulaire du 30 décembre 1850, on doit classer dans les casiers judiciaires les décisions concernant les jeunes délinquants envoyés dans des maisons de correction pour y être élevés et détenus en vertu de l'article 66 du Code pénal. Cette prescription, d'un intérêt judiciaire et social facile à comprendre, donne au ministère public, en cas de nouvelles poursuites, le moyen de porter à la connaissance des juges cet antécédent, et d'en faire mention sur l'état des récidives. L'Administration, de son côté, peut suivre les jeunes détenus à leur sortie des maisons d'éducation correctionnelle et étudier, comme pour les adultes, la récidive dans ses rapports avec les établissements pénitentiaires. Tel était le but de cette prescription; il a été quelquefois méconnu. Des greffiers ont délivré des bulletins n° 2 et des extraits de jugements portant le mot *condamné* au lieu des termes mêmes de l'article 66 du Code pénal : *acquitté comme ayant agi sans discernement.* Dans ma circulaire d'envoi des cadres annuels en date du 3 décembre 1863, je vous ai signalé les regrettables conséquences de semblables irrégularités. Elles se sont reproduites plusieurs fois depuis, malgré mes recommandations; il importe donc d'y mettre un terme par une mesure radicale; voici ce que j'ai décidé à cet égard : toutes les applications de l'article 66 du Code pénal seront constatées dans les casiers judiciaires, que l'enfant ait été remis à ses parents ou qu'il ait été envoyé dans une maison de correction; leur situation morale est en effet la même. Mais ces décisions ne devront être relevées sur le bulletin n° 2 qu'autant que l'extrait sera réclamé par le ministère public ; il ne faudra, au contraire, *dans aucun cas*, les porter sur les bulletins demandés par les administrations publiques ou les particuliers. On devra même, afin d'éviter toute confusion, donner aux bulletins n° 1 de cette catégorie une couleur différente de celle des autres bulletins ; de cette manière, le greffier verra au premier coup d'œil que les indications de ce bulletin ne doivent figurer que sur les extraits à délivrer au ministère public. Vous voudrez bien donner vos soins à ce que, dans votre ressort, les mesures soient prises immédiatement pour répondre aux exigences de cette nouvelle et importante réforme. Il y aura lieu d'adopter, pour ces bulletins, la couleur rouge déjà employée spontanément par le parquet du tribunal de la Seine. La dimension du papier restera celle de la feuille de timbre de 50 centimes.

XVIII. La circulaire du 1er juillet 1856 (chap. A, § V) recommande de joindre un bulletin n° 2 à toutes les procédures criminelles et correctionnelles, sauf en matière forestière. Cette prescription est généralement observée dans les affaires soumises à l'instruction. Il n'en est pas toujours ainsi en ce qui concerne les affaires portées devant les tribunaux correctionnels par citation directe du ministère public, ou introduites en vertu de la loi du 20 mai 1863 sur les flagrants délits. Pour les premières, on doit, autant que possible, demander le bulletin n° 2 avant le jour de l'audience ; pour les secondes, la difficulté est évidente. Cependant la voie télégraphique pourra être employée si le prévenu ne doit pas être jugé le jour même. Puis, si l'extrait du casier judiciaire n'a pu être obtenu avant l'audience, le ministère public ne devra pas hésiter, à moins qu'il n'ait la conviction de l'absence de tout antécédent, à réclamer l'extrait, même après la condamnation, afin de s'éclairer sur l'opportunité d'exercer son droit d'appel et pour préparer les éléments nécessaires à la rédaction de l'état annuel des récidives. En un mot, les renseignements relatifs aux antécédents des inculpés doivent être réunis *au début de la poursuite*. A cet effet, les greffiers doivent s'attacher à délivrer les extraits au plus tard dans les quarante-huit heures de la demande, ainsi qu'il a été dit au § XXIII de la circulaire du 1er juillet 1856.

XIX. Je rappellerai encore que les bulletins nos 1 et 2 doivent être rédigés sur du papier solide ayant le format de la feuille de papier timbré de 50 centimes, et que l'empreinte du timbre de la Cour ou du tribunal doit être apposée et non imprimée. Il ne faut pas également perdre de vue que le coût des bulletins n° 2 délivrés par le casier central est recouvrable de la même manière que celui des extraits émanant des greffiers.

XX. Il me reste à vous entretenir, Monsieur le Procureur général, des suites que j'ai données à ma circulaire du 13 août dernier, par laquelle je vous consultais sur les moyens pratiques à employer pour éliminer des casiers judiciaires les bulletins devenus inutiles. Cette question, pour être résolue d'une manière satisfaisante, demande à être envisagée sous un double point de vue : pour le passé et pour l'avenir.

En ce qui concerne le passé, il est une mesure sur les avantages de laquelle tous les procureurs généraux ont été d'accord et qui peut être immédiatement appliquée ; je veux parler de l'extraction des bulletins concernant les condamnés âgés de plus de quatre-vingts ans. Dans l'espèce, en effet, non-seulement il y a présomption de décès ; mais le très-petit nombre d'octogénaires poursuivis chaque année, ainsi que la nature des infractions qui leur sont imputées établissent surabondamment que cette élimination peut se faire sans aucun danger pour l'intérêt social. Il sera donc nécessaire de procéder dans tous les tribunaux à une révision des casiers et de retirer les bulletins relatifs aux individus nés avant 1790. Ce travail sera très-facile et très-prompt ; car il suffit de jeter les yeux sur la date de la naissance du condamné. Comme il y a des casiers qui contiennent 20, 30 et 40,000 bulletins, je ne veux pas fixer pour la durée de cette opération une limite trop restreinte ; cependant je crois qu'elle sera aisément terminée partout avant le 1er janvier 1870 ; les comptes criminels de 1869 en constateront alors le résultat. Cette révision, prévue déjà par la circulaire du 30 décembre 1850, chapitre XI, et qui n'a été faite encore que dans très-peu de tribunaux, aura aussi pour conséquence de faire vérifier l'exactitude du classement et rectifier sans doute bien des irrégularités. Elle devra être renouvelée tous les dix ans, et, pour la rendre plus simple, il serait utile d'indiquer dès aujourd'hui, en tête des nouveaux bulletins n°s 1 et d'une façon apparente, l'année de la naissance des condamnés.

Quant aux mesures à adopter pour l'avenir à l'égard des condamnés décédés, celles qui ont été proposées par les divers parquets des Cours impériales sont si nombreuses ou si compliquées que le temps nécessaire pour en peser les avantages et la correspondance qui en résultera avec les autres départements ministériels ne me permettent pas de les discuter ici. Mais dès qu'une solution définitive sera intervenue, je la porterai à votre connaissance par une circulaire spéciale. Je termine, Monsieur le Procureur général, en recommandant de nouveau à la sollicitude de vos substituts et de vos greffiers une institution dont tout le monde aujourd'hui apprécie les bons résultats.

Recevez, etc.

Le Garde des sceaux,
Ministre de la justice et des cultes,
J. BAROCHE.

MINISTÈRE
DE LA JUSTICE.
ET
DES CULTES.

18. — Circulaire du 29 novembre 1869.

Extrait d'une circulaire ministérielle relative à la rédaction des comptes rendus statistiques de la justice criminelle, civile et commerciale, pendant l'année 1869.

Monsieur le Procureur général, par ma circulaire du 8 décembre 1868, je vous invitais à prescrire dans votre ressort une révision générale des casiers judiciaires, en vue d'extraire les bulletins n° 1 s'appliquant à des condamnés âgés de plus de quatre-vingts ans. Je présume que ce travail est terminé dans tous les greffes ; le résultat en sera mentionné à la dernière page du compte n° 1 de la statistique criminelle sous la rubrique : nombre des bulletins extraits du casier pendant l'année.

Le service du casier central m'a suggéré plusieurs remarques que je dois vous communiquer.

Il est regrettable notamment que le mot *récidiviste* ait été imprimé, dans quelques arrondissements, sur le bulletin n° 1, car lorsque le rédacteur oublie de l'effacer, le greffier ou l'employé chargé du classement dans le casier, ne trouvant pas d'autres bulletins applicables au condamné, est obligé d'écrire au parquet du tribunal de la condamnation, et celui-ci reconnaît souvent que le mot récidiviste devait disparaître. C'est donc une correspondance qu'on épargnerait et du temps que l'on gagnerait si l'on prenait la peine d'écrire, quand il y a lieu, la mention dont il s'agit ; car l'inconvénient résultant de son absence serait moins grave que celui qu'entraîne son maintien.

La circulaire du 23 mai 1853 (chapitre IX) recommande de dresser en double exemplaire les bulletins n° 1 relatifs aux condamnés originaires des colonies françaises. Cette prescription n'est observée que dans deux ou trois arrondissements.

J'ai eu très-fréquemment l'occasion de remarquer que l'on négligeait de transmettre au casier central ou aux casiers d'arondissement l'avis de l'ordonnance ou du jugement d'acquittement intervenu après une précédente condamnation par contumace ou par défaut. Cette omission, qui peut avoir, pour l'individu qui en est l'objet, les plus graves conséquences, devra être évitée avec soin à l'avenir. En cas de seconde condamnation même, il ne faut pas oublier de dire sur le nouveau bulletin n° 1 que la condamnation qu'il constate remplace celle qui avait été antérieurement prononcée par contumace ou par défaut.

Dans ma circulaire du 8 décembre 1868, § XVIII, je reconnaissais qu'en cas de flagrant délit, lorsque le ministère public n'avait pu obtenir le bulletin n° 2 avant l'audience, il pouvait se dispenser de le réclamer après le jugement quand il était convaincu de l'absence de tout antécédent. Mais il est deux classes de prévenus à l'égard desquels il importe de demander *toujours* le bulletin n° 2 : ce sont les étrangers et les individus dont l'origine n'a pas été légalement constatée sur les registres de l'état civil. Les premiers, parce qu'ils peuvent avoir été condamnés dans leur pays et que c'est au casier central seulement que sont constatées les condamnations prononcées à l'étranger contre les individus qui ne sont pas d'origine française ;. les seconds, parce qu'il y a de graves présomptions qu'ils ne cachent leur identité que pour dissimuler des condamnations antérieures. Or, le classement des nouveaux bulletins n° 1 dans les dossiers des récidivistes au casier central démontre qu'il eût été bien des fois nécessaire de se faire délivrer un bulletin n° 2.

Enfin, je désire que la lettre de demande du bulletin n° 2 énonce toujours la nature de l'infraction imputée à l'individu poursuivi. Cette mention, reproduite sur les bordereaux des greffiers, facilite la vérification des frais de justice criminelle et donne les moyens de constater si la dépense est imputable sur le budget de mon département.

Recevez, etc.

Le Garde des sceaux,
Ministre de la justice et des cultes,
DUVERGIER.

II.

SOMMAIRE DES CIRCULAIRES
ET INSTRUCTIONS DU PARQUET DE LA COUR IMPÉRIALE DE PARIS
ET DU PARQUET DU TRIBUNAL DE LA SEINE.

1. — *Circulaire du parquet de la Cour impériale de Paris, du 11 novembre 1850, aux Procureurs impériaux du ressort.*

Les procureurs impériaux sont avertis de l'établissement des casiers judiciaires; renseignements et prescriptions qui leur sont donnés à cet égard.—Conséquence de l'établissement des casiers au point de vue des art. 600, 601, 198 du Code d'instruction criminelle. — Procès-verbaux de vérification.

2. — *Circulaire du parquet de la Cour impériale de Paris, du 15 novembre 1850, aux Présidents des tribunaux de commerce du ressort.*

Toutes les mesures prescrites par la circulaire ministérielle de la Chancellerie du 6 novembre 1850, pour la constatation des condamnations pénales par bulletin, sont applicables aux jugements de faillite.

3. — *Circulaire du parquet de la Cour impériale de Paris, du 27 décembre 1850, aux Procureurs impériaux du ressort.*

Rectification d'une erreur commise dans la circulaire du 11 novembre 1850, relativement à l'article 600 du Code d'instruction criminelle. —Les bulletins nº 1 étant destinés à faciliter au ministère public l'exercice du droit d'appel ne doivent être transmis à la Cour que par l'intermédiaire des tribunaux d'appel et après leur vérification.—C'est aux greffiers des tribunaux d'appel qu'il appartient de dresser le bulletin nº 1, relatif à des jugements frappés d'appel, s'il y a confirmation. —L'institution des casiers judiciaires n'a supprimé parmi les extraits dressés conformément à l'article 198 du Code d'instruction criminelle que ceux relatifs à des jugements de condamnation. — Dans une même

affaire, lorsqu'il y a condamnation, on doit toujours dresser autant de
bulletins que de condamnés. Lorsque le jugement prononce l'acquittement ou l'incompétence, il suffit d'un extrait collectif pour tous les
prévenus. Enfin, lorsqu'un jugement prononce en même temps des
condamnations et des acquittements, l'extrait collectif ne peut comprendre que les personnes acquittées.

4. — *Circulaire du parquet de la Cour impériale de Paris, du* 15
janvier 1851, *aux Procureurs impériaux du ressort.*

De la distinction à établir relativement aux prescriptions de l'article 198 du Code d'instruction criminelle entre les jugements donnant
lieu à la délivrance de bulletins individuels et ceux pour lesquels on
doit continuer à envoyer des extraits à la Cour.

5. — *Circulaire du parquet de la Cour impériale de Paris, du* 12
février 1851, *aux Procureurs impériaux du ressort.*

La suppression des *extraits* pour les jugements de condamnation
rendant la surveillance du procureur général plus difficile au point de
vue de son droit d'appel (art. 202 du Code d'instruction criminelle),
les procureurs impériaux adresseront à la Cour des rapports sur les
affaires qui leur paraîtront de quelque importance. — Les procureurs
impériaux, dans les affaires de citation directe, doivent, avant l'audience, constater et rechercher avec soin l'état civil des prévenus. — De
temps à autre les greffiers, pour éviter l'encombrement des casiers, en
feront disparaître les bulletins concernant des individus décédés. — Recommandation aux greffiers sur la manière dont ils doivent dresser les
bulletins n° 1. — Les bulletins relatifs à la période de 1831 à 1850, ne
doivent pas être envoyés à la Cour pour être revêtus du visa du procureur général. Chaque procureur impérial les transmet directement
à son collègue de l'arrondissement du lieu de la naissance.

6. — *Circulaire du parquet de la Cour impériale de Paris, du* 5 *avril*
1851, *aux Procureurs impériaux du ressort.*

Les arrêts par contumace doivent être constatés par bulletins comme
les arrêts contradictoires.

7. — *Lettre du Procureur général près la Cour impériale de Paris, du* 26 *avril* 1851, *au Procureur impérial près le tribunal de la Seine.*

Renseignements que doivent contenir les bulletins n° 1.— La date et le lieu de naissance du condamné doivent toujours être indiqués avec la plus grande clarté.— Il faut mentionner si les jugements sont devenus définitifs.—Les mineurs de 16 ans, renvoyés en correction, ne doivent pas être qualifiés de condamnés.

8. — *Circulaire du parquet de la Cour impériale de Paris, du* 17 *juin* 1851, *aux Procureurs impériaux du ressort.*

Les procureurs impériaux doivent se conformer aux prescriptions contenues dans la circulaire ministérielle de la chancellerie du 4 juin 1851, relative à la communication des renseignements fournis par les casiers judiciaires et au prix des bulletins n° 2.

9. — *Circulaire du parquet de la Cour impériale de Paris, du* 10 *juillet* 1851, *aux Procureurs impériaux du ressort.*

Les procureurs impériaux reçoivent avis de la circulaire ministérielle de la chancellerie du 1er juillet 1851.—Commentaire de cette circulaire.

10. — *Circulaire du parquet de la Cour impériale de Paris, du* 18 *juillet* 1851, *aux Procureurs impériaux du ressort.*

Tout bulletin n° 2, délivré à la demande des fonctionnaires publics et des administrations publiques, est à la charge des demandeurs.

11. — *Circulaire du parquet de la Cour impériale de Paris, du* 25 *juillet* 1851, *aux Procureurs impériaux du ressort.*

Communication aux procureurs impériaux de la circulaire du Ministre de la guerre du 10 juillet 1851. — Invitation de s'y conformer en ce qui les concerne.

12. — *Circulaire du parquet de la Cour impériale de Paris, du* 22 *octobre* 1851, *aux Procureurs impériaux près les tribunaux d'appel du ressort.*

Instructions relatives à la transmission à la Cour et à la révision que ces magistrats devaient faire des bulletins et extraits qui leur étaient envoyés, tous les quinze jours, par les parquets d'arrondissement.

13. — *Circulaire du parquet de la Cour impériale de Paris, du 3 avril 1852, aux Procureurs impériaux du ressort.*

Notification aux procureurs impériaux de la lettre ministérielle de la chancellerie du 1er avril 1852, au procureur général près la Cour impériale de Paris, sur les bulletins des individus nés aux colonies.— Invitation de s'y conformer.

14. — *Circulaire du parquet de la Cour impériale de Paris, du 6 avril 1852, aux Présidents des tribunaux de commerce du ressort.*

Communication de la circulaire ministérielle de la chancellerie, du 30 décembre 1850.

15. — *Circulaire du parquet de la Cour impériale de Paris, du 10 juin 1852, aux Procureurs impériaux d'arrondissement du ressort.*

Instruction sur la transmission des bulletins de quinzaine aux procureurs impériaux près les tribunaux d'appel.

16. — *Circulaire du parquet de la Cour impériale de Paris, du 12 octobre 1852, aux Présidents des tribunaux de commerce du ressort.*

Les faillites ne doivent être constatées par bulletin que lorsque le jugement est devenu définitif. — Les présidents des tribunaux de commerce doivent envoyer à la fin de chaque mois à la Cour les bulletins concernant les jugements définitifs dans le mois. — La lettre d'envoi fait connaître combien de jugements ont été rendus, combien de jugements ne sont pas encore devenus définitifs. Quand aucun jugement n'a été rendu, il doit être dressé et transmis par les greffiers un certificat négatif.

17. — *Circulaire du parquet de la Cour impériale de Paris, du 25 mai 1853, aux Procureurs impériaux du ressort.*

De la rédaction des bulletins n° 1. — Ces bulletins doivent faire connaître d'une manière exacte la qualification adoptée dans le jugement de condamnation, l'âge, la date et le lieu de naissance des condamnés, l'indication de tous les signes particuliers, marques et indices que leur corps peut présenter. — Un greffier ne doit jamais classer un bulletin au casier judiciaire de son tribunal, sans s'être assuré personnellement que l'indication du lieu et de la date de la naissance est conforme à la réalité.

18. — *Circulaire du parquet de la Cour impériale de Paris, du 10 juin 1853, aux Procureurs impériaux du ressort.*

Communication de la circulaire ministérielle de la chancellerie, du 23 mai 1853.—Commentaire de cette circulaire.

19. — *Circulaire du parquet de la Cour impériale de Paris, du 1er juillet 1853, aux Procureurs impériaux du ressort.*

Les décisions disciplinaires rendues contre des officiers ministériels, de 1830 à 1850, doivent figurer aux casiers judiciaires.— Les bulletins individuels constatant des décisions que le décret du 30 mars 1808 soumet à l'approbation de M. le Garde des sceaux, doivent faire mention de cette sanction.

20. — *Circulaire du parquet de la Cour impériale de Paris, du 10 avril 1855, aux Procureurs impériaux du ressort.*

De la suppression des extraits de jugement rendus en matière forestière et condamnant à de simples amendes.

21. — *Circulaire du parquet de la Cour impériale de Paris, du 11 août 1855, aux Procureurs impériaux du ressort.*

Communication de la lettre ministérielle de la chancellerie, du 11 juillet 1855, sur la condamnation des soldats de la légion étrangère. — Invitation de s'y conformer.

22. — *Circulaire du parquet de la Cour impériale de Paris, du 5 septembre 1855, aux Procureurs impériaux du ressort.*

Communication de la circulaire ministérielle de la chancellerie du 30 août 1855. — Commentaire de cette circulaire.

23. — *Lettre du Procureur général près la Cour impériale de Paris, du 24 novembre 1855, au Procureur impérial près le tribunal de la Seine.*

Les greffiers ne doivent pas délivrer d'extraits pour les jugements contradictoires frappés d'appel et pour les jugements de condamnation par défaut, qui ne deviennent définitifs que dans un délai déterminé.

24. — *Circulaire du parquet de la Cour impériale de Paris, du 14 décembre 1855, aux Procureurs impériaux du ressort.*

Délai de transmission des bulletins des parquets du ressort au parquet de la Cour, et du parquet de la Cour à la chancellerie. — Du même délai pour les procès-verbaux de vérification des casiers judiciaires.

25. — *Circulaire du parquet de la Cour impériale de Paris, du 2 janvier 1856, aux Procureurs impériaux du ressort.*

Des extraits de jugement qui doivent continuer à être dressés par les greffiers et envoyés à la Cour, conformément à l'article 198 du Code d'instruction criminelle.

26. — *Circulaire du parquet de la Cour impériale de Paris, du 21 juillet 1856, aux Procureurs impériaux du ressort.*

Communication de la circulaire ministérielle de la chancellerie du 1er juillet 1856. — Commentaire de cette circulaire.

27. — *Circulaire du parquet de la Cour impériale de Paris, du 31 août 1859, aux Procureurs impériaux du ressort.*

Avis donné de la recommandation faite par le Ministre de la guerre à la gendarmerie d'indiquer dans ses procès-verbaux l'état civil exact des inculpés.

28. — *Circulaire du parquet de la Cour impériale de Paris, du 5 novembre 1859, aux Procureurs impériaux du ressort.*

Communication de la circulaire ministérielle de la chancellerie du 25 octobre 1859 sur les sommiers judiciaires. — Commentaire de cette circulaire.

29. — *Circulaire du parquet de la Cour impériale de Paris, du 29 décembre 1859, aux Procureurs impériaux du ressort.*

Communication de la circulaire ministérielle de la chancellerie du 10 décembre 1859, sur différents points de l'administration des casiers judiciaires.

30. — *Circulaire du parquet de la Cour impériale de Paris, du 8 octobre 1860, aux Procureurs impériaux du ressort.*

Indication de l'époque à laquelle l'institution des casiers judiciaires doit fonctionner dans les départements annexés, Savoie, Haute-Savoie, Alpes-Maritimes.

31. — *Circulaire du parquet de la Cour impériale de Paris, du 19 novembre 1860, aux Procureurs impériaux du ressort.*

Du délai de transmission des bulletins de quinzaine au parquet de la Cour. — Prescription d'un état à annexer à chaque envoi.

32. — *Note du parquet de la Seine, du 17 janvier 1861, aux Présidents, Juges d'instruction et Substituts de ce siége, résumant les devoirs de ces magistrats en matière de casier.*

33. — *Circulaire du parquet de la Cour impériale de Paris, du 12 novembre 1861, aux Procureurs impériaux du ressort.*

Communication des instructions contenues dans la lettre ministérielle de la chancellerie du 6 novembre 1861, sur les bulletins n° 2 à délivrer aux juges-commissaires de faillites.

34. — *Circulaire du parquet de la Cour impériale de Paris, du 23 mai 1862, aux Procureurs impériaux du ressort.*

Communication de la circulaire ministérielle du 20 mai 1862, sur le format des bulletins n° 1.

35. — *Circulaire du parquet de la Cour impériale de Paris, du 5 août 1862, aux Procureurs impériaux du ressort.*

Les greffiers ne peuvent percevoir sur les bulletins n° 2 délivrés aux simples particuliers un droit de 0,25 c. pour légalisation. — Ils peuvent néanmoins ajouter au prix fixé par la circulaire ministérielle de la chancellerie du 23 mai 1853 un droit de 0,10 c. pour mention au répertoire, en exécution du n° 14 de l'article 1 du décret du 24 mai 1854.

36. — *Circulaire du parquet de la Cour impériale de Paris, du 18 octobre 1862, aux Procureurs impériaux du ressort.*

Rectification de la deuxième partie de la circulaire précédente du Parquet de la Cour, du 5 août 1862.

37. — *Circulaire du parquet de la Cour impériale de Paris, du* 10 *décembre* 1863, *aux Procureurs impériaux du ressort.*

Communication de la circulaire ministérielle de la chancellerie du 3 décembre 1863, sur la révision des bulletins n° 1.

38. — *Circulaire du parquet de la Cour impériale de Paris, du* 8 *avril* 1864, *aux Procureurs impériaux du ressort.*

Communication des instructions contenues dans la lettre ministérielle de la chancellerie du 30 mars 1864, sur les condamnations prononcées en matière de pêche fluviale.

39. — *Circulaire du parquet de la Cour impériale de Paris, du* 4 *juin* 1864, *aux Procureurs impériaux du ressort.*

Nécessité de mentionner en marge des bulletins n° 1 des casiers judiciaires, relatifs à des jugements prononcés par défaut et emportant emprisonnement, si la peine a été ou non subie.

40. — *Circulaire du parquet de la Cour impériale de Paris, du* 12 *août* 1867, *aux Procureurs impériaux du ressort.*

Communication de la circulaire ministérielle de la chancellerie du 8 août 1867, sur le paiement des bulletins n° 2 délivrés par les greffiers pour le service de la justice maritime.

41. — *Circulaire du parquet de la Cour impériale de Paris, du* 19 *août* 1868, *aux Procureurs impériaux du ressort.*

Communication aux procureurs impériaux de la circulaire ministérielle de la chancellerie du 13 août 1868, sur les moyens de remédier à l'accumulation des bulletins n° 1 dans les casiers judiciaires.

42. — *Circulaire du parquet de la Cour impériale de Paris, du* 21 *juin* 1869, *aux Procureurs impériaux du ressort.*

Les bulletins n° 1 concernant les Italiens doivent contenir en haut à gauche non-seulement l'indication du nom de la commune d'origine, mais encore de celui de la province.

III.

INSTRUCTIONS ÉMANANT DE L'ADMINISTRATION
DE L'ENREGISTREMENT.

MINISTÈRE   1. — Circulaire du 30 juillet 1851.
DES FINANCES.
Direction de la   § 3. — Frais de justice. — Bulletins. — Casier judiciaire.
comptabilité générale.

Il résulte d'une lettre de M. le Garde des sceaux, en date du 21 janvier dernier, qu'il a dispensé les greffiers de donner, dans leurs mémoires, le détail des bulletins délivrés pour les casiers judiciaires, détail inutile, puisqu'il s'agit d'une dépense incontestablement à la charge du ministère de la justice. MM. les directeurs sont priés de donner connaissance de cette décision aux agents chargés du paiement, qui devront seulement exiger la production d'un certificat, soit du procureur général, soit du procureur de la République, constatant la remise en nombre égal des bulletins portés en blanc dans le mémoire.

———————

MINISTÈRE   2. — Circulaire du 10 mars 1853.
DES FINANCES.
Direction de la   Une circulaire de M. le Ministre de la jus-
comptabilité générale. tice, du 6 novembre 1850, a prescrit d'établir
au greffe du tribunal civil de chaque arrondissement un casier dressé par compartiments, destiné à recevoir par ordre alphabétique des bulletins faisant connaître à l'égard de tout individu né dans l'arrondissement :

1° Les jugements ou arrêts définitifs rendus contre lui en matière correctionnelle ;

2° Les arrêts criminels rendus contre lui par la Cour d'assises ou par les tribunaux militaires ;

3° Les mesures disciplinaires dont il aurait pu être l'objet ;

4° Le jugement déclarant sa faillite, s'il est négociant ;

5° La réhabilitation qu'il aurait obtenue, soit comme condamné, soit comme failli.

Cette circulaire ajoute que les greffiers auront à délivrer des certificats soit aux magistrats, soit aux administrations publiques, soit aux simples particuliers qui voudront profiter des renseignements contenus dans les casiers judiciaires.

Ces certificats sont exemptés du timbre par l'article 16 de la loi du 13 brumaire an VII, de la formalité de l'enregistrement par l'article 70 de la loi du 22 frimaire suivant, lorsqu'ils sont remis à des magistrats ou à des administrations publiques dans l'intérêt exclusif de l'État ou de la justice, et qu'il y est fait mention de cette distinction.

Les greffiers doivent au contraire les rédiger sur papier timbré, les inscrire sur leur répertoire et les faire enregistrer, sous peine d'un droit en sus, dans les 20 jours de leur date, au droit fixe d'un franc dû pour les actes judiciaires innomés, toutes les fois qu'ils ne remplissent pas les conditions nécessaires pour l'application de l'exemption indiquée ci-dessus ou qu'ils ont été délivrés à des particuliers.

Mais ces certificats ne donnent pas ouverture au droit de greffe, ce droit n'ayant été établi par les lois des 21 ventôse et 22 prairial an VII que pour les actes de greffe prévus par les codes et par les lois sur la procédure.

MM. les Ministres des finances et de la justice ont rendu les 27 novembre et 6 décembre 1852 une décision dans ce sens, et ils ont arrêté en même temps qu'il n'y avait pas lieu de revenir sur les faits accomplis.

MM. les directeurs donneront connaissance de cette décision aux greffiers des tribunaux civils et veilleront à ce qu'elle soit exécutée par les préposés sous leurs ordres.

IV.

INSTRUCTIONS ÉMANANT DE L'AUTORITÉ MILITAIRE,

MINISTÈRE
DE LA GUERRE.

1. — Circulaire du 30 janvier 1851.

A MM. les généraux commandant les divisions militaires.

Général, M. le Ministre de la justice vient de prescrire l'établissement, au greffe de chaque tribunal civil de première instance, d'un casier destiné aux renseignements judiciaires. Ce casier sera divisé par compartiments destinés à recevoir et à classer par ordre alphabétique des bulletins constatant, à l'égard des individus nés dans l'arrondissement de ce tribunal, les jugements ou arrêts devenus définitifs, rendus contre eux en matière criminelle ou correctionnelle.

Une circulaire de M. le Garde des sceaux, en date du 6 novembre 1850, adressée à MM. les procureurs généraux, contient les instructions pour l'établissement des casiers judiciaires. A cette circulaire est joint le modèle des bulletins destinés à être placés dans les casiers.

M. le Ministre de la justice, en m'informant des dispositions prises à ce sujet, m'a fait observer que, pour que la mesure qu'il a prescrite atteignît le but qu'il s'était proposé, il serait nécessaire que les casiers judiciaires pussent contenir aussi l'indication des condamnations prononcées par les tribunaux militaires.

En conséquence, sur sa demande, et après m'être concerté avec lui, j'ai décidé que les greffiers des conseils de guerre se conformeraient aux instructions contenues dans la circulaire du 6 novembre 1850 dont il est ci-dessus parlé, et qui est relative à la formation des casiers judiciaires, à la rédaction et à l'envoi au parquet des bulletins individuels.

Veuillez donc prescrire aux Commissaires du gouvernement et aux greffiers des conseils de guerre de votre division les dispositions nécessaires pour l'exécution de cette mesure, en les invitant à se conformer exactement, en ce qui concerne les jugements rendus par les conseils de guerre, aux instructions adressées par M. le Ministre de la justice à MM. les procureurs généraux.

Je vous envoie à cet effet, pour chaque conseil de guerre : 1° un exemplaire de la circulaire précitée; 2° des imprimés du bulletin individuel destinés à être remplis par les greffiers, lesquels auront droit à la rétribution de 25 centimes pour chaque bulletin contenant l'extrait des jugements rendus à compter du 1ᵉʳ janvier 1851, et celle de 15 centimes pour chaque bulletin contenant l'extrait des jugements rendus du 1ᵉʳ janvier 1831 au 31 décembre 1850.

La dépense nécessitée pour la rédaction de ces bulletins sera imputée sur les frais généraux de l'administration de la justice criminelle. Veuillez, en conséquence, prescrire aux greffiers des conseils de guerre de votre division de m'adresser, tous les trois mois, leurs mémoires appuyés de récépissés des procureurs de la République constatant le nombre des bulletins délivrés. Je les transmettrai à M. le Ministre de la justice, qui en fera ordonnancer le paiement.

Je vous prie de m'accuser réception de la présente circulaire et des pièces qui y sont jointes. Vous me ferez connaître en même temps les mesures que vous aurez adoptées pour l'exécution des dispositions qu'elle contient.

Recevez, etc.   *Le Ministre de la guerre,*
                                 RANDON.

MINISTÈRE   2. — *Extrait de la circulaire ministérielle du*
DE LA GUERRE.   *18 avril 1851, aux Préfets, Intendants et Sous-intendants militaires, Commandants de gendarmerie, Commandants des dépôts de recrutement, Généraux de division et des subdivisions territoriales.*

REMPLACEMENTS.

Les diverses dispositions précédemment arrêtées dans le but d'empêcher les fraudes en matière de remplacement ont sans doute amené, sous beaucoup de rapports, des résultats satisfaisants; mais le but est loin d'être encore atteint.

L'article 20 de la loi du 21 mars 1832 exclut formellement des rangs de l'armée, à titre de remplaçants, outre les individus qui ont été condamnés à une peine afflictive ou infamante, tous ceux qui ont encouru une peine correctionnelle pour vol, escroquerie, abus de confiance ou attentat aux mœurs; à cet effet, la loi exige que le remplaçant produise un certificat délivré par le maire de la commune de son dernier domicile, constatant qu'il n'a subi aucune condamnation de cette nature. Cette constatation, il faut le reconnaître, est souvent illusoire. Des individus ont encouru une et même plusieurs condamnations, sans que les maires des communes où ils sont venus résider après avoir subi leur peine, en aient connaissance. C'est ainsi que des hommes, frappés d'exclusion comme remplaçants, obtiennent cependant des certificats de moralité et parviennent à se faire admettre dans les rangs de l'armée.

Les moyens préventifs employés jusqu'à ce jour ne sont donc pas suffisamment efficaces. L'administration de la guerre a constamment cherché à suppléer à cette insuffisance, et une mesure récemment adoptée par le ministère de la justice donne les moyens d'assurer, aussi complétement que possible sur ce point, l'exécution de la loi.

En effet, M. le Ministre de la Justice, par une circulaire du 6 novembre 1850, a prescrit d'établir au greffe de chaque tribunal civil un casier de renseignements judiciaires. Ce casier est destiné à recevoir et à classer, par ordre alphabétique, des bulletins mentionnant entre autres indications, à l'égard de chaque individu né dans l'arrondissement :

« Tout jugement ou arrêt devenu définitif, rendu contre lui en ma-
« tière correctionnelle ;

« Tout arrêt criminel rendu contre lui par les Cours d'assises ou par
« les tribunaux militaires. »

Ainsi, désormais, dans chaque arrondissement viendront se centraliser les renseignements judiciaires concernant tous les individus qui y sont nés. Ces renseignements permettront de constater, d'une manière certaine, si les hommes qui se présentent comme remplaçants, ont été, ou non, frappés de condamnations.

Aux termes du dernier paragraphe de l'article 20 de la loi du 21 mars 1832, les maires, lorsqu'ils ne connaissent pas les individus, qui font la demande d'un certificat de moralité à l'effet de remplacer, doivent recueillir les preuves et les témoignages qu'ils jugeront convenables pour arriver à la constatation de la vérité. L'établissement des casiers judiciaires leur permettrait toujours maintenant de s'éclairer auprès des greffiers des tribunaux civils des arrondissements où seraient nés ces individus; mais, comme les maires de toutes les communes sont appelés à délivrer les certificats, ces renseignements préalables ne seraient peut-être pas demandés partout avec le soin et la régularité désirables.

Aussi, tout en laissant à l'appréciation des maires les moyens de

s'assurer de la position réelle des individus qui demandent des certificats de moralité, à l'effet de remplacer, j'ai cru devoir adopter les
dispositions suivantes :

Les pièces à produire par les individus qui se présenteront comme
remplaçants, devront être déposées dans les bureaux de la préfecture,
quinze jours avant celui où le conseil de révision se réunira pour sta-
tuer sur l'admission de ces individus.

Pendant ce délai, les préfets s'assureront de la régularité des pièces
produites.

En outre, s'ils ne se trouvent pas suffisamment édifiés sur la position morale de ces individus, les préfets transmettront au greffier du
tribunal civil de l'arrondissement natal du remplaçant sur le compte
duquel ils auront besoin d'être éclairés, un bulletin de renseignements (modèle n° 1 ci-joint), que le greffier leur renverra immédiatement après l'avoir rempli (1).

Les pièces déposées par l'individu qui sera reconnu avoir été l'objet
d'une condamnation entraînant son exclusion comme remplaçant,
seront toujours renvoyées, ainsi que le prescrit l'instruction du
18 mai 1840, n° 90, au préfet du département dans lequel elles
auront été délivrées ; mais il y sera fait préalablement mention spéciale de la condamnation qui aura motivé l'exclusion.

Recevez, etc.

                                   Le Ministre de la guerre,
                                        RANDON.

_____

(1) Des mesures vont être prises pour que la transmission par la poste des
bulletins de renseignements puisse avoir lieu en franchise. En attendant, les
bulletins seront adressés et renvoyés par l'intermédiaire des préfets.

MODÈLE N° 1.
Circulaire du 18 avril
1851.

PRÉFECTURE
de

BULLETIN DE RENSEIGNEMENTS

demandés sur le nommé
né le   à
département d   qui se présente comme remplaçant dans le département
d

A   le   185 .

Le *Préfet*,

OBSERVATION.

Ce bulletin devra être
établi dans le format du
modèle ci-dessous.

A M. le greffier du tribunal de première instance de

(A) Ce bulletin devra
toujours être renvoyé
d'urgence au préfet.

(B) En cas de con-
damnation, le greffier
indiquera la date et la
nature de cette condam-
nation, ainsi que le tri-
bunal qui l'aura pronon-
cée.

S'il n'y a pas eu de
condamnation, le greffier
mettra l'annotation sui-
vante :

« Il n'existe dans les
« casiers judiciaires éta-
« blis au greffe du tri-
« bunal de première in-
« stance de
« aucune trace de con-
« damnation encourue
« par le nommé

*Résultat de la vérification faite dans les ca-
siers judiciaires établis au greffe du tribunal de première instance de*
(A)

(B)

Certifié véritable,

A   le   185 .

Le Greffier,

A M. le préfet du département de

3.—Circulaire, du 10 juillet 1851.

A MM. les Préfets des départements, les Intendants et Sous-intendants militaires.

Messieurs, les dispositions de ma circulaire du 18 avril dernier, re-latives aux bulletins de renseignements judiciaires concernant les individus qui se présentent pour remplacer, ont soulevé quelques dif-ficultés, dans plusieurs départements, de la part des greffiers des tri-bunaux civils.

M. le Ministre de la justice, avec lequel je me suis concerté pour mettre un terme à ces difficultés, a adressé, à cet effet, le 4 juin der-nier, des instructions particulières à MM. les Procureurs généraux.

Aux termes de ces instructions, les bulletins réclamés par les admi-nistrations publiques doivent être délivrés sans retard. Ils seront sur papier libre, et payés aux greffiers 25 centimes, prix fixé par le para-graphe numéroté V de la circulaire du 6 novembre 1850, émanée du ministère de la justice, sans qu'il puisse être perçu aucun autre droit, de quelque nature que ce soit.

L'Administration de la guerre ayant à pourvoir au paiement, sur son budget, des 25 centimes dus aux greffiers pour chacun des bulle-tins qu'ils auront délivrés à MM. les préfets, en exécution de la cir-culaire du 18 avril dernier, j'ai arrêté les dispositions suivantes .

Les greffiers des tribunaux civils, dans chaque département, pro-duiront, du 1er au 15 août prochain, au membre de l'intendance mili-taire chargé du service du recrutement au chef-lieu de ce département, un état portant décompte des bulletins judiciaires par eux expédiés à MM. les préfets, jusques et y compris le 31 juillet (modèle n° 1 ci-joint.

Cet état, qui devra être visé par le procureur de la République de l'arrondissement où siége le tribunal, sera transmis au ministère de la guerre (*bureau du recrutement*), du 15 au 31 août, par l'intermé-diaire de l'intendant militaire de la division, pour être l'objet d'une liquidation ministérielle.

Les crédits nécessaires pour le paiement des sommes dues aux gref-fiers seront délégués à cet effet à MM. les intendants militaires.

MM. les Préfets, de leur côté, me transmettront, du 1er au 15 août au plus tard, un état indiquant le nombre des bulletins qu'ils auront adressés à chaque greffier, et de ceux qui leur auront été renvoyés jusqu'au 31 juillet inclusivement, après avoir été remplis, conformément à la circulaire du 18 avril dernier (modèle n° 2 ci-joint),

De semblables productions et transmissions auront lieu, aux mêmes dates et de la même façon, dans le mois de janvier 1852, pour les bulletins de renseignements judiciaires qui auront été demandés et transmis du 1ᵉʳ août au 31 décembre 1851.

La correspondance entre les préfets et les greffiers des tribunaux civils devra, désormais, passer par l'intermédiaire des procureurs de la République près ces tribunaux.

Recevez, etc.

Le Ministre de la guerre,
RANDON.

ÉTAT Nº 1

joint à la circulaire du
10 juillet 1851.

DÉPARTEMENT
d

TRIBUNAL CIVIL
d'

ÉTAT indiquant, 1º le nombre des bulletins de renseignements extraits des casiers judiciaires du tribunal civil de
et envoyés aux Préfets, sur leur demande, pendant l'année 1851;

2º Les indemnités réclamées par le greffier de ce tribunal, à raison de vingt-cinq centimes par bulletin.

DÉSIGNATION DES DÉPARTEMENTS aux préfets desquels les bulletins de renseignements ont été envoyés.	NOMBRE des BULLETINS.	INDEMNITÉS RÉCLAMÉES.	OBSERVATIONS.

Certifié véritable le présent état s'élevant à la somme de

A   le   185 .

Le Greffier du tribunal civil d

VU et VÉRIFIÉ :

*Le Procureur de la République
près le tribunal civil d*

ÉTAT N° 2
joint à la circulaire du
10 juillet 1851.

DÉPARTEMENT
d

ÉTAT indiquant le nombre des bulletins de renseignements extraits des casiers judiciaires demandés par le Préfet d
aux greffiers des tribunaux civils pendant l'année 1851.

DÉSIGNATION DES TRIBUNAUX aux greffiers desquels des bulletins de renseignements ont été demandés.	NOMBRE DE BULLETINS		OBSERVATIONS.
	DEMANDÉS.	REÇUS.	

Certifié véritable,

A   le   🔲   185 .

Le Préfet du département d

1re div. militaire.

—

État-major général.

—

Bureau de la
JUSTICE MILITAIRE.

4. — *Lettre du Général commandant la 1re division militaire du 27 septembre 1852, à M. le commissaire du Gouvernement, près le 2e conseil de guerre à Paris.*

Monsieur le commissaire du Gouvernement,

Le Ministre de la guerre, par sa lettre du 25 de ce mois, m'informe que, contrairement aux instructions qui ont été données, des greffiers près les conseils de guerre adressent les bulletins individuels constatant les condamnations prononcées, aux procureurs de la République du lieu de naissance des condamnés.

Veuillez rappeler au greffier du 2e conseil de guerre que c'est aux procureurs de la République de l'arrondissement dans lequel siége le conseil de guerre que ces bulletins doivent être envoyés.

Les greffiers qui ne se conformeraient pas à ce mode d'envoi s'exposeraient à ne pas recevoir de récépissé de leurs bulletins, et par suite ne pourraient toucher le salaire qui leur est alloué.

> *Le général commandant la 1re division militaire,*
> CARREL.

1er arr. militaire.

—

État-major général.

—

Bureau de la
JUSTICE MILITAIRE.

5. — *Lettre du Maréchal commandant le 1er arrondissement militaire du 21 septembre 1859, à M. le commissaire impérial près le 1er conseil de guerre de la 1re division militaire.*

Monsieur le Commissaire impérial,

D'après les demandes de renseignements que lui font fréquemment MM. les procureurs impériaux au sujet de condamnations prononcées par des conseils de guerre, le Ministre de la guerre a lieu de penser que l'expédition et le classement des bulletins judiciaires ne sont pas l'objet de tous les soins désirables, notamment en ce qui concerne les condamnés d'origine étrangère et d'origine inconnue.

Une circulaire de M. le Ministre de la justice, en date du 30 août 1855, prescrit le classement de ces derniers bulletins dans un centre commun établi à la chancellerie, et exige qu'ils soient distingués des autres par cette mention inscrite en haut et à gauche : *Casier central.*

J'ai l'honneur de vous prier d'exercer une surveillance soutenue sur cette partie essentielle des travaux des greffiers et de m'accuser réception de la présente dépêche.

Le maréchal commandant le 1ᵉʳ arrondissement militaire,

MAGNAN.

MINISTÈRE
DE LA GUERRE.

6. — *Extrait d'une instruction de M. le Ministre de la guerre du 3 mai 1859, aux Intendants et Sous-intendants militaires, sur le remplacement par voie administrative* (1).

Art. 7. — Conditions exigées des hommes qui se présentent pour remplacer.

Le remplacement administratif ne peut avoir lieu qu'aux conditions suivantes, qui se trouvent déjà prescrites par la loi du 21 mars 1832.

Le remplaçant doit :

1° Etre libre de tout service et de toute obligation, imposés par les lois sur le recrutement de l'armée ;

2° Etre âgé de 20 à 30 ans au plus, ou de 20 à 35 ans, s'il a été militaire ;

3° N'être ni marié, ni veuf avec enfants ;

4° Avoir au moins la taille de 1 mètre 56 centimètres et réunir les autres qualités requises pour faire un bon service ;

5° N'avoir pas été réformé du service militaire ;

6° Etre porteur d'un certificat de bonnes vie et mœurs, établi suivant les formes déterminées par l'article 20 de la loi du 21 mars 1832, et d'*un bulletin délivré par le greffier du tribunal civil de l'arrondissement où est le lieu de sa naissance, indiquant les renseignements qui auraient été inscrits en son nom sur les casiers judiciaires;*

7° Si le remplaçant a déjà servi, il doit en outre, conformément à l'article 21 de la loi de 1832, produire un certificat de bonne conduite émanant du corps où il a servi.

---

(1) Cette instruction ne fait que rappeler l'article 62 du règlement d'administration publique militaire du 9 janvier 1856, sur les remplacements, rendu à l'occasion de la loi du 26 avril 1855, sur la dotation de l'armée. L'article 62 dispose : « Qu'outre les justifications prescrites par la loi du 21 mars 1832, le remplaçant « doit présenter, avec les certificats exigés par l'article 20 de ladite loi, un bulletin « délivré par le greffier du tribunal civil de l'arrondissement où est son lieu de « naissance, indiquant les renseignements qui auraient été inscrits à son nom sur « les casiers judiciaires. »

V.

INSTRUCTIONS ÉMANANT DE L'AUTORITÉ MARITIME.

MINISTÈRE
DE LA MARINE
et des
COLONIES.

—

JUSTICE MARITIME.

1. — *Circulaire du 23 novembre 1850, à MM. les préfets maritimes de Cherbourg, Brest, Lorient, Rochefort et Toulon.*

Monsieur le Préfet, j'ai l'honneur de vous transmettre, ci-joint, copie d'une lettre de M. le Ministre de la justice indiquant les ordres par lui donnés aux Procureurs généraux pour l'établissement de casiers judiciaires dans les divers arrondissements de leur ressort, et demandant le concours de mon département afin de rendre complétement efficace l'institution dont il s'agit.

Les différentes mesures relatives à cette institution étant consignées dans une circulaire aux Procureurs généraux, je vous en remets, ci-joint, plusieurs exemplaires, accompagnés d'un nombre égal du bulletin dont il y est fait mention.

Je vous prie de donner les ordres nécessaires, en ce qui vous concerne, pour que les intentions de M. le Garde des sceaux soient ponctuellement remplies.

Recevez, etc.

*Le Ministre Secrétaire d'État
au département de la marine et des colonies,*
ROMAIN DESFOSSÉS.

MINISTÈRE
DE LA MARINE
et des
COLONIES.

—

JUSTICE MARITIME.

2. — *Circulaire du 13 octobre 1862, à MM. les Préfets maritimes, Commissaires de l'inscription maritime, Gouverneurs et Commandants des colonies.*

Messieurs, le ministère de la justice a fondé, en 1850, l'institution des casiers judiciaires, dont l'objet est de faciliter la recherche des antécédents des individus poursuivis pour crimes ou pour délits, et par suite, d'éclairer l'action de la justice.

A cet effet, toute condamnation quelconque devenue définitive est constatée par un bulletin d'une forme déterminée, transmis au parquet du tribunal civil dans le ressort duquel se trouve situé le lieu de naissance du condamné. Le greffe de ce tribunal, où les bulletins sont classés, réunit donc tous les documents qui établissent en quelque sorte l'état civil, au point de vue judiciaire, des individus nés dans l'arrondissement. Quant aux condamnés d'origine étrangère ou inconnue, les bulletins qui les concernent sont adressés au département de la justice et placés dans un casier central. Ainsi, par le moyen soit de ce dernier casier, soit des casiers d'arrondissement, les magistrats arrivent presque toujours à s'édifier sur les antécédents des inculpés qui leur sont déférés.

Dès la création des casiers judiciaires, le concours de mon département fut réclamé et obtenu, afin d'y comprendre les condamnations prononcées par les conseils de guerre de la marine et les tribunaux maritimes des arsenaux. Mais jusqu'ici, les tribunaux maritimes commerciaux, créés en 1852 seulement, étaient restés en dehors de cette institution. M. le Ministre de la justice vient de m'exprimer le désir de les voir soumis aussi à la règle commune, et j'ai accédé à sa demande.

J'ai fait établir, en conséquence, un modèle de bulletin approprié à cette juridiction, ainsi qu'un imprimé pour lettre d'envoi. Vous en trouverez ci-joint un nombre d'exemplaires calculé d'après le maximum des jugements rendus dans l'espace d'une année par les tribunaux maritimes commerciaux de vos circonscriptions respectives. (V. p. 382, 383.)

Dorénavant, dans les quartiers de la métropole, toutes les fois qu'un jugement portant condamnation aura été prononcé, le Commissaire de l'inscription maritime, président du tribunal, devra faire dresser par le greffier, pour chaque condamné, un bulletin qu'il transmettra ensuite directement au procureur impérial près le tribunal civil du lieu de naissance du condamné. Si l'origine du condamné est étrangère ou inconnue, le bulletin me sera envoyé avec l'expédition du jugement, qui doit toujours me parvenir en exécution de l'article 44 du décret-loi du 24 mars 1852, et je me chargerai de le transmettre à M. le Ministre de la justice, pour dépôt au casier central.

Dans les colonies, les bulletins, également dressés par les soins des commissaires de l'inscription maritime, seront directement transmis à qui de droit, quand ils concerneront des individus nés, soit dans la colonie même où le tribunal maritime commercial s'est assemblé, soit dans une autre colonie française. Lorsqu'ils se rapporteront, au contraire, à des individus nés en France, ou d'origine étrangère ou inconnue, les gouverneurs ou commandants me les adresseront, en même temps que les expéditions des jugements d'où ils auront été extraits, afin que je leur donne la destination convenable.

Enfin, pour les condamnations prononcées par des tribunaux maritimes commerciaux réunis à bord des bâtiments de l'État et dans les consulats, j'ai décidé que le travail de rédaction et d'envoi des bulletins serait effectué au ministère de la marine même, d'après les copies de jugement qui me parviennent. En raison du nombre restreint des condamnations provenant de cette source, le parti que j'ai pris à leur égard m'a paru plus simple que celui de pourvoir tous les bâtiments de l'État et tous les consulats des imprimés nécessaires, dont ils auraient si rarement à faire usage.

Je ne terminerai pas, Messieurs, sans vous recommander spécialement de veiller, chacun en ce qui vous concerne, à ce que les bulletins destinés aux casiers judiciaires, auxquels le département de la justice attache, avec raison, une grande importance, soient toujours rédigés avec exactitude et régulièrement transmis. Une mention expresse, inscrite sur toutes les expéditions de jugements, devra attester la transmission. Elle prendra place à la suite de l'apostille déjà usitée pour témoigner de la notification du jugement au quartier d'inscription du condamné.

Recevez, etc.

Le Ministre Secrétaire d'État,
au département de la marine et des colonies.

Cᵗᵉ P. de CHASSELOUP-LAUBAT.

MINISTÈRE
DE LA MARINE
et des
COLONIES.

3. — *Circulaire du 9 juillet 1867, à MM. les Préfets maritimes de Cherbourg, Brest, Lorient, Rochefort et Toulon.*

JUSTICE MARITIME.

Monsieur le Préfet, le paiement des bulletins n° 2 du casier judiciaire, délivrés par les greffiers des tribunaux civils pour le service de la justice maritime, n'a pas toujours lieu avec la régularité désirable. Il est arrivé que plusieurs greffiers se sont adressés directement à moi pour obtenir la liquidation de leurs mémoires, ce qui me donne lieu de craindre qu'ils n'aient pas été suffisamment avertis que cette liquidation doit être faite par l'autorité qui a demandé les bulletins n° 2 délivrés, ou que peut-être même l'autorité maritime demanderesse leur ait refusé le paiement de ces mémoires.

L'ordonnancement des indemnités dues aux greffiers des tribunaux ordinaires pour la délivrance des bulletins n° 2 du casier judiciaire, s'effectue toujours au chef-lieu de chaque arrondissement maritime, sur le vu des mémoires qui vous sont hiérarchiquement adressés.

Je vous prie de vouloir bien veiller à la stricte exécution de cette prescription et de prendre les mesures nécessaires pour que les greffiers auxquels sont dues des indemnités vous produisent annuellement leurs mémoires.

Recevez, etc.

*Le Ministre Secrétaire d'Etat
au département de la marine et des colonies,*
RIGAULT DE GENOUILLY.

VI.

MODÈLES DES BULLETINS Nᵒˢ 1 ET 2,
ET AUTRES ÉTATS DONT L'EMPLOI EST PRESCRIT, EN FRANCE, PAR LES DIFFÉRENTES INSTRUCTIONS SUR LES CASIERS JUDICIAIRES (1).

MODÈLE de bulletin nᵒ 1. (Circ. chanc., 1ᵉʳ juillet 1856.)

BULLETIN

INDIVIDUEL

à classer alphabétique-
ment au greffe du
tribunal d

—

COUR IMPÉRIALE
d

—

TRIBUNAL CIVIL
d

RENSEIGNEMENTS :

Célibataire.
Marié.
Veuf.
Nombre des enfants :

Signes particuliers :

C'est ici que doit être inscrit le
mot *récidiviste* quand il y a lieu.

Ici : le NOM (a), les prénoms. (*Ajouter les surnoms ou sobriquets, quand il y en a.*)
fils de
et de
âgé de   ans, étant né le
à   arrondissement d
département d   , demeurant à
arrondissement d
Profession (b) :

Condamné par (arrêt ou jugement)
du ou de la (Cour ou tribunal correctionnel)
en date du
à la peine de
pour crime ou délit de (*Bien spécifier la nature
de l'infraction pour faciliter la surveillance du
parquet de la Cour.*)

par application des articles

Vu au parquet :
Le Procureur impérial,

Pour extrait conforme :
Le
Le Greffier en chef,

Timbre du tribunal.

Vu au parquet d
Le Procureur général,

(a) Écrire toujours *très-lisiblement* les noms patronymiques *en gros caractères.*
(b) La profession des condamnés doit toujours être indiquée, car ce renseignement peut servir souvent à constater l'individualité.

(1) Les bulletins nᵒ 1, nᵒ 2, les procès-verbaux de vérification des casiers judiciaires, employés en France et dont les modèles sont donnés dans ce paragraphe,
doivent *tous* être de la dimension d'une feuille de papier timbré de 50 c. (Circ.
Chanc., 6 nov. 1850, § III, nᵒ 4 ; — 1ᵉʳ juill. 1851 ; — 23 mai 1853, § IV.)

MODÈLE de bulletin n° 1 de faillite. (Circ. chanc., 6 nov. 1850.)

BULLETIN   **(1)**

INDIVIDUEL

à classer alphabétique-
ment au greffe du
tribunal d

—

COUR IMPÉRIALE   âgé de   ans, étant né le
d

—   à   arrondissement d

TRIBUNAL   département d   demeurant à

DE COMMERCE

d

Déclaré en état de faillite par jugement du tri-

bunal de commerce d

RENSEIGNEMENTS :

Célibataire.   à la date du
Marié.
Veuf.
Nombre des enfants :

Signes particuliers :

Pour extrait conforme :
délivré le
Le Greffier en chef,

Vu au parquet
de la Cour impériale :
Le Procureur général,

Timbre du Tribunal.

(1) Nom, prénoms, profession, filiation du failli.

MODÈLE de bulletin n° 1 de Conseil de guerre. (Circ. minist.
de la guerre, 30 janv. 1851.)

BULLETIN   (1)

INDIVIDUEL

à classer alphabétique-
ment au greffe du tri-
bunal d

—

(1) Écrire le nom en
très-gros caractères,
au-dessous les prénoms,
au-dessous encore la
qualité et le nom du
corps dont fait partie le
condamné.

—

CONSEIL

DE GUERRE
de la

° division militaire.

⌒

SIGNALEMENT.

Taille d'un mètre
Cheveux
Sourcils
Front
Yeux
Nez
Bouche
Menton
Visage
Teint

Signes particuliers :

—

RENSEIGNEMENTS.

Célibataire.
Marié.
Veuf.
Nombre d'enfants.

Timbre
du Conseil de guerre.

âgé de   ans, étant né le   186 ,
à   arrondissement d
département d   demeurant avant son
entrée au service à   arrondissement d
département d   fils d
et d   domiciliés à
arrondissement d   département d

Condamné par jugement définitif ou contumace
en date du   186 , du   Conseil de
guerre de la   division militaire, séant à
à la peine d

par application des   articles
du Code de justice militaire et
du Code pénal ordinaire
pour

Vu au parquet :
Le Commissaire impérial,

Pour extrait conforme :
délivré le   186 .
Le Greffier,

MODÈLE de bulletin n° 1 des Conseils de guerre et Tribunaux maritimes. (Circ. minist. de la marine, du 23 nov. 1850.)

BULLETIN   (1)

INDIVIDUEL

à classer alphabétique-
ment au greffe du tri-
bunal d

———

TRIBUNAL MARITIME

de   ou réuni

à

————

RENSEIGNEMENTS :

Célibataire.
Marié.
Veuf.
Nombre des enfants.

fils d

et d

âgé d   ans, étant né le

à   arrondissement d

département d   , demeurant à

arrondissement d

inscrit au quartier maritime de

f°   n°

Profession :

Condamné par jugement du tribunal maritime
siégeant à   ou réuni à
en date du   à la peine d

pour

par application de   article
du Code de justice maritime.

Pour extrait conforme :
Le Greffier du Tribunal maritime,

Vu :
Le Commissaire impérial,

Timbre
du Conseil de guerre
maritime.

(1) Nom, prénoms et surnoms du condamné. Écrire les
noms patronymiques en gros caractères et très-lisiblement.

MODÈLE de bulletin n° 1 des Tribunaux maritimes commerciaux.
(Circ. minist. de la marine, du 13 oct. 1862.)

BULLETIN   (1)

INDIVIDUEL

à classer alphabétique-
ment au greffe du tri-
bunal d

—

TRIBUNAL

MARITIME COMMERCIAL

réuni à

RENSEIGNEMENTS:

Célibataire.
Marié.
Veuf.
Nombre des enfants.

fils de

et de

âgé de   ans, étant né le

à   , arrondissement d

département d   , demeurant à

arrondissement d

inscrit au quartier maritime d

f°   n°

Profession :

Condamné par un jugement du Tribunal maritime commercial réuni à

en date du   à la peine
de

pour   '

par application de   article
du décret-loi disciplinaire et pénal pour la Marine
marchande du 24 mars 1852.

Pour extrait conforme :
Le Greffier
du Tribunal maritime commercial,

Vu :
Le Commissaire de l'Inscription
maritime, Président du Tribunal,

Timbre du Tribunal.

(1) Nom, prénoms et surnoms du condamné. Écrire les
noms patronymiques en gros caractères et très-lisiblement.

LETTRE de transmission des bulletins n° 1 par l'autorité maritime, aux Procureurs impériaux du lieu de naissance. (Circ. minist. de la marine, du 13 oct. 1862.)

MINISTÈRE   Le   186

DE I A MARINE

et

DES COLONIES.

MONSIEUR LE PROCUREUR IMPÉRIAL, j'ai l'honneur de vous transmettre, pour être classé au casier judiciaire du tribunal civil d

bulletin constatant condamnation prononcée par le tribunal maritime commercial réuni à

contre individu né dans l'arrondissement d

Recevez, etc.,

Le Commissaire de l'Inscription maritime,
Président du Tribunal maritime
commercial,

MODÈLE de bulletin n° 1 de réhabilitation.
(Circ. chanc., 6 nov. 1850.)

BULLETIN   (Nom et prénoms.)

INDIVIDUEL

à classer alphabétique-
ment au greffe du tri-
bunal d

           { fil   de
           { et de

           âgé   de   ans   , étant né le

_____   à

COUR IMPÉRIALE   arrondissement d

d   ·   département d

_____   demeurant à

RENSEIGNEMENTS.   profession :

Célibataire.   condamné   par jugement ou arrêt définitif du
Marié.   tribunal ou de la Cour
Veuf.
Nombre des enfants.   d

           du

—   à la peine de

Signes particuliers.

       par application de   article

pour
a été réhabilité par lettres de S. M. l'Empereur en
date du
dans tous les droits dont il a été privé par l'effet
de la condamnation susdite.

Vu au Parquet de la Cour
   impériale d
     Le Procureur général,

           Pour extrait conforme :
Timbre de la Cour.   délivré à M. le Procureur général,
           le   18   .
           Le Greffier en chef,

MODÈLE de bulletin n° 2. (Circ. chanc., 1ᵉʳ juillet 1856.)

EXTRAIT   RELEVÉ

DU CASIER

DU TRIBUNAL

de

DES BULLETINS INDIVIDUELS DE CONDAMNATION ALPHABÉ-
TIQUEMENT CLASSÉS AU CASIER JUDICIAIRE.

Concernant l   nommé

né   à

le

de

et de

domicilié   à

État civil et de famille

Profession

DATES des CONDAMNATIONS.	COURS ou TRIBUNAUX.	NATURE des CRIMES OU DÉLITS	NATURE et DURÉE DES PEINES.	OBSERVATIONS.

Vu AU PARQUET
par le *Procureur impérial,*

CERTIFIÉ CONFORME :
par le *Greffier soussigné,*

Timbre du Tribunal.   *le*   18   .

Nota. Ne pas manquer de relever les condamnations dans l'ordre chronologique.

25

MODÈLE de procès-verbal de vérification des casiers judiciaires
(Circ. chanc., 1er juillet 1856.)

PROCÈS-VERBAL

De vérification du casier judiciaire de   *département*

d

L'an 18   , et le

Nous, Procureur impérial, après avoir procédé, en exécution de la circulaire du 6 novembre 1850, à la vérification du casier établi au greffe du tribunal, avons constaté :

1° Qu'il a été rédigé pendant le mois d   par le greffier, et transmis à M. le Procureur général,   bulletins concernant :

    a.   des condamnés originaires de l'arrondissement;

    b.   —   — d'autres arrondissements :

    c.   —   d'origine étrangère;

    d.   —   dont l'origine est restée inconnue;

2° Qu'il a été classé au casier, pendant le mois,   bulletins de condamnés originaires de l'arrondissement, *de toute provenance* ;

3° Qu'il a été délivré pendant le mois, par le greffier,   bulletins n° 2, à la requête :

    a.   du ministère public ;

    b.   des administrations publiques ;

    c.   des particuliers ;

4° Qu'il a été extrait du casier   bulletins de condamnés décédés ;

5° Qu'il renferme   bulletins concernant   individus ;

6° Enfin, que le casier est tenu (*Faire ici les observations générales que l'on jugera utiles sur l'état du casier*).

Au parquet de   , le   18   .

Le Procureur impérial,

PARQUET
DE LA
COUR D'ASSISES
et
DU TRIBUNAL.
de

ÉTAT en usage dans le ressort de Paris, à an-
nexer à la lettre de transmission au Procureur
général des bulletins et extraits de chaque
quinzaine. (Circ. du Parquet de la Cour du
19 novembre 1860.) (V. pages 49 et 359.)

TRIBUNAL CORRECTIONNEL
de

Quinzaine du mois d

Nombre des individus jugés

Transmis . . . . .
1° Bulletins individuels complets. . . . .
2° Extraits. . . . .

Conservés au Par-
quet. . . . . . .
1° Bulletins relatifs à des jugements
rendus par défaut, pendant la même
quinzaine, et qui ne sont pas encore
devenus définitifs. . . . .
2° Bulletins qui n'ont pu être encore complétés. . . . .

TOTAL. . . .

Reste à transmettre. . . .

CERTIFIÉ CONFORME,

au Parquet,

Le Procureur impérial,

VII.

**RAPPORTS DES STATISTIQUES CRIMINELLES FRANÇAISES RELA-
TIVES AUX CASIERS JUDICIAIRES. — EXTRAIT DES PROGRÈS DE
LA FRANCE SOUS LE GOUVERNEMENT IMPÉRIAL (1). — ARRÊT
DE CASSATION DU 4 FÉVRIER 1860.**

L'administration des casiers judiciaires rentre, au ministère de la justice, dans les attributions du bureau de la statistique.

Les rapports publiés par ce bureau, sur la marche et les progrès de la justice criminelle en France, rapports si complets, si utiles, et qui nous sont, on peut le dire, enviés par toutes les autres nations, fournissent, en général, chaque année, quelques aperçus de l'état des casiers judiciaires. Nous les reproduisons comme complément des documents officiels sur la matière ainsi que quelques lignes retracées dans les *Progrès de la France sous le gouvernement impérial* et relatives aux casiers.

On trouvera aussi à la suite de ces différents documents le texte d'un arrêt rendu le 4 février 1860 par la Cour de cassation. Cet arrêt est très-important, en ce sens qu'il donne à l'institution des casiers judiciaires une consécration légale, en déclarant que les renseignements fournis par eux ont le caractère de l'authenticité, au point de vue de la constatation de l'état de récidive des prévenus.

L'arrêt du 4 février 1860 est malheureusement la seule décision judiciaire devant faire autorité, intervenue jusqu'à présent sur l'institution des casiers.

(1) Cette intéressante publication a paru en mai 1869.

1° — Extraits des rapports publiés depuis 1861, par MM. les Gardes des sceaux sur les statistiques criminelles, en ce qui concerne les casiers judiciaires.

1861

Parmi les moyens de recherche des antécédents judiciaires des individus poursuivis, *le plus efficace est sans contredit le casier judiciaire.*

Le garde des sceaux, ministre de la justice,
DELANGLE.

1862

On remarque en 1862, dans le nombre des individus jugés en récidive, une augmentation de 14 p. 100 en ce qui concerne les accusés (1943 au lieu de 1709), et de 8 p. 100 pour les prévenus (47,548 au lieu de 44,223). *Il reste toujours impossible de décider avec certitude si ces variations de chiffres accusent réellement une aggravation de criminalité, ou sont influencées par la bonne tenue des casiers judiciaires et l'exactitude des enquêtes sur les antécédents.*

Le garde des sceaux, ministre de la justice,
DELANGLE.

1865

Le nombre des accusés en récidive jugés par les Cours d'assises de 1856 à 1860 avait été de 9,615. Il est descendu à 8,641, de 1861 à 1865. Mais le rapport des récidivistes au nombre total des accusés est plus élevé pour la seconde période que pour la première : 380 sur 1000, au lieu de 357. En ce qui concerne les prévenus, l'augmentation des récidivistes est notable : de 201,662 (ou 873 sur 1000) pour 1856-60, leur nombre est monté, pour 1861-65, à 235,808 ; ce sont 312 récidivistes sur 1000 prévenus, déduction faite de ceux dont les antécédents judiciaires n'ont pu être connus.

On sait que l'accroissement des récidives ne correspond pas à un redoublement de la criminalité générale, puisque le nombre total des accusés et prévenus est diminué. *Il ne faut pas perdre de vue que l'institution des casiers judiciaires, en se perfectionnant, permet de vérifier, d'une manière de plus en plus exacte, si les individus poursuivis ont été précédemment condamnés.—L'institution française des casiers judiciaires a été adoptée dès 1858, par l'Autriche et la Bavière, et, depuis cette époque, ces deux pays échangent avec la France les bulletins de condamnation qui les intéressent. Le roi de Portugal, par décret du 24 août 1863, a établi les casiers judiciaires dans toutes les colonies portugaises et doit les étendre au continent d'après l'article 59 du projet de Code pénal en ce moment soumis aux chambres. Par décret du 8 décembre 1865 les casiers ont été également institués dans le royaume d'Italie. Les gouvernements de Suède et de Russie ont envoyé en 1864 et 1865 des magistrats pour étudier le fonctionnement de nos casiers.*

Parmi les 244,449 accusés ou prévenus récidivistes de la dernière période quinquennale, 4,322 étaient libérés des travaux forcés, 4,306 de la réclusion, 46,782 de l'emprisonnement de plus d'un an, 149,082 d'un emprisonnement d'un an au moins ; enfin 39,957 n'auraient été antérieurement condamnés qu'à l'amende.

Les récidives sont donc constatées, même pour les condamnations les moins graves qu'il était autrefois difficile de connaître et que les casiers judiciaires ont pour effet de révéler avec certitude.

> *Le garde des sceaux, ministre de la justice,*
> J. BAROCHE.

1866 (1)

L'annexion à chaque procédure criminelle d'*extraits du casier judiciaire donne le moyen de connaître exactement les antécédents des accusés,* etc.

> *Le garde des sceaux, ministre de la justice,*
> J. BAROCHE.

(1) Tous les renseignements donnés par les statistiques criminelles, depuis 1854 jusqu'en 1860, sur les casiers judiciaires, sont relatés par M. Bonneville dans son *Amélioration sur la loi pénale,* tome I, page 705 et tome II, p. 626. Nous n'avons donc pas à les reproduire ici. Quant aux statistiques criminelles de 1863, 1864, 1867, 1868, elles sont complétement muettes relativement au degré d'avancement des casiers et aux résultats produits par leur fonctionnement.

2° — **Extrait de la publication : Progrès de la France sous le Gouvernement impérial.**

CHAPITRE II. — *Justice.*

D'importantes améliorations ont été introduites dans l'administration de la justice.

L'institution du casier judiciaire a rendu les recherches plus faciles et plus sûres; elle a permis en même temps au juge de tenir compte du passé du coupable dans l'application de la peine et de la mieux proportionner à sa véritable moralité.

3° — **Arrêt de cassation du 4 février 1860.**

L'état de récidive d'un prévenu est suffisamment constaté par la production d'un extrait du casier judiciaire et l'aveu du prévenu.

Rejet du pourvoi du Sʳ Barroist en cassation de l'arrêt rendu le 16 novembre 1859 par la Cour impériale de Bordeaux, chambre correctionnelle, qui l'a condamné à trois mois de prison pour abus de confiance et délit d'habitude d'usure.

LA COUR :

Ouï : M. le conseiller Jallon en son rapport et M. l'avocat général Guyho en ses conclusions ; vu également le mémoire produit à l'appui du pourvoi par M. Mathieu Bodet ;

Sur le deuxième moyen, résultant de ce que Barroist a été condamné à la surveillance de la police et à la peine de trois ans d'emprisonnement, comme coupable du délit d'abus de confiance, et comme se trouvant en état de récidive, quoique la preuve de cette récidive ne fût pas légalement justifiée ;

Attendu que l'existence d'une condamnation antérieure à plus d'une année d'emprisonnement, établie par la production d'un extrait du casier judiciaire, était confirmée par l'aveu du prévenu ; qu'en déclarant, par suite, que Barroist avait été condamné le 20 décembre 1852 pour crime de faux en écriture de commerce, par la Cour d'assises de Nantes, et en lui appliquant la peine de la récidive en vertu des articles 56 et 58 du Code pénal, l'arrêt attaqué n'a fait qu'une juste application des articles précités,

Rejette le pourvoi.

Ainsi jugé et prononcé, etc.

VIII.

INDEX CHRONOLOGIQUE DE TOUS LES DOCUMENTS, CIRCULAIRES, INSTRUCTIONS, TEXTES FRANÇAIS OU ÉTRANGERS AYANT PARU JUSQU'EN 1870, SUR LES CASIERS JUDICIAIRES.

1. — Code d'instruction criminelle de 1808 (art. 600, 601, 602).
2. — Circ. min. Chanc.; 6 novembre 1850.
3. — Circ. Parquet de la Cour de Paris; 11 novembre 1850.
4. — Circ. Parquet de la Cour de Paris; 15 novembre 1850.
5. — Circ. min. de la Marine ; 23 novembre 1850.
6. — Lettre min. Chanc. ; 18 décembre 1850.
7. — Circ. Parquet de la Cour de Paris ; 27 décembre 1850.
8. — Circ. min. Chanc. ; 30 décembre 1850.
9. — Circ. Parquet de la Cour de Paris; 15 janvier 1851.
10. — Circ. min. de la guerre; 30 janvier 1851.
11. — Lettre min. Chanc.; 7 février 1851.
12. — Circ. Parquet de la Cour de Paris ; 12 février 1851.
13. — Lettre min. Chanc.; 24 mars 1851.
14. — Circ. Parquet de la Cour de Paris ; 5 avril 1851.
15. — Lettre min. Chanc.; 7 avril 1851.
16. — Circ. min. de la guerre; 18 avril 1851.
17. — Lettre du Proc. gén. de Paris; 26 avril 1851.
18. — Circ. min. Chanc.; 4 juin 1851.
19. — Circ. Parquet de la Cour de Paris ; 17 juin 1851.
20. — Circ. min. Chanc. ; 1er juillet 1851.
21. — Circ. Parquet de la Cour de Paris; 10 juillet 1851.
22. — Circ. min. de la guerre; 10 juillet 1851.
23. — Circ. Parquet de la Cour de Paris ; 18 juillet 1851.
24. — Circ. Parquet de la Cour de Paris ; 25 juillet 1851.
25. — Circ. Administration de l'enregistrement; 30 juillet 1851.
26. — Circ. Parquet de la Cour de Paris; 22 octobre 1851.
27. — Lettre min. Chanc. ; 1er avril 1852.
28. — Circ. Parquet de la Cour de Paris ; 3 avril 1852.
29. — Circ. Parquet de la Cour de Paris; 6 avril 1852.
30. — Circ. Parquet de la Cour de Paris ; 10 juin 1852.
31. — Lettre du général commandant la 1re division militaire; 27 septembre 1852.

32. — Circ. Parquet de la Cour de Paris; 12 octobre 1852.

33. — Circ. Administration de l'enregistrement ; 10 mars 1853.

34. — Lettre min. Chanc. ; 13 mai 1853.

35. — Lettre min. Chanc. ; 14 mai 1853.

36. — Circ. min. Chanc.; 23 mai 1853.

37. — Circ. Parquet de la Cour de Paris ; 25 mai 1853.

38. — Circ. Parquet de la Cour de Paris; 10 juin 1853.

39. — Circ. Parquet de la Cour de Paris ; 1er juillet 1853.

40. — Circ. Parquet de la Cour de Paris; 10 avril 1855.

41. — Lettre min. Chanc. ; 11 juillet 1855.

42. — Circ. Parquet de la Cour de Paris ; 11 août 1855.

43. — Circ. min. Chanc. ; 30 août 1855.

44. — Circ. Parquet de la Cour de Paris ; 5 septembre 1855.

45. — Circ. min. Chanc. ; 26 septembre 1855.

46. — Lettre du Proc. gén. de Paris ; 24 novembre 1855.

47. — Circ. Parquet de la Cour de Paris ; 14 décembre 1855.

48. — Lettre min. Chanc. ; 20 décembre 1855.

49. — Circ. Parquet de la Cour de Paris ; 2 janvier 1856.

50. — Règlement du Ministère de la guerre ; 9 janvier 1856.

51. — Circ. min. Chanc. ; 1er juillet 1856.

52. — Circ. Parquet de la Cour de Paris; 21 juillet 1856.

53. — Instruction min. de la guerre ; 3 mai 1859.

54. — Lettre min. Chanc. ; 29 août 1859.

55. — Circ. Parquet de la Cour de Paris; 31 août 1859.

56. — Lettre du maréchal commandant le 1er arrondissement militaire ; 21 septembre 1859.

57. — Circ. min. Chanc. ; 25 octobre 1859.

58. — Circ. Parquet de la Cour de Paris ; 5 novembre 1859.

59. — Circ. min. Chanc. ; 10 décembre 1859.

60. — Circ. Parquet de la Cour de Paris; 29 décembre 1859.

61. — Arrêt de la Cour de cassation ; 4 février 1860.

62. — Circ. Parquet de la Cour de Paris; 8 octobre 1860.

63. — Circ. Parquet de la Cour de Paris; 19 novembre 1860.

64. — Circ. min. Chanc.; 12 décembre 1860.

65. — Instruction du parquet de la Seine; 17 janvier 1861.

66. — Lettre min. Chanc ; 6 novembre 1861.

67. — Circ. Parquet de la Cour de Paris ; 12 novembre 1861.

68. — Circ. min. Chanc. ; 1er décembre 1861.

69. — Circ. min. Chanc. ; 20 mai 1862.

70. — Circ. Parquet de la Cour de Paris; 23 mai 1862.

71. — Circ. Parquet de la Cour de Paris; 5 août 1862.

72. — Circ. min. de la marine, 13 octobre 1862.

73. — Circ. Parquet de la Cour de Paris; 18 octobre 1862.

74. — Circ. min. Chanc. ; 1er décembre 1862.

75. — Décret royal Portugais du 24 août 1863.

76. — Circ. min. Chanc. ; 3 décembre 1863.

77. — Circ. Parquet de la Cour de Paris; 10 décembre 1863.

78. — Circ. min. Chanc. ; 30 mars 1864.

79. — Circ. Parquet de la Cour de Paris; 8 avril 1864.

80. — Circ. Parquet de la Cour de Paris; 4 juin 1864.

81. — Lettre min. Chanc. ; 14 septembre 1864.

82. — Rapport du Garde des sceaux italien du 6 décembre 1865.

83. — Décret royal italien du même jour.

84. — Règlement ministériel italien du même jour.

85. — Circ. min. italienne du 26 décembre 1865.

86. — Circ. min. de la marine du 9 juillet 1867.

87. — Circ. min. Chanc. ; 8 août 1867.

88. — Circ. Parquet de la Cour de Paris; 12 août 1867.

89. — Circ. min. Chanc.; 13 août 1868.

90. — Circ. Parquet de la Cour de Paris; 19 août 1868.

91. — Circ. min. Chanc.; 8 décembre 1868.

92. — Circ. Parquet de la Cour de Paris; 21 juin 1869.

93. — Circ. min. Chanc.; 29 novembre 1869.

TABLE DES MATIÈRES.

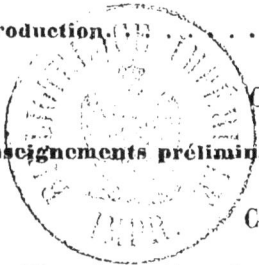

SECTION III.

CHAPITRE III.

Examen du système des casiers judiciaires

SECTION I.

ERRATA

Page 5, ligne 1, au lieu de : *dix-huit*, il faut lire : *dix-neuf.*

Même page, ligne 6, au lieu de : 85, il faut lire : 90.

Page 16, à la note, au lieu de : § 7, il faut lire : § VI.

Page 23, à la ligne 8, au lieu de : *appelés*, il faut lire : *appelées.*

Page 31, à la note (3), au lieu de : 75620 fr., lire : 75260 fr..

Page 37, à la ligne 8, au lieu de : 1851, lire : 1831.

Page 64, à la 3ᵉ ligne du titre du § 8, remplacer par une virgule le trait existant entre les mots *public* et *administrations.*

Page 71, à la 1ʳᵉ ligne, au lieu de : 1810, lire : 1811.

Même page, à la 5ᵉ ligne de la note, lire : 0,60 c., au lieu de : 0,50 c.

Page 75, à la ligne 5, au lieu de : *prévue*, lire : *prévus.*

Même page, à la 4ᵉ ligne de la note, lire : *innomés* au lieu de : *innommés.*

Page 93, à la ligne 14, au lieu de : *pris*, lire : *nés.*

Page 102, à la ligne 15, au lieu de : *5 nov.*, lire : *6 nov.*

Page 105, à la ligne 3, au lieu de : *les*, lire : *des.*

Page 116, à la ligne 14, au lieu de : *15 juin*, lire : *18 juin.*

Page 123, à la ligne 21, au lieu de : *atteindrons*, lire : *atteindrions.*

Même page, à la ligne 27, au lieu de : *comprenaient*, lire : *comprendraient.*

Page 140, à la ligne 10, au lieu de : *encouru*, lire : *encourues.*

Page 163, à la ligne 16, au lieu de : *directes*, lire : *directe.*

Page 168, à la ligne 23, au lieu de : *délivré*, lire : *délivrés.*

Page 188, à la ligne 26, au lieu de : *ministre*, lire : *ministère.*

Page 197, à la ligne 5, lire : *internationale*, au lieu de : *internationnale.*

Page 203, à la ligne 10 de la note, lire : *ancien*, au lieu de : *aujourd'hui.*

Page 206, à la ligne 9, lire : *puiser*, au lieu de : *chercher.*

Page 246, à la ligne 11, lire : *greffiers*, au lieu de : *greffes.*

Page 264, à la ligne 15, lire : *40 cent.*, au lieu de : *10 cent.*

𝑒